南京艺术学院本科重点教材建设基金资助项目

An Introduction to Music Copyright

音乐著作权概论

（2025 修订版）

黄德俊 编著

SMPH
上海音乐出版社
WWW.SMPH.CN

前　言

2020年及之后的若干年必定会被载入史册，新型冠状病毒肺炎疫情（后简称"疫情"）给全世界带来了巨大的冲击和挑战，也让人们重新思考起自然法则与社会法则之间的关系。很明显，在疫情环境下缺乏有效的规则约束，必将导致灾难性的后果。抗击疫情是如此，对音乐产业秩序的构建亦是如此。

2020年上半年，我根据学校抗击疫情规定居家在线上授课，也因此有了大量时间重新审视音乐著作权的相关问题。自入校以来，我教授"艺术法律法规"（2020年更名为"音乐著作权概论"）课程已有15年。在学校同仁和同学们的共同努力下，该课程一直坚持理论和实践相结合的教学方式。一方面，音乐专业的学生普遍没有深厚的法律知识积淀，需要教师从基础的理论讲起，深入浅出地激发他们的学习热情，每次和学生们讨论音乐著作权的前沿性问题，都让我感到激动不已；另一方面，组织法庭旁听、模拟法庭、专家讲座等实践性较强的方式，能够让学生对音乐著作权有更直观的认知，进一步夯实理论基础。让我高兴的是，一些音乐专业的学生通过学习，竟对法学产生了浓厚的兴趣，有的甚至考上了法学专业研究生，从事与知识产权相关的工作。

然而，国内一直没有一部关于音乐著作权的教材，长期以来我只能依靠自己撰写讲义、收集案例来完成教学工作，这让我萌生了编著《音乐著作权概论》教材的想法。本书可用作音乐传播、艺术管理类专业学生的本科、研究生课程教材，亦可充当法学专业学生和法律工作者的参考书，还可作为广大音乐创作者、表演者、传媒工作者以及相关组织的法律知识普及书。全书共十章，以我国2020年修订版《著作权法》为蓝本，结合相关法律法规、司法解释，分别对音乐著作权的客体、主体、内容、邻接权、权利的利用与限制、集体管理制度等方面作了全面而通俗的解释。本书的出版能使音乐工作者在进行音乐作品的创作、表演和传播活动时，对著作权法及相关法规中涉及音乐作品著作权保护的内容有准确的了解和把握，从而避免法律纠纷的产生，也可以在自身权利受到侵害时及时维权。

当然，激励我编写这本教材的还有以下几个重要因素，它们也将对音乐著作权保护和音乐产业市场产生极大的影响。

第一，2020年《民法典》编纂完成，并于2021年1月1日起施行。《民法典》的颁布实施，是我们生活中的一件大事。它是中华人民共和国成立以来第一部以"法典"命名的法律，是我国社会主义法治建设的重大成果。《民法典》的诸多内容涉及音乐作品的委托创作、财产安全、商业交易、人格尊严等，为《著作权法》的实施提供了理论基础和法律依托。

第二，2020年修订版《著作权法》于2021年6月1日起施行。著作权法修改决定共四十二条，其中不乏创新理念，包括：突破了作品类型法定原则，赋予司法机关认定新作品的裁量权，将"电影作品和以类似摄制电影的方法创作的作品"改为"视听作品"；在复制权中增加了"数字化"方式；修改了"广播权"的表述，以适应网络同步转播使用作品等新技术发展；增设了表演者出租权、录音制作者广播获酬权和机械表演权；扩大了技术措施、权利管理信息的适用范围；引入了著作权侵权的惩罚性赔偿制度；等等。修订后的著作权法必将进一步保护文学、艺术和科学作品作者的著作权以及与著作权有关的权益，为社会主义文化的发展和繁荣提供更加有利的制度保障。

第三，《视听表演北京条约》于2020年4月28日正式生效。该条约是中华人民共和国成立以来，第一个在我国缔结、以我国城市命名的知识产权条约，是我国著作权事业的新起点。条约由序言和30条正文组成，主要内容包括：缔约方可视具体情况规定针对"视听录制品"中表演的出租权、广播和以其他方式进行传播的权利；关于技术措施和权利管理信息的相关义务；缔约方应当提供执法程序，以确保能够采取有效措施及时制止侵权，并遏制进一步侵权；等等。这将为音乐产业的进一步发展注入活力。

第四，2020年表决通过的《刑法修正案（十一）》于2021年3月1日起施行。修正后的刑法加大了对侵权违法行为的处罚力度，将"违法所得数额巨大或者有其他特别严重情节的，处三年以上七年以下有期徒刑"修改为"违法所得数额巨大或者有其他特别严重情节的，处三年以上十年以下有期徒刑，并处罚金"；将原侵权行为从4项增加为6项，拓宽了对表演者和技术措施的保护范围。此外，《最高人民法院、最高人民检察院关于办理侵犯知识产权刑事案件具体应用法律若干问题的解释（三）》对惩罚数额等条款也作了相应调整。

由于我的知识与能力有限，本书难免挂一漏万，恳请读者们批评指正，以期后续完善。

黄德俊

南艺黄瓜园

2021年11月12日

目 录

前 言 ··· 1
第一章 绪 论 ·· 1
　第一节 著作权 ·· 1
　　一、著作权的发展历程 ·· 1
　　二、著作权的性质与特征 ··· 3
　　　（一）著作权的性质 ·· 3
　　　（二）著作权的特征 ·· 5
　　三、我国著作权法的演变历程 ······································· 5
　　四、我国著作权法的基本原则 ······································· 7
　第二节 音乐著作权 ··· 9
　　一、音乐著作权制度和调整对象 ··································· 10
　　二、音乐著作权保护制度的演变 ··································· 10
　　　（一）音乐产业的萌芽 ·· 10
　　　（二）音乐产业的形成 ·· 11
　　　（三）音乐产业的新纪元 ··· 16
　　三、我国音乐著作权保护制度的建立与发展 ··················· 17
第二章 音乐著作权的客体 ··· 19
　第一节 音乐作品概述 ·· 19
　　一、音乐作品的界定 ··· 19
　　二、音乐作品的分类 ··· 21

第二节 音乐作品的构成要件……22
一、具有独创性……23
二、能以一定形式表现……28
三、必须反映一定的情感或思想……29

第三节 人工智能音乐作品的法律属性……30
一、人工智能音乐著作权保护的理论争议……30
二、人工智能音乐著作权的理论证成……33
三、人工智能音乐著作权制度安排……36
（一）人工智能音乐的权利主体……36
（二）人工智能音乐的权利内容……37
（三）人工智能音乐的权利限制……37

第四节 不受著作权保护的音乐作品……38
一、禁止出版、传播的音乐作品……38
二、进入公有领域的作品……39
三、作品名称……40

第三章 音乐著作权的主体……41

第一节 音乐创作者……41
一、自然人……41
二、法人或者非法人组织……42

第二节 职务作品的著作权人……43
一、职务作品及其构成要件……43
二、职务作品的著作权归属……44

第三节 合作作品的著作权人……45
一、合作作品及其构成要件……45
二、合作作品的著作权归属……47
三、合作作品的著作权行使……47

第四节 委托作品的著作权人……49
一、委托作品的著作权归属……49
二、委托作品的著作权行使……51

第五节　汇编作品的著作权人………………………………51
　　　一、汇编作品及其构成要件………………………………51
　　　二、汇编作品的著作权归属………………………………52
　　第六节　MV的著作权人………………………………………53
　　　一、MV作品及其构成要件…………………………………53
　　　二、MV作品的著作权归属和行使…………………………55
第四章　音乐著作权的内容……………………………………57
　　第一节　音乐作品的著作人身权……………………………57
　　　一、发表权…………………………………………………58
　　　二、署名权…………………………………………………64
　　　三、修改权…………………………………………………65
　　　四、保护作品完整权………………………………………67
　　第二节　音乐作品的著作财产权……………………………69
　　　一、复制权…………………………………………………71
　　　　（一）复制权……………………………………………71
　　　　（二）发行权……………………………………………74
　　　　（三）出租权……………………………………………77
　　　二、演绎权…………………………………………………78
　　　　（一）摄制权……………………………………………78
　　　　（二）改编权……………………………………………82
　　　　（三）翻译权……………………………………………85
　　　　（四）汇编权……………………………………………86
　　　　（五）注释权与整理权…………………………………89
　　　三、传播权…………………………………………………90
　　　　（一）表演权……………………………………………90
　　　　（二）放映权……………………………………………94
　　　　（三）广播权……………………………………………96
　　　　（四）信息网络传播权…………………………………97
　　　　（五）展览权……………………………………………100

第五章 音乐作品著作权的取得与期限…………… 101
第一节 音乐作品著作权的取得 ………………… 101
一、自动取得 ………………………………… 101
二、登记取得 ………………………………… 105
第二节 音乐作品著作权的期限 ………………… 107
第六章 音乐作品邻接权………………………… 110
第一节 音乐作品邻接权概述 …………………… 110
一、音乐作品邻接权的概念 ………………… 111
二、音乐作品邻接权的演变历程 …………… 115
第二节 音乐出版者权 …………………………… 117
一、出版者权的界定 ………………………… 117
二、出版者权的内容 ………………………… 118
（一）出版者的权利………………………… 118
（二）出版者的义务………………………… 120
第三节 音乐表演者权 …………………………… 120
一、表演者权的界定 ………………………… 121
二、表演者权的内容 ………………………… 124
（一）表演者的权利………………………… 125
（二）表演者的义务………………………… 129
第四节 音乐作品录音录像制作者权 …………… 129
一、录音录像制作者权的界定 ……………… 130
二、录音录像制作者权的内容 ……………… 132
（一）录音录像制作者的权利……………… 133
（二）录音录像制作者的义务……………… 138
第五节 广播组织权 ……………………………… 140
一、广播组织权保护制度概述 ……………… 140
二、广播组织权的内容 ……………………… 141
（一）广播组织的权利……………………… 142
（二）广播组织的义务……………………… 144

第七章 音乐著作权的使用与限制 ………………………… 145
第一节 音乐著作权的使用 ……………………………… 145
一、音乐著作权相关合同概述 ………………………… 145
（一）合同形式 ………………………………………… 145
（二）合同条款 ………………………………………… 147
（三）合同订立 ………………………………………… 149
（四）合同成立与合同生效 …………………………… 151
（五）合同效力 ………………………………………… 153
（六）合同履行 ………………………………………… 155
（七）合同解除 ………………………………………… 156
二、音乐著作权的转让 ………………………………… 157
（一）著作权转让制度概述 …………………………… 157
（二）著作权转让特征 ………………………………… 158
（三）著作权转让合同 ………………………………… 159
三、音乐著作权的许可使用 …………………………… 164
（一）著作权许可使用概述 …………………………… 164
（二）著作权许可使用特征 …………………………… 165
（三）著作权许可使用合同 …………………………… 165

第二节 音乐著作权的限制 ……………………………… 167
一、合理使用 …………………………………………… 168
（一）私人使用 ………………………………………… 170
（二）传播使用 ………………………………………… 170
（三）公益使用 ………………………………………… 171
（四）公务使用 ………………………………………… 172
二、法定许可使用 ……………………………………… 175
（一）教科书使用的法定许可 ………………………… 175
（二）报刊转载的法定许可 …………………………… 176
（三）录音制品的法定许可 …………………………… 176
（四）广播权的法定许可 ……………………………… 178

三、强制许可使用 ·· 179

第八章　民间音乐作品的著作权问题·················· 180

第一节　民间音乐作品法律保护概述 ······················ 182
一、民间音乐作品的界定 ·································· 182
二、民间音乐作品法律保护的原则 ······················ 185

第二节　民间音乐作品的权利主体和内容 ··············· 186
一、民间音乐作品的权利主体 ···························· 187
二、民间音乐作品的权利内容 ···························· 188
（一）民间音乐作品的人身权·························· 189
（二）民间音乐原生作品的财产权··················· 190

第三节　民间音乐作品著作权的限制 ······················ 191
一、民间音乐作品的合理使用 ···························· 191
二、民间音乐作品的法定许可 ···························· 192
三、不受著作权法保护的民间音乐内容和行为 ········ 192

第九章　音乐作品著作权集体管理制度················· 194

第一节　国外音乐作品著作权集体管理制度概述 ······· 194
一、法国音乐著作权集体管理 ···························· 194
二、英国音乐著作权集体管理 ···························· 195
三、美国音乐著作权集体管理 ···························· 197

第二节　我国音乐作品著作权集体管理制度概述 ······· 198
一、著作权集体管理组织的性质和功能 ················ 199
二、著作权集体管理及其范围 ···························· 200
三、著作权集体管理组织的设立 ························· 201
四、著作权集体管理合同的订立 ························· 203
五、法律监督 ·· 204

第三节　我国音乐作品著作权集体管理组织 ············· 205
一、中国音乐著作权协会 ·································· 205
二、中国音像著作权集体管理协会 ······················ 208

第十章　音乐著作权和与著作权有关的权利的保护……… 211
第一节　技术保护措施 …………………………………… 211
一、技术保护措施的应用 ……………………………… 211
二、技术保护措施的限制 ……………………………… 212
第二节　音乐著作权的民法保护 ………………………… 213
一、侵犯音乐著作权和相关权利的行为 ……………… 213
二、音乐侵权行为的民事责任 ………………………… 217
第三节　音乐著作权的行政法保护 ……………………… 224
一、侵犯音乐著作权应当承担行政责任的行为 ……… 224
二、音乐侵权行为承担行政责任的方式 ……………… 226
第四节　音乐著作权的刑法保护 ………………………… 228
一、音乐侵权刑事犯罪行为构成标准 ………………… 229
二、音乐著作权刑法保护的不足与完善 ……………… 232

附　　录　中华人民共和国著作权法 ……………………………234
后　　记 ………………………………………………………………253

第一章　绪　论

第一节　著　作　权

一、著作权的发展历程

著作权，是指权利人基于文学、艺术和科学作品而依法享有的权利。文学、艺术和科学作品是著作权产生的基础，著作权是实现权利人人身和财产权利的保证。在诸多文献中，著作权与版权[①]通用。比如，我国《著作权法》第六十二条规定："本法所称的著作权即版权。"但就词源来看，两者之间不仅有先后顺序，而且在保护对象的侧重方面也有所不同，英美法系的版权制度以财产权为主，而大陆法系的著作权制度则以作者权为主。

版权概念产生于1709年。为了保护出版商和作者的利益，英国议会通过了世界上第一部保护作者以及作品专有权利的法律——《安娜女王法》，其全称是《为保护知识创作而授予作者和购买者就其已印刷的图书在一定期限内的权利的法案》，该法将保护印刷商的权利转变为保护作者的权利，是一大历史性创举，也开启了版权贸易的潘多拉之盒。

[①] 为了便于理解，在本书中，凡涉及大陆法系的内容均以"著作权""著作权法"表述，涉及英美法系的内容均以"版权""版权法"表述。——编著者注

它明确规定，出版商在印刷、翻印或者出版作者作品时，应当征得其同意，并支付相应报酬。其立法意义在于，既鼓励知识的传播，也鼓励知识的生产，使作者可以基于自身的脑力劳动挣取报酬，并作为自己的收入来源。但《安娜女王法》主要保护作品财产权，对作者人身权的保护内容则有所欠缺。此后，英美法系一直将版权称为"Copyright"。

《安娜女王法》的颁布与实施，对欧洲大陆产生了极其重要的影响，并通过进一步发展，逐步建立起了著作权保护制度。在"天赋人权"思想的指引下，法国著作权的权利内容更加丰富，逐渐形成以作者权为中心，人身权和财产权相结合的民事权利，以1791年颁布的《表演权法》和1793年颁布的《作者权法》为代表。此后，欧洲大陆的一些国家也秉承了法国著作权法的主要精神，在立法中以作者权为核心。[1]因此，在名称上，大陆法系一直沿用"Author's Right"（作者权，著作权），这也是出于对著作权权利性质的思考。

随着国际版权贸易的进一步发展，各国的立法矛盾和对他国作者及作品保护的缺失问题日益凸显。一些国家试图通过双边或多边条约来解决这些棘手问题，但实施起来总有诸多不便。特别是随着传播技术的不断发展，著作权保护的国际化问题亟待解决。1858年在布鲁塞尔举行的文学与艺术作品作家代表大会上，各国代表纷纷呼吁建立著作权国际保护机制与机构。1878年，由雨果主持在巴黎召开了一次重要的文学大会，并成立国际文学艺术协会。1883年，该协会将一份经过多次讨论的国际公约草案呈交给瑞士政府。自此，经过各国的共同努力，1886年9月9日，在瑞士伯尔尼由10个国家共同签署了《保护文学和艺术作品伯尔尼公约》（简称《伯尔尼公约》），这也是第一个关于著作权保护的国际性条约。1992年10月15日，中国成为该公约第93个成员国。截至2021年3月，共有179个国家和地区加入该公约。

为了进一步扩大著作权的国际性保护范围，协调伯尔尼联盟与泛

---

[1] 张革新：《现代著作权法》，中国法制出版社，2006年，第4页。

美版权联盟之间在著作权保护方面的关系，建立各成员国均能接受的国际著作权保护制度成为必然。由联合国教科文组织倡导，1952年9月6日在瑞士日内瓦召开的各国政府代表会议通过了《世界版权公约》，并于1955年生效，1971年7月在巴黎作补充修订。我国于1992年10月30日成为该公约成员国。

20世纪70年代后期，美国出于自身经济利益的考虑，在关贸总协定的多边谈判中，提出了知识产权保护的问题，并得到欧洲共同体国家的认可与支持。1986年9月，知识产权保护的议题被纳入关贸总协定部长级会议"乌拉圭回合"的议事日程。1994年4月15日，在斯德哥尔摩的部长级会议上，乌拉圭回合谈判的议题均获通过。经104个国家代表签署，《与贸易有关的知识产权协定》（简称《TRIPS协定》）于1995年1月1日正式生效。该协定第九条规定："各成员应遵守《伯尔尼公约》（1971年）第一条至第二十一条及其附录的规定。但是，对于该公约第六条之二授予或派生的权利，各成员在本协定下不享有权利和义务。"这一规定，说明《与贸易有关的知识产权协定》和《伯尔尼公约》等其他国际公约可以相互补充、相互适用，进一步加强了著作权的国际性保护。

二、著作权的性质与特征

（一）著作权的性质

从著作权的产生、发展过程来看，对于著作权性质的界定，英美法系和大陆法系之间有着不同的观点。总体而言，英美法系重视财产权；大陆法系不仅重视财产权，更加重视人身权，强调对作者人格进行保护。

1. 财产权说

英美法系认为，著作权本质上是一种复制作品的权利，著作权法保护的主要内容为作品的复制权和重印权，其价值在于实现作品在主体之间转移过程中的财产权利。18世纪初，随着印刷技术在欧洲的发展，图书出版已经成为一个重要的赚钱渠道。为了保护现代文化传播，鼓励社会资本对精神产品的生产和出版业的投资，英国颁布了《安娜女王法》。该法授予作者、出版商具有"产权"性质的专有复制权，从而奠定了著作权为财产权的观念。[1]美国版权法的立法精神来源于《安娜女王法》，确定了著作权为财产权的基本理念，并将其置于著作权法的核心地位。随着英国殖民地的进一步扩张，该立法理念也在这些国家和地区迅速传播。

2. 人身权和财产权说

大陆法系秉承罗马法的私权和市民法理念，不仅关注作者的财产权利，而且注重对作者人格权的保护。这一观念直接来源于法国大革命资产阶级主张的"天赋人权"思想。在1789年颁布的《人权宣言》中，法国将著作权作为人权来看待，使著作权的人身权得到了宪法的保护。但在大陆法系内部，关于著作权的人身权和财产权又有"二元论"和"一元论"两种观点。以法国为代表的"二元论"认为，著作权由相互独立的人身权和财产权组成，其中著作人身权具有永久性，不可转让，而著作财产权则可以转让。以德国为代表的"一元论"认为，著作权并非由相互独立的人身权和财产权组成，而是由人身权和财产权两项权利组成的统一权利，财产权会对人身权产生影响，对人身权的侵犯也可能导致财产请求权的产生。[2]

著作权主要反映和调整平等主体之间的人身关系和财产关系，根据我国《民法典》的相关规定，著作权属于民事权利的范畴。因此，著作权的取得、行使和保护均适用民法的基本原则和基本的民事规范，具体包括：权利主体、客体、内容、法律事实、民事行为、侵权救济、民事责任等。民事权利按有无财产内容来划分，可以分为人身权和财产权。

---

[1] 吴汉东等：《知识产权基本问题研究》，中国人民大学出版社，2005年，第187页。
[2] [德]M.雷炳德：《著作权法》，张恩民译，法律出版社，2005年，第26—27页。

据此，我国著作权法也分为著作人身权和著作财产权。著作人身权，包括发表权、署名权、修改权、保护作品完整权；著作财产权，又称著作经济权，是出于对作品的使用而获得的权利，如复制权、发行权、出租权、改编权、翻译权、信息网络传播权等。

（二）著作权的特征

1. 复合性

著作权虽然是民事权利的一种，但它和其他民事权利仍存在一定的区别。民事权利不是人身权就是财产权，一般不会将两者集于同一个权利体系之中。而著作权由于是基于作者的创造性劳动而产生的权利，因此它既包含人身权，又包含财产权。

2. 可分享性

一般物权具有绝对的排他性，同一物上不允许有内容不相容的物权并存。比如，某人购买了一部手机后就拥有了该手机的所有权，同时排除了其他人拥有该手机所有权的可能性。但著作权分为著作人身权和著作财产权，除了著作人身权不允许转让、许可外，著作财产权中的复制权、发行权、改编权、翻译权、信息网络传播权等十几种权利均可同时由不同主体分享或享有。

3. 时间性

为了促进科学文化的发展，鼓励优秀文学、艺术、科学成果向社会公众进行传播，各国政府在制定著作权法时，都会采用权利限制的方式，对著作权的保护在时间上予以限定——一旦超过既定的有效期，权利即消失，作品也随即进入公有领域，成为人类共同的财富。

三、我国著作权法的演变历程

著作权的产生是印刷技术进入产业领域的结果。虽然印刷术是我国的四大发明之一，但古代中国终究没有形成较为完善的产业体系。因此，我国的法制史上并没有"著作权"或"版权"的相关概念。相关条文仅散见于官方的一些公文之中，不成系统，如：在程舍人刻印的《东都事略》目录后有长方牌记云："眉山程舍人宅刊行，已申上司，不许覆板。"[1]段昌武的《丛桂毛诗集解》三十卷在国子监登记有"禁止翻版公据"[2]。

鸦片战争时期，迫于内外压力，清政府开始进行政治改革，试图建立君主立宪制，制定宪法和其他法律，其中著作权法是一项重要的内容。1910年，清政府参照日本1899年《著作权法》，并借鉴吸收其他大陆法系和英美法系国家的著作权/版权立法经验，颁布了《大清著作权律》。作为我国第一部著作权法，该法体现了当时较高的立法水平，既保护著作人身权，又保护著作财产权，分为通则、权利期间、呈报义务、权利限制和附则等5章，共55条。

《大清著作权律》对我国著作权法的立法产生了重要的影响。1915年，北洋政府颁布的《著作权法》，内容与《大清著作权律》雷同，分为总纲、著作人之权利、著作权之侵害、罚则和附则等5章，共45条。1928年，南京政府颁布的《著作权法》与《大清著作权律》和北洋政府的《著作权法》几乎无异，只增加了对注册的限制，分为总纲、著作权之所属及限制、著作权之侵害、罚则和附则等5章，共40条。

中华人民共和国成立后，国家开始注重保护作者的权利，相关部门也出台了政策和规定，但因为对著作权的认识还不足，所以没有专门制定著作权相关法律。改革开放后，国家的社会、经济、文化取得了较大的发展，1986年颁布的《民法通则》明确了著作权的概念和相关的权利内容，为著作权法的制定奠定了基础。1990年9月7日，第七届全国人民代表大会常务委员会第十五次会议正式通过《中华人民共和国著作权法》（根据2001年10月27日第九届全国人民代表大会常务委员会第二十四次会议《关于修改的决定》作第一次修订，根据2010年2月26日第十一届全国人民代表大会常务委员会第十三次会议《关于修改的决

---

[1] 〔南宋〕王称：《东都事略》，四川眉山程舍人宅刊本。
[2] 〔清〕张金吾：《爱日精庐藏书志》，文史哲出版社，1982年，第96—97页。

定》作第二次修订，根据2020年11月11日第十三届全国人民代表大会常务委员会第二十三次会议《关于修改〈中华人民共和国著作权法〉的决定》作第三次修订），该法成为中华人民共和国第一部《著作权法》，并于1991年6月1日起正式生效，标志着我国著作权制度的正式建立。现行《中华人民共和国著作权法实施条例》于2002年8月2日以中华人民共和国国务院令第359号公布，根据2011年1月8日《国务院关于废止和修改部分行政法规的决定》作第一次修订，根据2013年1月30日中华人民共和国国务院令第633号《国务院关于修改〈中华人民共和国著作权法实施条例〉的决定》作第二次修订。该条例共38条，自2002年9月15日起施行。原1991年5月24日国务院批准、1991年5月30日国家版权局发布的《中华人民共和国著作权法实施条例》予以废止。

随着对外开放和国际交流的不断深入，1992年，我国加入《伯尔尼公约》和《世界版权公约》；1993年，我国加入《保护录音制品制作者防止未经许可复制其录音制品公约》；2001年，我国加入世界贸易组织后，《与贸易有关的知识产权协定》对我国也正式生效；2006年，我国又分别加入《世界知识产权组织版权条约》《世界知识产权组织表演和录音制品条约》；同年12月29日，第十届全国人民代表大会常务委员会第二十五次会议决定，批准于2005年10月20日在第三十三届联合国教科文组织大会上通过的《保护和促进文化表现形式多样性公约》。这一公约的批准，更加有利于保护国家文化的安全，有利于保护和促进文化产业的发展，提升我国文化产业的竞争力。2020年4月28日，《视听表演北京条约》（简称《北京条约》）正式生效，它是惠及全球表演者的重要国际条约，对进一步完善国际知识产权体系起到了积极作用。

四、我国著作权法的基本原则

我国《著作权法》第一条规定："为保护文学、艺术和科学作品作者的著作权，以及与著作权有关的权益，鼓励有益于社会主义精神文明、物质文明建设的作品的创作和传播，促进社会主义文化和科学事业的发展与繁荣，根据宪法制定本法。"据此可见，我国《著作权法》的原则主要包括以下几项：

1. 保护作者权益

作者是文学、艺术、科学作品的创作者，在这些智力成果形成的过程中，付出了艰辛的劳动，也是社会公共文化的提供者。只有对作者权利给予有效保护，使他们的智力成果得到合理的回报，才能激发作者的创作热情，创作出更优秀的作品。因此，我国《著作权法》第一条就明确了立法目的之一："为保护文学、艺术和科学作品作者的著作权，以及与著作权有关的权益"，第十条、第十一条、第四十九条、第五十二条、第五十三条等分别规定了著作权的内容、归属、技术保护措施、侵权行为和侵权责任等内容。

2. 鼓励传播优秀作品

优秀作品不仅是作者个人的智力创造，也是全人类的共同财富。传播优秀作品有利于推动社会整体的科学文化水平，有利于提升国家和地区的科学文化竞争力，有利于扩大国家和地区的科学文化影响力，有利于人类文明的传播与传承。因此，"鼓励有益于社会主义精神文明、物质文明建设的作品的创作和传播，促进社会主义文化和科学事业的发展与繁荣"亦是《著作权法》第一条所明确的立法目的之一。《著作权法》第四章还专门对与著作权有关的权利予以确定，规定了图书出版者、表演者、录音录像制作者和广播电视组织的权利，规范并鼓励以上机构和个人对优秀作品进行有效传播。

3. 作者利益与公众利益协调一致

任何优秀的文学、艺术和科学作品都是基于前人优秀成果而形成的。就整体而言，人类文明的进步是继承、发展、传承的螺旋式上升过程。因此，在保护个人利益时，不应忽略社会整体利益。《著作权法》通过权利限制的方式，对个人利益和社会公共利益予以了协调和平衡。《著作权法》第二十三条规定了不同作品著作财产权的保护时效，第二十四条规定了合理使用制度,第二十五条、第三十五条、第四十二条、第四十六条规定了法定许可制度等。上述规定都是基于社会公共利益考虑的,避免因对著作权人的相关权利进行永久性保护,而导致权利人对优秀作品的绝对垄断。

4. 与国际著作权发展趋势保持一致

当今世界,绝大多数国家已经制定出著作权制度,虽然由于传统、习惯、价值观念等因素的影响,国与国之间还存在着诸多差异,但从全球著作权制度的发展趋势而言,无论是大陆法系还是英美法系,都具有一定的趋同性。随着国际文学、艺术、科学等领域的交流与对话不断深入,科学文化事业和产业不断发展,国际条约对著作权制度的发展也起到了积极的作用,主要有《伯尔尼公约》《世界版权公约》《与贸易有关的知识产权协定》等。

第二节 音乐著作权

音乐著作权是著作权制度中最为复杂的内容。纵观著作权的发展史,音乐著作权始终是矛盾和争议最大的领域,著作权立法变革与制度创新也总是首先涉及音乐作品的部分。从1908年涉及录音制品制作的怀特-史密斯音乐出版公司诉阿波罗公司案(White-Smith Music Pub. Co. v. Apollo Co.),到2005年涉及间接责任和交互式网络传播的米高梅诉格罗斯特案(Metro-Goldwyn-Mayer Studios, Inc. v. Grokster, Ltd.),再到2013年关于数字音乐新兴商业模式的美国广播协会诉潘多拉案(Broad. Music, Inc. v. Pandora Media, Inc.),[①]都发生在音乐著作权领域,对著作权法的发展产生了历史性的意义。

---

① 熊琦:《数字音乐之道:网络时代音乐著作权许可模式研究》,北京大学出版社,2015年,第1页。

一、音乐著作权制度和调整对象

音乐作品是著作权保护的重要内容之一，基于《著作权法》的界定，音乐著作权是作者基于音乐作品的创作而产生的权利。从法律渊源来看，音乐著作权制度不仅包括《著作权法》《著作权法实施条例》《民法典》《宪法》以及其他法律法规和国际条约中有关音乐著作权的条文，还包括最高人民法院、最高人民检察院对音乐著作权案件审理的相关意见、批复及司法解释等。

随着音乐传播媒介的不断革新，音乐著作权调整的内容经历了一个从简单到复杂的过程。它涉及音乐作品创作者、使用者、传播者、集体管理组织等多方主体的权利关系。当前的音乐著作权制度已经不再是简单的设置权利或限制权利的问题，而是走向更为系统的权利产生、转移、许可、消失等多维度的制度体系。

二、音乐著作权保护制度的演变

音乐著作权保护制度的形成，是音乐产业各参与主体利益追求，以及私主体利益和公共利益博弈的结果。音乐著作权的形成与发展和音乐商业模式的变革有着密切关系，因此，全面梳理音乐产业的发展脉络，有利于寻找音乐著作权制度不断进步的动力，也有利于未来音乐著作权制度的完善。

（一）音乐产业的萌芽

音乐是人类精神需求的重要内容，从人类社会诞生开始，音乐就一直伴随着历史的发展不断丰富。但音乐产业的形成需要两个重要基础，一是音乐传播技术的发展，二是音乐著作权制度的保护。在口语传播时代，音乐传播主要依靠人们的口耳相传，传播的内容缺乏确定性和稳定性；在文字传播时代，音乐有了手稿形式的记载，音乐传播依靠手抄的方式实现，一般藏于宫廷、教堂等场所，不为平民所接触。

1451年，古登堡（Gutenberg）将印刷技术引入西方社会，使大量信息进入到了批量传播的时代，乐谱的传播也得以受益。1501年，乐谱印刷开始拥有与图书印刷同等的地位，成为一项受英国王室特许的专营贸易，威尼斯王国的奥塔瓦尼奥·佩鲁奇（Ottavanio Petrucci）成为首个经营乐谱的商人，乐谱的印刷和发行随即开始在整个欧洲出现。17世纪，随着出版贸易的分工细化，音乐出版开始成为出版产业的类型之一，被纳入图书贸易的产业类型中。

值得一提的是，虽然乐谱印刷在17世纪已初具规模，但这并不意味着音乐产业已经形成。当时的音乐家还没有成为独立的自由交易主体，他们依靠贵族的资助，音乐创作和传播也都是为贵族和皇室服务，音乐作品归属于资助者。随着社会的进步，社会公众对音乐的需求也逐渐扩大，加之音乐人的创作与表演有了民间的资助，在一定程度上削弱了音乐人对贵族的依附。但创作者和表演者依然没有权利通过音乐作品或音乐表演来获得商业层面的收益。

音乐产业的独立，一方面需要庞大的消费群体，另一方面需要法律赋予音乐人以作品的财产权。在社会公众开始接受音乐作品的环境下，音乐著作权就成了音乐产业发展的核心问题，并且是困扰当时音乐产业进一步升级调整的关键性因素。因此，18世纪音乐作品市场的出现和音乐产业的独立，发生在现代著作权法诞生之后，可以说并非巧合。在1777年的巴赫诉朗文等案（Bach v. Longman et al.）中，法官首次将音乐作品纳入到《安娜女王法》保护范围，意味着音乐创作者对其作品拥有独立的著作权，从而掌控了音乐作品使用和收益的决定权。需要注意的是，音乐创作者虽然在法律意义上拥有了音乐著作权，然而在实际操作的过程中，音乐出版商仍然拥有强势地位，常常要求音乐人将版权转让给他们，因此，当时音乐产业的主体和实际音乐著作权人还是出版商。

（二）音乐产业的形成

尽管在音乐著作权的保护下，音乐产业开始萌芽，但从产业形态上来看，音乐作品的交易仍然从属于图书贸易。随着有声电影、广播和电视的出现，音乐的传播渠道日益增多，同时也促使创作者为迎合公众的需要而开发更多种类的音乐形式。传播技术的发展，给音乐产业带来了巨大的冲击和变革的动力。19世纪末，随着录音技术和广播技术的发展，音乐作品可以脱离音乐表演者而被大众听觉所感知，音乐产业的形态也开始产生了第一次转型。

1. 复制技术对音乐产业的影响

1790年，美国颁布了第一部《版权法》。1831年修订版的《版权法》将音乐作曲纳入到保护范围之中，催生了以活页歌谱印刷为主的产业形式。直到19世纪末，音乐出版者都一直以发行乐谱作为主要的收入来源，最典型的例子就是叮砰巷（Tin Pan Alley）。叮砰巷是指纽约曼哈顿市区第二十八西大街。从19世纪末到20世纪上半叶，该地区作为美国的音乐出版和发行中心而闻名于世。当时，叮砰巷云集了诸多音乐出版公司，诸如1881年开业的哈姆斯音乐出版公司（T. B. Harms）、弗兰克·哈丁出版公司（Frank Harding），1885年成立的维特马克家族音乐出版公司（Witmark & Songs）和从威斯康星州米尔沃克市迁来的查尔斯·哈里斯音乐出版公司（Charls Harris）等。这些公司为了推销各自的音乐作品，雇佣业务员们每天用钢琴演奏乐谱上的音乐。久而久之，由于被过度使用，钢琴的零部件开始松散，音色变差，甚至发出叮叮当当的声响，因此人们戏称这个地方为"叮砰巷"。

1895年，自动卷轴钢琴发明以后，音乐作品有了新的使用方式。按照当时的规定，未经许可，擅自复制和发行乐谱是侵犯版权的行为，但通过打孔的方式来记录乐谱是否属于复制行为却尚无定论。20世纪初，自动卷轴钢琴的流行已经严重威胁到乐谱出版商的利益，使得其市场份额有急剧下降的可能性。与此同时，自动卷轴钢琴生产者内部也产生了强烈的竞争矛盾。当时，部分自动卷轴钢琴生产商反对美国国会将录音音乐纳入到著作权保护范围，这并不是出于拒绝与音乐著作权人分享利益的动机，而是害怕其他已经取得市场优势地位的厂商因此而形成垄断。

为了缓解由于新技术日益发展而引发的社会矛盾，时任美国总统西奥多·罗斯福呼吁对版权法进行一次彻底的修改，于是便产生了1909年修订的《版权法》，该法设立了一条名为"法定机械许可"（A Compulsory Mechanical License）的条款。但是，1909年修订版《版权法》不保护录音制品，直到1971年，美国国会通过一项1909年《版权法》的修正案，为1972年1月15日及其以后录制、出版和获得版权的录音制品提供版权保护。1976年的《版权法》第一百零二条a款7项正式将录音制品列为版权作品八大种类之一。

2. 广播技术、集体管理与音乐产业的博弈

1897年，为了保护歌剧、音乐剧作曲家的权利，国会通过法案，将公开表演权延及音乐作品。1909年，美国国会修改的《版权法》将"以营利为目的向公众表演"纳入版权保护体系。[①]即便如此，公开表演权还是没有受到音乐著作权人的重视，因为他们觉得发行乐谱才是他们的主要收入来源。直到公开表演的场所不断增加，演出频率也不断提升，音乐著作权人才开始认为公开表演权可能会给他们带来收益。基于当时的法律规定，如果要获得著作权法的保护，公开表演就必须具有"营利性"，但法律对于"营利性"的界定并不清楚——是"直接营利"，还是包括"间接营利"[②]在内的所有营利方式，法律并没有特别的规定。同时，由于上述表演行为分散于全国各地，权利人无法进行监督，也难以通过诉讼请求的赔偿费用弥补诉讼成本。鉴于上述情况，部分音乐人开始寻求合作，以降低维权成本和提升诉讼效率。1913年10月，以维克多·赫伯特（Victor Herbert）为代表的部分作曲家主张发起成立代表音乐著作权人权利的合作组织，经过四个多月的筹备后，美国作曲家、作家、出版者协会（American Society of Composers, Authors and Publishers，简称ASCAP）于1914年正式成立。为了给音乐著作权人争取更大的经济利益，该协会曾试图通过协商

---

① 17 U.S.C. § 1 (d) (1909)
② 直接营利，是指以音乐为商品，通过交易来实现音乐的经济价值；间接营利，是指并非直接以音乐为商品，而是将音乐作为工具或背景，来促进其他商品的消费，如酒吧、商场等公共场所播放的音乐。——编著者注

的方式督促使用音乐进行公开表演的酒吧、餐厅以及其他通过音乐进行"间接营利"的场所缴纳版税，但这一行为受到了餐饮协会的强烈反对。ASCAP最终通过诉讼的方式解决了这一难题，其中典型的案例就是1917年涉及餐厅播放音乐的赫伯特诉珊莉餐厅案（Herbert v. Shanley），ASCAP迫使霍尔姆斯（Holmes）大法官做出判决，认定餐厅演奏音乐作品必须向音乐著作权人付费。[①]随后，ASCAP根据该判例提起了一系列诉讼，从而极大地捍卫了音乐著作权人的公开表演权。

在音乐的复制权和机械表演权被各国政府广泛接受后，音乐著作权人的权利得到进一步延伸，也为后来的音乐产业发展奠定了基础。1864年，英国物理学家詹姆斯·克拉克·麦克斯韦（James Clerk Maxwell）建立了电磁学基本理论；1888年，德国人海因里希·赫兹（Heinrich Hertz）发现并证明了电磁波的存在；1897年，意大利人伽利尔摩·马可尼（Guglielmo Marconi）成立了"马可尼无线电报公司"；1901年，马可尼通过电磁波为大西洋两岸建立了联系；1906年，美国人李·德·弗雷斯特（Lee De`Forest）发明了三极管，为无线电广播、长途电话、有声电影等提供了技术条件；这一年的圣诞节前夕，加拿大人雷金纳德·奥布里·费森登（Reginald Aubrey Fessenden）在马萨诸塞州的实验室进行了一次简短的广播，取得了良好的效果；[②]1908年，弗雷斯特又在巴黎埃菲尔铁塔上进行了一次广播，被该地区的所有军事电台和马赛的一位工程师所听到；1920年6月15日，马可尼公司在英国举办了一场无线电音乐会，远至法国、意大利、挪威，甚至希腊都能清晰地听到；[③]1920年11月2日，美国匹兹堡KDKA电台正式开播，成为历史上第一个商业电台。此后，随着收音机进入寻常百姓家，广播台也在美国、意大利、法国等国家广泛出现。无

[①] 原告赫伯特是时任ASCAP副主席。——编著者注
[②] [法]让－诺埃尔·让纳内：《西方媒介史》，段慧敏译，广西师范大学出版社，2005年，第137页。
[③] 汪森、余烺天：《音乐传播学导论——音乐与传播的互文性建构》，西南师范大学出版社，2008年，第135—136页。

线广播无疑使音乐传播的范围更广,速度更快,但同时也引起了音乐出版商、音乐创作者、音乐表演者等利益相关者的不满。音乐著作权人开始觉得广播组织对音乐的使用动摇了音乐产业的收益模式,因此权利人借助已经建立的集体管理组织ASCAP,展开了针对广播组织的诉讼,并在1923年取得成功。得到联邦法院判决的认可,意味着ASCAP取得了阶段性胜利,全美广播组织陆续向其缴纳版税。但对于版税的标准,双方仍未达成一致意见。随着越来越多的音乐人加入ASCAP,其市场优势地位逐步得到巩固,并渐渐提高了对广播组织的版税标准。ASCAP认为,虽然广播组织已经开始支付版税,但版税的费用仍然较低,无法弥补其对音乐著作权人造成的损失;而广播组织则辩称,由于广播组织的增多,竞争日益加剧,支付较高的版税会导致大量广播组织濒临破产。于是,在广播组织的推动下,1934年,美国司法部展开了对ASCAP的反垄断审查。在1935年举行的为期两周的听证会后,美国政府宣布无限期暂停审查,同时ASCAP也与广播组织集团达成了一个新的五年许可协议,使版税增幅控制在双方都能接受的范围。

为了对抗ASCAP的支配性地位,广播组织于1939年开始着手组建自己的"音乐广播公司"(Broadcast Music, Inc.,简称BMI),通过市场竞争的方式与ASCAP争夺市场份额,以便扩大音乐广播节目的内容来源。出于对市场的稳定性考虑,美国司法部自1941年至2000年对以上两个音乐著作权集体管理组织进行了长达六十年的反垄断审查。

综上所述,传播媒介技术的发展给音乐版权制度和音乐产业格局带来了深刻影响。自动卷轴钢琴的出现打破了乐谱印刷这种单一的商业模式,并且产生了"机械复制"的使用方式和"法定机械许可"的法律概念,这一概念一直沿用到后来的密纹唱片、黑胶唱片、磁带和CD,产业模式也从乐谱扩展至公开表演和唱片发行等领域。广播技术的广泛使用,使音乐产业发生了"从音乐载体买卖到音乐作品许可"(Shift from Physical to Licensing)的变化。[1]音乐产业的交易已经开始从有形商品的

---

[1] Al Kohn & Bob Kohn, *Kohn on Music licensing(4th ed.)*, Wolters Kluwer, 2010,p.16.

买卖向无形权利许可使用转变，并产生了ASCAP、BMI等音乐著作权集体管理组织，增加了多重参与主体；产业模式从"音乐著作权人—音乐消费者"转变为"音乐著作权人—音乐著作权集体管理组织—商业使用者—消费者"，法律关系也日趋复杂。虽然后来的传播媒介技术不断发展，但音乐产业的商业模式和著作权框架体系已在这一阶段基本形成。

（三）音乐产业的新纪元

20世纪前后，音乐产业的内容和范围在一百多年发展过程中已得到了极大的拓展，传统音乐产业模式相对较为成熟。20世纪末，数字技术和网络技术的广泛应用又使音乐产业和音乐著作权制度面临新的挑战。纵观全球，数字音乐的发展不断在曲折的道路上前进，至今尚未形成较为完善的商业模式，新旧音乐产业之间的矛盾依旧存在。

随着网络科技的不断发展，Web 2.0的出现为音乐产业形态创造了新的空间，传统一对多的大众传播模式的中心地位正经受挑战，而网络化、数字化、交互式的传播模式也在崭露头角。著作权领域的不少学者把Web 2.0概括为"用户创造内容"（User-Generated Content）的互联网平台，即网络用户借助互联网平台实现作品的交互式创作和传播。P2P技术的出现，给音乐的网络传播带来了颠覆性的影响，传播者和受众之间的界限逐渐模糊。受众的参与和创作成为Web2.0的显著特征，音乐作品的创作与传播以受众需求为导向，网络歌曲、音乐改编、音乐FLASH的兴起是这一时期的典型现象。

从音乐创作的角度来看，在Web2.0环境下，音乐创作者的平民化和作品的价值取向发生了重大的改变，网络用户对音乐创作参与的积极性极大提升，名目繁多的应用软件使他们可以轻松地实现音乐改编和音乐创作。音乐创作者的动机从传统的以经济利益为中心逐渐向音乐参与、自我表达、社会交往等非经济性动机转变。特别是以YouTube、网易云音乐、QQ音乐等为代表的音视频网站，使得广大音乐爱好者不必通过传统的音乐公司来发行他们的作品，而是可以通过各种网络平台、社交"部落"来传播他们的音乐。

从传播方式上来看，音乐的著作权人与使用人的身份完全混同，作品的传播不是由内容提供者到使用者的单向传播，而是在"去中心化"和"去阶层化"的网络用户之间共享。①这种作品以个人之间的协作创作和共享为主要特征，被称为"社群模式"（Social Production）。②

在传统的音乐产业模式中，音乐著作权人始终以最低投入追求音乐作品的收益最大化，经济收益也伴随着传播技术的进步而同步提升。但网络思维下的"社群模式"的运作，乃是通过提供高效便捷的传播平台来实现用户数量的规模化，因而互联网产业主体追求的是传播效率的提高，即以最低的成本追求传播范围的最大化。③因此，从传统的音乐产业模式到"社群模式"的转型中出现了无法调和的矛盾。以传统唱片产业为基础的著作权制度体系在"去中心化"的"社群模式"中已成为明日黄花，有了明显的不适应性。

三、我国音乐著作权保护制度的建立与发展

对于音乐著作权制度的考量可以从两方面入手：一是外部环境，音乐著作权制度不断受到国家文化艺术的政策方针、音乐的商业模式、音乐传播媒介的技术发展等多种因素的影响；二是运作基础，音乐著作权的运作基础是音乐著作财产权体系，后者对前者制度功能的实现具有决定性作用。1990年我国第一部《著作权法》就是在改革开放的政策下，为了适应国际环境的需求而被制定出来的。可以看出，这部法律有明显的模仿痕迹，也不完全满足当时音乐产业发展的需求。

随着我国市场经济体制的不断完善，1990年版的《著作权法》既不能适应经济发展的需求，也不能满足《与贸易有关的知识产权协定》的

---

① 熊琦：《数字音乐之道：网络时代音乐著作权许可模式研究》，北京大学出版社，2015年，第30页。
② Yochai Benkler, *Sharing Nicely: On Shareable Goods and the Emergence of Sharing as a Modality of Economic Production*, Yale Law Journal, Vol 114, NO.2, 2004, p.278.
③ 熊琦：《数字音乐之道：网络时代音乐著作权许可模式研究》，北京大学出版社，2015年，第31页。

要求。因此，2001年10月27日，经第九届全国人民代表大会常务委员会第二十四次会议表决，正式通过了修订后的《著作权法》。这是对1990年版《著作权法》的一次重大修改，法律条文在原来56条的基础上增加至60条，诸多条款进行了实质性的调整。2010年2月26日，为进一步完善我国著作权法律制度，并根据执行世界贸易组织中美知识产权争端案裁决的现实需要，第十一届全国人民代表大会常务委员会第十三次会议审议通过《关于修改〈中华人民共和国著作权法〉的决定》，并自2010年4月1日起施行。此次修订涉及两个条款，修订后的《著作权法》共6章61条。2020年11月11日，第十三届全国人民代表大会第二十三次会议对《著作权法》进行了第三次修订，在原有基础上作了较大范围的修改，条款数增加至67条，新增了技术保护措施、惩罚性赔偿制度的相关内容，对相关术语也作了相应修改，进一步和国际版权法相接轨。

第二章 音乐著作权的客体

第一节 音乐作品概述

一、音乐作品的界定

音乐是声音的艺术（除了约翰·凯奇的《4分33秒》[①]），是时间的艺术，也是抽象的艺术。音乐可以满足人的心理需求，同一首音乐作品在不同的受众身上会产生不同的心理效应。音乐是凭借声波振动而存在，在时间中表现，通过人类的听觉器官而引发各种情绪反映和情感体验的艺术门类，是人类创造的诸多文化现象之一。[②]

学者们从自身专业出发，对音乐的概念进行了不同侧面的解读。在民族音乐学家的眼中，音乐不仅包括声音的结构，还包括声音结构背后的语言、行为、价值、宗教、信仰等。伍国栋教授认为，民族音乐的音乐形态分为"乐声"和"非乐声"，后者专指人类文化中具有文化意蕴

[①]《4分33秒》是约翰·凯奇极具颠覆性的一部作品，有人甚至质疑它是否属于音乐作品。该作品突破了音响传统意义，被称为"无声音乐"。作品分为三个乐章，时间长度为4分33秒，乐谱上无任何音乐符号、节奏标记，唯一标明的是三个乐章Ⅰ、Ⅱ、Ⅲ标记下的"Tacet"（沉默）。《4分33秒》于1952年8月29日在纽约以钢琴作品形式进行首演，由著名钢琴家大卫·图德（David Tudor）表演。演奏家上台静坐在钢琴前，以打开琴盖为开始，整场演出没有奏出任何声响，直至4分33秒后走下舞台。作品的含义是让在场的观众通过沉默式的休止聆听自然的声音，感受特定时空下的"无声音乐"。
——编著者注
[②]《中国大百科全书》出版社编辑部：《中国大百科全书》（音乐·舞蹈卷），中国大百科全书出版社，1989年，第1页。

和文化符号特征的各种"非乐声"（非艺术音乐）音响，如音乐文化活动或音乐仪式中作为特定程序和内容的吟诵、咒语、呼喊、喧嚣、（法器）碰击、自然（天地万物）音响选择等，都统归为"音声"。[①]谢嘉辛教授认为，民族音乐形态分为三个层次：第一个层次是具有本源性特征的表现因素，包含"音乐活动形式、特定的人声、音乐音调、演唱方法、特定的器乐音色和演奏法"；第二个层次包括"节奏、旋律、调式与和声"；第三个层次包括"主题发挥、音乐陈述结构、各类曲式的张弛结构"。[②]

在音乐美学领域，茵伽尔登认为，声音、音、外在秩序的声音结合，以及各种各样的沙沙声和敲击声等构成了音乐作品结构中最重要的部分。音乐作品的结构有声音部分和非声音部分。声音成分中，构成声音的单个具体的音乐要素，它们具有各种不同的特征，如：旋律、节奏、和声（并不总是）、力度、色彩等，其中最重要的是节奏。此外，音乐作品基于体现审美对象价值，还应当包括非声音部分，这些成分包括：时间结构、运动现象、感情质量、审美价值等。[③]虽然，最终茵伽尔登得出了"音乐是人的纯意向性对象"的唯心主义本质观，但其提出"非声音成分"的存在以及与声音成分契合为一的观点，[④]对拓展对音乐作品的认识极具启发性作用。

一部音乐作品是创作者基于内心体验、外在环境、音乐功能和价值，选择其中一些要素，进行"个性化的组织"而形成具有独特性的作品形态，因此，我们对音乐作品的界定，不能脱离音乐家的创作意图和其生活的文化环境。音乐视野下的"音乐作品"涉及到创作者的经验和受众个体的审美情趣，旋律、调式、和声、节奏等并不是每一部音乐作品都必须具备的要素，如我国传统音乐作品中就甚少有西方的和声思

[①] 伍国栋：《音乐形态 音乐本体 音乐事象——与研究生讨论民族音乐学话语体系中的三个关键术语》，《中国音乐学》2010年第3期，第63—64页。
[②] 谢嘉幸：《音乐的语境——一种音乐解释学视域》，上海音乐学院出版社，2005年，第154—157页。
[③] [波兰]罗曼·茵伽尔登：《音乐作品及其本体问题》，杨洸译，原载于《美学研究》第二卷，苏联外国文学出版社，1962年，韩锺恩整理打印版，第34—47页。
[④] 于润洋：《音乐史论问题研究》，中央音乐学院出版社，2004年，第23页。

维,而是主要以横向的"线性思维"进行创作;纯打击乐作品中强调节奏和音色要素,而较少有旋律、调式调性等要素;甚至有学者采集到了"一音歌",也对音乐作品的界定提出了新的思考。①

综上所述,音乐作品中的音乐结构既包括旋律、调式、节奏、音色、速度等"乐音"部分,也包括音乐文化活动或音乐仪式中作为特定内容的"音声"部分,以及形成上述音声结构的人的观念、思想、信仰、宗教、行为等。其中,前者是被人有意识地组织的部分,是音乐作品的核心。我国《著作权法实施条例》第四条规定:"音乐作品,是指歌曲、交响乐等能够演唱或者演奏的带词或者不带词的作品。"

二、音乐作品的分类

根据《著作权法实施条例》对音乐作品的界定,可以将音乐作品分为不配词和配词两类,依据作品的使用方式,又可以进一步从权利划分上将作品分为可分割使用的和不可分割使用的两类。可分割使用的作品是指,两个或两个以上拥有著作权的不同作品结合而成的新作品,著作权人各自对自己的作品享有著作权,但行使著作权时不得侵犯合作作品的整体著作权。不可分割使用的作品是指,两个或两个以上音乐创作者在同一思想的指引下,共同创作一部作品,创作者对作品共同享有著作权。

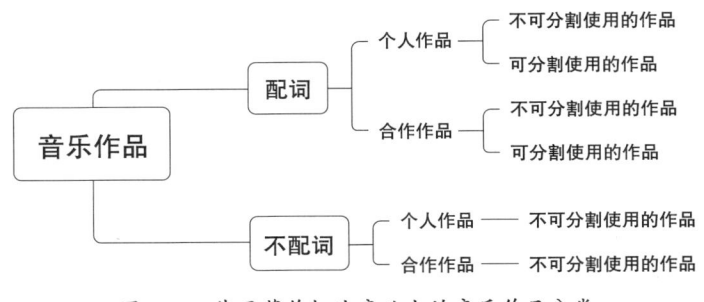

图2-1:基于著作权法意义上的音乐作品分类

---

① 参见毛继增:《藏族传统艺术百花丛中的一块"活化石"——"一音歌曲"伯谐》,《音乐探索》2007年第2期,第5—9页。

由上图可知，不配词的音乐主要为器乐曲，既包括独奏曲、合奏曲、重奏曲、交响乐等，也包括在戏曲、音乐剧、歌剧等艺术形式中独立的、具有版权法意义上的器乐曲部分，该类型的音乐如果是个人创作的，其著作权就由个人享有；如果是两个或两个以上的创作者共同创作的，则著作权由创作者共同享有。配词的音乐主要为歌曲，也包括戏曲、音乐剧、歌剧等艺术形式中独立的、具有版权法意义上的独唱、对唱、齐唱和帮腔等演唱形式，又可以分为词曲可分割使用的音乐作品和词曲不可分割使用的音乐作品。词曲可分割使用的音乐作品如系个人创作，则著作权由个人享有；如系两个或两个以上的创作者共同创作，若词曲可单独使用，则词曲作者单独享有著作权，但不得侵害合作作品整体的著作权。词曲不可分割的音乐作品，如由个人创作，则由个人享有著作权；如由两个或两个以上创作者共同完成，则著作权由创作者共同享有。

在音乐作品《五环之歌》（电影《煎饼侠》的背景音乐和宣传推广曲）被诉侵犯《牡丹之歌》改编权一案中，《牡丹之歌》的词曲作者具有共同创作者的合意和行为，作品著作权由词作者乔羽及曲作者吕远、唐诃共同享有。在没有特别约定的情况下，该作品的著作权应由合作者共同行使，各个作者不能单独行使。原告在仅获得词作者一方授权而未获得其他共有人授权的情况下主张持有《牡丹之歌》的改编权，缺乏事实依据，其仅有权就词作品改编权提起民事诉讼。但是，将上述两首歌的歌词进行比较，歌词立意和内容均不相同，因此可得出结论：《五环之歌》没有利用《牡丹之歌》歌词的主题、独创性表达等基本内容，不构成对《牡丹之歌》歌词的改编。

第二节　音乐作品的构成要件

一般而言，音乐作品是一种由旋律、和声和节奏等要素构成的产物，版权保护的是音乐的表达，而不是音乐表达的思想。音乐作品包括带词的歌曲和不带词的乐曲。对于前者，著作权保护的是乐曲与歌词的结合体、乐曲本身和歌词本身。在美国的一起案件中，法院这样来形容乐曲与歌词之间的关系：歌曲的流行要同时归功于歌词和乐曲，两者之间孰轻孰重是很难界定的；它们相互影响，相互渗透，就像主旋律与单独的音符、歌词与其中单独的语句那样密不可分。[1]音乐作品若要受到著作权的保护，必须具有独创性，能以一定形式表现，反映一定的情感或思想。

一、具有独创性

著作权法中的独创性，是一个较为抽象的概念。著作权法无法像要求专利那样要求作品前所未有，而是强调创作者在不剽窃[2]他人成果的前提下完成具有一定思想表达的作品。对此，大陆法系和英美法系的立法精神有所不同。

大陆法系国家一般对独创性的判断相对比较严格。比如，德国《著作权法》在第二条第二款中规定受到保护的作品应为"个人的智力创作"。学者们认为，独创性应当包含以下特征：第一，必须有产生作品的创造性劳动；第二，体现人的智力、思想或情感的内容必须通过作品表达出来；第三，作品应体现创作者的个性，打上作者个性、智力的烙印；第四，作品应具有一定的创作高度，它是著作权保护的下限。[3]

在英美法系中，独创性一词被表述为"Originality"，其含义是"仅指作品是由作者独立完成（与剽窃他人作品相对而言）"，只要作品能满足"至少有最低程度的创新性"即可。英国1988年《版权、外观设计与专利法》第一条a项指出"文学、戏剧、音乐或艺术作品"受保护的实质条件是具有"独创性"。美国《版权法》第一百零二条a项对

---

[1] Edward B. Marks Music Corp. v. Jerry Vogel Music Co. ,140 F. 2d 266, 267 (2d Cir. N.Y. 1944).
[2] 2001年10月修订的《著作权法》第四十六条删除了原法第四十六条中的"抄袭"二字，将"剽窃、抄袭他人作品的"改为"剽窃他人作品的"，此后这一条款一直被沿用，由此可见，"剽窃"包含了"抄袭"的行为。——编著者注
[3] 吴汉东、曹新明、王毅、胡开忠：《西方诸国著作权制度研究》，中国政法大学出版社，1998年，第41页。

作品也有"原作"的要求。此外，加拿大、新西兰、澳大利亚等国家的著作权法也有类似的规定。对于独创性的认定，英美法系作出了如下解释：第一，作品由作者独立完成而不是对其他任何作品的复制，这是对这种特殊产品的来源和归属的判断标准；第二，作品必须体现出作者在创作过程中所付出的最低限度的劳动。[①]

一般来说，音乐主要由歌词、旋律、和声、节奏等要素构成。当然，并非所有音乐作品都必须具备上述要素，不同作品可根据各自的表达需要，选择其中的一个或多个要素。诚如世界上没有两片同样的树叶一样，每一首音乐作品所蕴含的音乐要素和表达方式也不一样，否则其独创性可能会受到质疑。

1. 歌词

如前文所述，音乐可以分为配词和不配词两种，其中配词的音乐由乐曲与歌词共同组成，又可进一步分为词曲可分离和不可分离两类。词曲可以分离，即歌曲在创作之初，词曲作者并没有出于合作目的使词曲相匹配。在这种情况下，词曲作者分别享有独立的著作权。相反，词曲不可分离，即词曲创作者在创作过程中有意识将各自（实践中也有词曲作者为同一人的现象）的创作意图进行调和，使得词曲配合相得益彰、浑然一体，此时双方对音乐作品共同享有著作权。

歌词是音乐作品的重要组成部分，只有具有独创性的表达，才能受到著作权法的保护。所谓"独创性表达"的要求是为了防止人们使用一些短小简洁的语句来骗取财产所有权。[②]

2013年8月，何洁的新专辑《敢爱》中收录的一首名为《请不要对我说sorry》的歌曲被指涉嫌侵权。原告王乃馨诉称，她创作了歌词《请不要对我说sorry》，随后发现何洁演唱的歌曲《请不要对我说sorry》已广为流传，且被收录进专辑《敢爱》中，词曲作者分别署名为唐恬和翁乙仁。王乃馨认为，该歌词虽有修改，但创意和情感表达与她的原作是

---

① [美]保罗·戈尔斯坦：《国际版权原则、法律与惯例》，王文娟译，中国劳动社会保障出版社，2003年，第179页。
② [美]大卫·J.莫泽：《音乐版权》，权彦敏、曹毅搏译，西安交通大学出版社，2013年，第30页。

一致的。

北京市朝阳区法院审理认为，本案中涉及的两首歌曲除了歌名相同，所表达的情感也相同，能够反映何洁演唱的歌词与王乃馨所写的歌词在内容上存在实质相同的情形。法院因此作出判决，制作方和唐恬停止使用王乃馨歌词作品《请不要对我说sorry》中的涉案内容，并赔偿王乃馨1万元。①

2. 旋律

旋律是指"一种令人愉快的乐音组合或序列"，或者"将相互关联的每一个单独的音符按照一定的节奏组合在一起，使它们能够表达一种特定的意境或思想"。②一般来说，旋律包括了音高、音长和音符组合。对于乐曲来说，旋律是最容易被人识别的组成元素。为了获得版权保护，旋律本身应当具有独创性，但是组成旋律的具体部件却有着自身的局限性。首先，西方十二平均律将一个八度分为十二个半音，旋律往往会受到调式音阶的限制，比如西洋大小调自然音阶中只有七个音符；其次，虽然这些音符可以被排列组合成很多种不同序列，但是组合形式也会受到特定音乐习惯的限制。③鉴于此，判断旋律的相似性或衡量剽窃的标准就难以界定。

在行政和司法实践中，涉及独创性判断的案例通常与歌曲剽窃相关。在判断歌曲是否为剽窃时，应注意以下两个问题：

第一，歌曲的相似部分是否来自公有领域。所谓公有领域是指已超过著作权法保护期的音乐作品，任何人对公有领域音乐的使用均不构成侵权。如中国台湾组合S.H.E的《不想长大》曾被指抄袭韩国乐团东方神起的《三角魔力》（*Tri-Angle*），但通过对歌曲的分析得出，两部作品之所以相似是因为都引用了莫扎特《第四十号交响曲》的第一乐章。因此，这两首音乐作品均是基于古典音乐的创新，不存在侵权行为。

---

① 转引自张剑：《何洁歌曲中歌词被判侵权 须赔偿王乃馨一万元》，http://culture.People.com.cn/big5/n/2013/0816/c22219-22583320.html，访问日期：2021年11月3日。
② Houghton Mifflin Company, *The American Heritage Dictionary (Third edition)*, http://www.ahdictionary.com/word/search.html?q=melody，访问日期：2022年1月24日。
③ [美]大卫·J.莫泽：《音乐版权》，权彦敏、曹毅搏译，西安交通大学出版社，2013年，第31页。

第二，音乐作品是否存在对他人作品的剽窃行为。法院对于剽窃的判断标准通常会采用"接触加实质性相似"的原则。该判断的基本内容是：如果没有接触，那么两首作品相似或相同不能视为侵权；只有接触或有可能接触到原告的作品，并且被告作品与原告作品之间存在实质性相似才能认定为侵权。如果两首音乐作品的相似部分来源于第三人作品，则这两首作品的著作权人都无权请求该部分的权利，如涉及剽窃，则应当承担侵权责任。

接触作品，是指被告有机会了解、感受涉案作品。一般情况下，如果作品已经通过广播、电视、网络、报纸、期刊等大众传媒向不特定受众进行了传播，则可以认定被告接触过原告作品。另一种情形是，作品是原告专门为被告创作的（如委托创作、职务创作、参加创作比赛），且未在任何大众媒体上进行过公开传播，那么也可以推断被告接触过原告的作品。

实质性相似，在音乐界有两种判断标准：一是八小节以上雷同视为剽窃；二是相似音乐不超过四小节不算剽窃。司法界对音乐实质性相似没有严格的界定标准，但可以从音乐作品给听众的听觉感受、词曲结构、节奏安排、旋律走向、音乐气质以及音乐作品的用途、相似比例等角度进行综合分析。当涉案作品相似度较高，一般听觉正常的听众都可以明确辨别时，只须由普通听众来担任判断主体；当涉案歌曲之间仅有部分相似，且为原告独创性内容时，法院会以音乐专家作为判断主体，并给出专家咨询意见和鉴定结论。

电视连续剧《长征》在全国播映后引起巨大反响，片尾曲《十送红军》曾给不少观众留下深刻印象："一送（里格）红军，（介支个）下了山，秋雨（里格）绵绵，（介支个）秋风寒……"但就是这首动听的歌曲，却惹出了一场著作权官司。

《送同志哥上北京》的作者王庸把《十送红军》的作者朱正本、电视剧《长征》主题曲的改编者王云之及摄制、播放此剧的中央电视台诉至法院，称《十送红军》抄袭了《送同志哥上北京》中的部分曲谱，构成对其著作权的侵犯。

2005年7月6日，北京市第一中级人民法院对这起著作权纠纷案作出终审判决。法院确认《送同志哥上北京》系江西民歌《长歌》的改编作品，王庸是该曲谱的改编者；但《十送红军》与《送同志哥上北京》不构成整体或部分实质性相似，《十送红军》抄袭不成立；朱正本改编的《十送红军》及电视剧《长征》主题曲的改编者王云之、中央电视台未侵犯歌曲《送同志哥上北京》的著作权。

在案件审理过程中，双方当事人的第一个争议点是朱正本在创作《十送红军》前是否接触过歌曲《送同志哥上北京》。法院根据朱正本等人在1960年参加的江西省农村业余会演中有歌曲《送同志哥上北京》的情况，推定朱正本接触过歌曲《送同志哥上北京》。

接触过是否就能由此认定朱正本创作《十送红军》时剽窃了王庸的作品呢？

因歌曲《送同志哥上北京》是由《长歌》改编而成的，属于演绎作品，而判定他人是否剽窃了演绎作品的著作权，应判断被控侵权作品是否使用了演绎作品中具有独创性的部分，并且被控侵权作品是否与演绎作品构成整体或部分实质性相似。

法院通过对《长歌》《十送红军》和《送同志哥上北京》三首作品的曲谱进行对照，得出了这样的结论：在歌曲《送同志哥上北京》独创的五个小节中，《十送红军》有四个小节与之相同。法院认为，虽然朱正本在创作《十送红军》前接触过《送同志哥上北京》，且两首歌曲曲谱中有四个小节相同，但因为这四个小节并非连续的小节，不能构成一个完整乐句，所以认定《十送红军》与《送同志哥上北京》两首歌曲不构成整体或部分实质性相似。《送同志哥上北京》作者王庸认为《十送红军》抄袭了其作曲的《送同志哥上北京》上诉理由不能成立，法院不予支持。鉴于此，中央电视台及王云之的行为亦不构成对王庸创作的歌曲《送同志哥上北京》著作权的侵犯。①

---

① 闫肃：《〈十送红军〉著作权案原告一审被驳》，http://bjgy.chinacourt.gov.cn/article/detail/2004/11/id/828856.shtml，访问日期：2021年11月3日。

3. 和声

和声可以被定义为"和弦的结构、进程和相互关系"。[①]据此可知，和声是在旋律基础上的一系列和弦进程。因此，从这一层面上来看，和声对音乐的整体效果有一定的影响，但很难具有独立的音乐版权。当然，"很难"并不代表绝无可能，在一起关于经典爵士乐《缎子玩具》的演绎版本的案件中，法官认为和声并非绝对不能获得版权保护。法院认为，尽管和声是基于旋律而产生的，但创作者在创作过程中可以选择不同的和弦来表达特定的情感、情绪，而这种选择本身就具有一定的独创性。因此，在特定的环境下，和声有可能成为版权保护的客体。

4. 节奏

节奏是指"不同长度和强度的音符序列所组成的常规模式"。通俗地讲，节奏就是音乐表演过程中遵循的拍子。单纯的节拍无法独立表达作品的思想和内涵，因此，单纯的节奏不具备版权意义上的独创性。

二、能以一定形式表现

2020年修订前的《著作权法》将"可复制性"作为构成作品的要件之一。作品具有可复制性，是要求作品能够被记录在有形载体上。音乐作品是音乐创作者脑力劳动的结晶，是人类的精神财富。音乐作品能够被复制，是为了能被受众所感知，在更大的时空范围内进行传播与传承。当然，在发生侵权事件时，有形载体上的作品也可作为比较、判断的依据。2020年修订的《著作权法》规定，复制行为是指通过印刷、复印、拓印、录音、录像、翻录、翻拍、数字化等方式将作品制作出一份或者多份。由此可见，我国《著作权法》采用的是列举方式对复制行为

[①] Houghton Mifflin Company, *The American Heritage Dictionary (Third edition)*, http://www.ahdictionary.com/word/search.html?q=melody，访问日期：2022年1月24日。

进行界定，此种方式的优点是列举的内容清楚明了，缺点是不能全面地、预见性地界定现在和将来的复制行为。

相较而言，美国《版权法》对复制行为的规定更具有科学性。在美国《版权法》第一百零二条a款中，除了对独创性进行了规定外，还要求作品必须以现在已知或以后出现的有形介质固定，并且可以直接或者借助机械或装置来感知、复制或者以其他方式进行传播；在第一百零一条中将"固定"定义为：在权利所有人同意或得到许可的情况下，将作品体现在有形介质上，使得它能够在相当长的时间内以稳定的方式被他人所感知、复制或以其他方式传播。

2020年修订版《著作权法》将"以某种有形形式复制"改为"能以一定形式表现"，扩大了作品的范围，为将来可能出现的作品类型留出了位置，以更好地适应社会发展。

三、必须反映一定的情感或思想

音乐作品是音乐创作者通过对音符、和弦、节奏等要素进行有序组合的结果，是创作思想和创作意图的表达。《著作权法》规定的"必须反映一定的思想或情感"是指，通过音乐作品表达自身对某事、某物、某人等对象物的抽象的思想和情感。不能够反映创作者特定思想、情感、价值、理念等的内容，不能作为著作权法保护的对象。

根据"思想与表达"二分法，在涉及音乐著作权的侵权案件中，需要判断的是被告未经许可使用的是原告作品中的思想观念，还是思想观念的表达。通常情况下，较短的音乐片段会被看作是一种观念或思想而不是表达，因而不符合版权法的要求。

美国的史密斯诉乔治·米勒巴赫酿造公司一案（Smith v. George E. Muehlebach Brewing Co.）体现了上述观点。在该案中，被告的广告中含有音乐配词："Tic Tok, Tic Tok, Time for Muehlebach"，配乐是在C调上用从"C"到"G"的音符来模拟钟表的嘀嗒声。法院经过审理，认为该配乐并非版权作品。根据法院的观点，如果作曲家只是用一些模拟机械发出的声音，甚至连最简单的和声也没有使用，那么即使为这种声音配上描述性的短语，如"Time for Muehlebach"，也不符合版权保护的条件。

第三节 人工智能音乐作品的法律属性

从留声机到纸卷钢琴，再到收音机、电视机以及网络的出现，每一次技术革新都引发了音乐著作权制度的变革。当前，人工智能技术日趋成熟，在音乐领域，已涉及到音乐的创作、表演、传播等各个环节。然而，在全球范围内，人工智能音乐的著作权保护制度问题还饱受争议，法律的缺位无法给产业指明发展方向。

一、人工智能音乐著作权保护的理论争议

人工智能音乐的发展需要在法律和理论上进行规范，尤其是要构建一套完整的知识产权体系促成人工智能音乐的产业化。国务院在《新一代人工智能发展规划》中，明确提出人工智能的立法问题，这将对以人为中心的著作权法提出严峻的挑战。

1. 主体资格是著作权保护的前提

无论是在强调人格意义的大陆法系，还是注重经济激励的英美法系，都要求作者是自然人的身份。换句话说，如果一部作品无法和"人"产生紧密关系，那么它将很难获得著作权法的保护，这也是人工智能音乐立法争议的焦点之一。英国版权法对人工智能生成物的相关规定具有一定的超前性，一是明确了人工智能生成物的作品属性，二是确定了对人工智能生成物"进行必要安排的人"可视为作者身份。[1]没有

---

[1] 在《版权、设计与专利法》第九条中，规定了对计算机生成的作品"进行必要安排的人"可以视为作者。"进行必要安排的人"是指人工智能软件的投资者、所有者、设计者。——编著者注

参与人工智能程序设计的主体,可通过与软件开发者签订许可或转让协议获得人工智能生成物的版权。具有这一立法态度的还有澳大利亚、新西兰等国家。

除了上述观点外,为人工智能赋予法律人格也是解决其主体资格的另一种途径。戴维斯(Colin R.Davies)等学者认为,既然法律可以对法人等组织拟制人格身份,那么法律也可以赋予人工智能拟制人格的身份,使其可以参与具体的社会活动。欧盟议会也曾有赋予"特殊法律身份"或"电子身份"以解决人工智能著作权主体的提案。[1]韩国的《机器人伦理宪章》和日本的《下一代机器人安全问题指引方针》均提出了相似观点。

2. 作品内容的独创性是著作权保护的核心

人工智能的出现将音乐著作权保护的视角从传播环节移至生产环节。各国著作权法普遍将独创性视为作品可版权性的核心要素,即作品只有具备一定的独创性才能够受到著作权的保护。人工智能音乐的发展经过了弱人工智能、人工智能和超人工智能三个不同的发展阶段,三者技术介入程度不同。学界对其独创性的观点分为以下三种,一是不具有独创性,二是独创性不足,三是具有独创性。

"不具有独创性"的观点认为,人工智能被应用于音乐创作领域,形成了一个不断迭代的过程,可以源源不断地生成各种音乐信息。然而,表面的现象不能掩盖事实的真相。虽然这些音乐信息在成果上表现为形式和内容不同的音乐符号,但从过程上来看,其实质是算法和规则的计算,并不依靠人的智力创作而产生独创性。因此,这些不具有人的智力参与的人工智能音乐应当归属于公共领域。

"独创性不足"的观点认为,人工智能音乐的学习是基于前人的作品或数据信息等素材而进行的,经过深度学习之后,其生成物看似脱离了原作品(素材)而单独存在,但本质上是一种变相模仿。追根溯源,

---

[1] 参见梁志文:《论人工智能创造物的法律保护》,《法律科学(西北政法大学学报)》2017年第5期,第156—165页。

如果没有前人的作品或数据信息等素材作为基础材料，人工智能本身是无法独立产生相应的音乐信息的。因此，人工智能音乐本身具有先天性的独创性不足。

"具有独创性"的观点认为，新一代神经网络和深度学习技术的应用，使人工智能可以在无人干预的环境下进行主动学习和主动创造。在此技术环境下，人工智能音乐可以媲美人类创造的音乐作品，能够满足受众的审美需求，且从客观的信息比较结果上来看，其生成的音乐内容具有独创性。

3. 作品表达一定的思想和情感是著作权保护的内在要求

"人自有主体意识开始，便有了表达的冲动。"[a]反映一定的思想或情感，是作品构成的要件之一。换言之，任何作品在创作过程中都蕴含着作者的创作意图和创作思想。在主观意识的基础上形成不同类型的作品，是一般创作的基本过程，也是著作权保护的作品与其他非人类生成物之间的区别。"醉过才知酒浓，爱过才知情重。"人工智能无法体验"醉"和"爱"的滋味，所以无法像人一样拥有主观思想，仅能通过算法对人的主观意识进行模仿。然而，"算法智能无法完美地解决语言智能和想象智能的问题。"[2]当然，也有学者从接受美学的角度来分析人工智能音乐表达思想或情感的问题。这种观点认为，诚如"有一千个读者，就有一千个哈姆雷特"一样，不同的主体在接受同一个作品时，都会产生不同的心理体验。虽然，人工智能音乐的思想或情感的表达无法贯穿于其生成的过程，但受众在接受时完全可以调动自身的联想、想象、回忆、畅想等主观因素，产生不同的接受效果。

关于人工智能音乐的著作权问题，学者们争论的焦点主要在基于传统著作权法的观点，对人工智能音乐的可版权性进行的探讨。除此之外，还有学者主张将人工智能创作物置于邻接权保护范畴。[3]总体而

---

[1] 刘润坤：《人工智能取代艺术家？——从本体论视角看人工智能艺术创作》，《民族艺术研究》2017年第2期，第75页。
[2] 盛学军、邹越：《智能机器人法官：还有多少可能和不可能》，《现代法学》2018年第4期，第81页。
[3] 参见陈虎：《论人工智能生成内容的邻接权保护——从立论质疑出发的证伪》，《电子知识产权》2019年第9期，第15—24页。

言，当前对人工智能音乐主体性、独创性、思想表达等领域的讨论范畴已形成思维定势，模糊了人工智能音乐与传统音乐作品之间的差异。

二、人工智能音乐著作权的理论证成

技术一旦形成，必然会对社会关系产生影响。因此，法律必须及时跟上技术发展的步伐，否则就会导致技术滥用、产业崩溃。在讨论人工智能音乐著作权保护时，可以从产业模式的创新、生产要素的收益分配、著作权理论的契合等角度来考虑。

1. 促进音乐产业模式的创新

自1956年第一首计算机生成的《伊利亚克组曲》诞生以来，人工智能音乐的适用场景也越来越广泛，并逐渐向商业和辅助作曲的方向发展，主要应用在影视配乐、商业广告、虚拟演艺、人机交互、背景音乐等领域。微软（Microsoft）、谷歌（Google）、索尼（Sony）、安珀音乐（Amper Music）、腾讯、网易云等企业以及人工智能虚拟作曲家（AIVA）[①]均不同程度地参与其中，形成了自营和共享两种模式。自营模式，主要是指投资人直接使用人工智能软件产生的音乐信息获取相关收益；共享模式，主要是指投资人通过提供付费授权、订阅、个性定制、单曲购买、免费使用等服务运营人工智能平台，并获得收益。以上两种商业模式的应用均取得了良好的效果，尤其是共享模式，其应用范围正在日益扩大，逐渐成为主流。

从理论上来讲，人工智能音乐能够高效地提供无限的音乐资源，但是音乐资源并不一定会带来音乐产业的繁荣；由于缺乏一般物权的独占性和排他性，音乐作品权利人的自力救济能力较低，对法律救济的依赖程度较高；人工智能音乐具有生成效率高、生产成本低、用户选择面广等特点，其在商业领域的广泛应用必须在一定的规则下才能

---

① 2017年，AIVA已成功加入法国和卢森堡作曲家协会（SACEM），成为该协会首位非人类会员。——编著者注

有序进行。音乐著作权保护是音乐产业形成和发展的核心环节,缺乏著作权的保护,人工智能音乐产业就如同沙滩种花,终究无法实现良性循环。因此,从著作权的角度明确人工智能音乐法律属性,并给予相应的法律保护,将为人工智能音乐产业的创新性发展提供良好的制度保障。

2. 优化生产要素收益分配方式

传统的生产要素理论将生产要素分为人的要素、物的要素以及人和物相结合的要素。根据十九届四中全会的《中共中央关于坚持和完善中国特色社会主义制度、推进国家治理体系和治理能力现代化若干重大问题的决定》,生产要素具体可以分为劳动、资本、土地、知识、技术、管理、数据等。当前,人工智能在音乐的生产、分配、交换、消费等各个环节都起着积极的作用,对音乐产业产生了巨大影响,深刻改变着音乐产业格局。人工智能作为"虚拟劳动力"已成为重要的生产要素,在音乐产业中承担着"非创作型投入"的角色。

人工智能音乐事实上存在两个客体,一是人工智能软件,作为技术型的生产要素,它拥有独立的著作权。人工智能并不能凭空产生,它需要巨大的人力、物力、财力的投入,以便在基础研究、技术升级、设备维护等领域保持良性循环。生产要素参与价值分配是经济运行的基本规律,对人工智能"非创造性投入"赋予价值分配的权利,将有助于推动人工智能软件行业的发展,推动相关产业链的优化升级。二是由人工智能生成的音乐,它是数据信息状态的生产要素,也应当享有相应的著作权。就音乐作品的财产权而言,它具有公共性商品的性质,可以在不同的时空环境下被不同主体共享。资源的稀缺性是经济学的基础,如果缺乏稀缺性,音乐作品就将无法产生经济效益。因此,著作权法人为地设置排他性的专有权,以激励人们创作、传播优秀作品。以数据形式形成的人工智能音乐,并不必然会产生经济效益,只有对其进行独占性、排他性的专有知识产权保护,才能促进人工智能音乐产业形成闭环效应。

3.回应技术进步的立法诉求

著作权法的形成、发展总是和技术进步密切相关。著作权法产生于印刷技术广泛使用时期，随着电子技术、网络技术的不断发展而逐渐成熟。相比于上述复制和传播技术，作品生产技术的变革给著作权法带来的挑战更为艰巨。早在摄影技术产生之初，对于照片的可版权性问题就一直存有争议。不保护的主要理由是摄影只是对事实性内容进行简单地捕捉，不具有独创性，更无法表达思想或情感。随着对摄影技术理解的不断深入，对于照片的可版权性问题也有了科学的认识，认为摄影者对拍摄对象、快门、光线、色彩以及后期编辑的选择不仅具有独创性，也表达了摄影者的思想情感。

机器是否可以具有或者超过人的意识，曾是科幻片较为感兴趣的领域，现在却成了人工智能音乐争论的焦点。人工智能音乐是属于"人"创作的作品，还是"机器"生成的作品？这是个具有哲理性的问题。人工智能音乐的主体具有极大的迷惑性，从结果来看，人工智能音乐是由软件基于算法和大数据自主生成的音乐内容，因此有人认为这属于"机器"生成的内容，不在著作权法保护范围之内。

事实上，"不需要人类任何指令、真正拥有独立思维、能够进行自主'创作'的人工智能至今尚未出现。"[1]虽然，从表面上看，人工智能的运算、决策、分析、选择比人要快，但从本质上来分析，它们无非是人类智力成果的延伸。人工智能音乐具有特殊性，虽然形式上类似一般作品，但它的生成过程与汇编作品具有一定的相似性。从创作过程来看，人工智能音乐软件的设计与优化、源数据[2]的筛选与"喂养"等都离不开"人"的创造性劳动；从独创性来看，人工智能音乐的独创性

---

[1] 邱润根、曹宇卿：《论人工智能"创作"物的版权保护》，《南昌大学学报（人文社会科学版）》，2019年第2期，第38页。
[2] 人工智能音乐的源数据，是指用于满足人工智能音乐采样、深度学习等功能需要而提供的数据，分为音乐信息和非音乐信息。音乐信息，包括音乐作品、作品片段以及不构成作品的一段旋律、节奏、和声、器乐伴奏等；非音乐信息，包括人类和自然界中产生的，经过录制、加工、处理的声音信息，如噪音、鸟鸣、水声等。——编著者注

是基于算法和逻辑对源数据的重新选择与编排①，而非一般作品思想或情感的表达。②因此，根据《著作权法》第三条第九项③关于作品的兜底条款规定，从特殊汇编作品的角度去思考人工智能音乐是较为妥善的选择。

三、人工智能音乐著作权制度安排

人工智能音乐是新生事物，给著作权制度带来了新的挑战。"凡事预则立，不预则废。"人工智能著作权保护制度只有对权利主体、权利内容、权利限制等方面予以明确，才能促进人工智能音乐产业的良性发展。

（一）人工智能音乐的权利主体

人工智能音乐的形成是个复杂的过程，这也决定了其权利主体的多元性。从产业分工的角度来看，人工智能音乐形成的过程主要涉及人工智能软件开发者、源数据的著作权人、人工智能软件的合法拥有者、人工智能音乐的使用者等。人工智能软件的开发者，无论是自然人、法人还是非法人组织，都对软件享有著作权，以软件作为交易、许可的标的参与相关民事活动。源数据的著作权人，是指构成人工智能音乐数据库的原作品或作品片段的著作权人，他们基于作品或作品片段享有汇编权。人工智能音乐软件的合法拥有者，通过软件开发、转让或许可协议获得人工智能音乐软件和源数据所有权或使用权，他们因软件算法对源数据库的音乐或其他数据进行选择和编排而获得汇编者权。人工智能音乐的使用者，是指通过转让或许可协议获得人工智能音乐所有权或使用

---

① 人工智能音乐的重新选择与编排主要有以下三种形式：一是同一段节奏和旋律的循环使用，二是乐器伴奏的采样，三是非节奏、非旋律的采样。——编著者注
② 在深圳市腾讯计算机系统有限公司诉上海盈某科技有限公司侵害著作权及不正当竞争纠纷一案中，法院认为涉案文章为创作者个性化的选择与安排，不仅判定原告团队具有主体性资格，而且认定人工智能生成的文章构成作品。此案系全国首例认定人工智能生成的文章构成作品案件，目前该案一审判决已生效。——编著者注
③ 2020年修订版《著作权法》第三条第九项将原来的"法律、行政法规规定的其他作品"修改为"符合作品特征的其他智力成果"，进一步扩大了作品的涵盖范畴，也为人工智能音乐的著作权保护提供了可能性。——编著者注

权的自然人、法人或者非法人组织。

（二）人工智能音乐的权利内容

人工智能音乐应享有署名权，且不可放弃。"署名"是对人工智能音乐作品的标识。人工智能音乐可通过数字版权管理技术 (DRM,Digital Rights Management)来证实其身份，并跟踪传播轨迹。人工智能具有超高的生产效率，这是任何自然人和组织都无法媲美的优势，一旦人工智能技术被无限制地滥用，必将对人类创作的作品造成灾难性的后果。根据《数据安全管理办法》，人工智能生成的音乐需在明显位置标注"合成"字样[1]，以防人工智能音乐被其他自然人、法人和非法人组织冒用、滥用。与一般作品不同，人工智能音乐的署名权可按合同归人工智能音乐软件的合法拥有者，如未订立合同或合同约定不明，则署名权归软件开发者。

人工智能音乐应享有修改权。人工智能音乐是由软件按照一定的规则，将源数据库中的音乐信息或非音乐信息进行选择和加工而成，它遵循一定的算法规则。然而，纵然人工智能可以不断学习，也无法完成无规则的、突破性的音乐创作行为，因此常常需要人为地进行修改。修改权应属于人工智能音乐软件的合法拥有者。需要注意的是，如果已经对人工智能音乐进行了实质性修改，则其已经具备人类的创作表达，修改后的音乐可能不属于汇编作品的范畴。

人工智能音乐还应当享有发表权，该权利同样归属于人工智能软件的合法拥有者，如其与人工智能音乐的使用者签订了相关协议，则视为发表权已行使完毕。

另外，由于缺乏人类的思维和情感，人工智能音乐的人身权不宜包含保护作品完整权。人工智能音乐的财产权可参照一般作品进行设定，通过转让或许可协议进入流通领域，以便形成完整的授权链和产业链。

（三）人工智能音乐的权利限制

任何权利都应有边界，人工智能音乐也不例外。我国《著作权法》

---

[1] 参见《数据安全管理办法》第二十四条。

第十五条有明确的规定，汇编人如果汇编到具有著作权的作品或作品片段，应征得原作品著作权人的同意，并支付相应报酬。人工智能音乐在使用他人音乐作品或音乐表演时，应通过一定的方式显示他人音乐作品的名称、创作者、表演者等信息，并支付报酬，以尊重他人的相关权利。同时，人工智能音乐的合理使用和法定许可等权利限制，按《著作权法》相关规定执行。由于人工智能音乐的生成方式与人类创作具有较大的差异性，其财产权和发表权的保护期限应低于一般作品的保护期限。

第四节　不受著作权保护的音乐作品

一、禁止出版、传播的音乐作品

《著作权法》第四条规定："著作权人和与著作权有关的权利人行使权利，不得违反宪法和法律，不得损害公共利益。"2002年2月1日，国务院颁布实施的《出版管理条例》中罗列了出版物中不得含有的内容，主要包括：（1）反对宪法确定的基本原则的；（2）危害国家统一、主权和领土完整的；（3）泄露国家秘密、危害国家安全或者损害国家荣誉和利益的；（4）煽动民族仇恨、民族歧视，破坏民族团结，或者侵害民族风俗、习惯的；（5）宣扬邪教、迷信的；（6）扰乱社会秩序，破坏社会稳定的；（7）宣扬淫秽、赌博、暴力或者教唆犯罪的；（8）侮辱或者诽谤他人，侵害他人合法权益的；（9）危害社会公德或者民族优秀文化传统的；（10）有法律、行政法规和国家禁止的其他内容的。

2019年，国家互联网信息办公室、文化和旅游部、国家广播电视总局联合印发的《网络音视频信息服务管理规定》第九条规定："任何组织和个人不得利用网络音视频信息服务以及相关信息技术从事危害国家安全、破坏社会稳定、扰乱社会秩序、侵犯他人合法权益等法律法规禁止的活动，不得制作、发布、传播煽动颠覆国家政权、危害政治安全和社会稳定、网络谣言、淫秽色情，以及侵害他人名誉权、肖像权、隐私权、知识产权和其他合法权益等法律法规禁止的信息内容。"

随着数字技术和网络技术的发展，网络上"恶搞音乐"的事件层出不穷。所谓"恶搞音乐"，是指通过现代数字音视频技术，将具有版权的音乐作品，以娱乐、商业等为目的，进行重组、嫁接、颠覆、修改、编配、填词等。"恶搞音乐"在未经著作权人许可的情况下，实施了上述行为，并通过网络进行广泛传播，事实上已经对著作权人的人身权和财产权构成了侵害，不仅不会受到著作权的保护，而且应当承担相应的法律责任。

二、进入公有领域的作品

进入公有领域的音乐作品的财产权不再受到著作权法的保护。为了实现著作财产权的保护与公共利益之间的平衡，当音乐作品进入公有领域时，社会公众均有权利使用该作品，而不必得到许可或缴纳许可使用费。这是因为，任何音乐作品都是基于前人的成果而形成的，即自身的作品必有他人的贡献。音乐作品进入公有领域是对社会的反哺，也有利于优秀文化的传播与传承。诚如一位法学学者曾经说过的："知识的转换是作品产生的本质。作者们将其记忆、经验、灵感和影响转化成新的作品。新作品不可避免地对以前作品的表达元素产生回应和共鸣。"[1]

音乐作品进入公有领域的途径主要有两种：一是超过著作财产权的保护期限，不同主体的音乐作品的著作财产权的保护期限不一样，此内容将在后面的章节中予以详细阐述；二是创作者可以放弃自身的权利来

---

[1] Jessica Litman, *The Public Domain*, Emory Law Journal, Vol. 39, 1990, p. 965.

使作品进入公有领域，通常可通过默许或者声明的方式来进行上述行为。

三、作品名称

关于作品名称的保护问题，各个国家采取的方式不一样。法国、西班牙等国家和地区均有用《著作权法》对独创性名称给予保护的先例。[①]德国则在《商标法》第十五条规定，作品的名称作为商业标志受到商标法的保护，且不以注册为必要条件，享有商标专有权。而美国则没有将音乐作品的名称、标题、歌词中的短语等列入版权法的保护范畴，虽然它们可能也具有原创性和独创性，但总体来说，以上内容只能算表达了一种思想，而不能算是思想的表达。

在我国，关于音乐作品的名称和标题侵权问题可由《反不正当竞争法》进行保护，该法第六条第一款、第二款规定，经营者不得实施混淆行为，引人误以为是他人商品或与他人存在特定联系。如，擅自使用知名商品特有的名称、包装、装潢，或者使用与知名商品近似的名称、包装、装潢，造成和他人的知名商品相混淆，使购买者误认为是该知名商品等。音乐具有商品属性，在一首音乐作品已经在社会上形成一定知名度的前提下，如果出现了另一首足以让消费者产生混淆的侵权作品，即可适用于《反不正当竞争法》。

[①] 张元、李辰亮：《"五朵金花"案引发的法律思考》，http://www.chinacourt.org/article/detail/2004/07/id/126498.shtml，访问日期：2015年8月13日。

第三章　音乐著作权的主体

第一节　音乐创作者

一、自然人

音乐作品的创作是人类高级的思维活动，音乐作品的形成和音乐市场的繁荣均依赖于创作人的智力创造。我国《著作权法》第十一条规定："创作作品的自然人是作者。"创作是指作者构思并完成作品的行为，是作者在构思的基础上通过语言、文字、音符等方式将音乐艺术思想、艺术意图进行表达的过程。《著作权法实施条例》第三条规定："著作权法所称创作，是指直接产生文学、艺术和科学作品的智力活动。"

自然人是音乐作品的实际创作者。作者作为最原始、最基本的著作权主体，享有完整的音乐著作权，体现了著作权法对作者创作事实的肯定与尊重，而其他音乐著作权主体的权利内容都是基于作者的权利而形成的。《著作权法》第二十一条规定，著作权属于自然人的，自然人死亡后，著作财产权在保护期内依法转移。

二、法人或者非法人组织

法人或非法人组织均不可能成为实际创作者，但在实际的音乐作品交易、交换过程中，为了实现主体间的利益平衡，法律将不具有生命力和创作力的法人或非法人组织拟制为作者，并赋予它们相应的权利。我国《著作权法》第十一条规定："由法人或者非法人组织主持，代表法人或者非法人组织意志创作，并由法人或者非法人组织承担责任的作品，法人或者非法人组织视为作者。"其中，非法人组织是指，不具有法人资格，但能够依法以自己的名义从事民事活动的组织。非法人组织包括个人独资企业、合伙企业、不具有法人资格的专业服务机构等。根据《民法典》和民事诉讼法相关规定，在法律规定的范围内，非法人组织可以成为享有权利和承担责任的主体。

大陆法系和英美法系对法人、非法人组织能否被视为作者的看法有明显区别，各国的规定也不尽相同。一般来说，大陆法系强调作者权，在德国《著作权法》中只有关于"作者"的规定，而没有"著作权人"的说法，并明确规定"作者是作品的创作人"。相比较而言，英美法系更注重作品的财产权，法人和非法人组织可以被视为作者。美国《版权法》第二百零一条b款规定："在雇佣作品的情况下，雇主可以视为作者，享有版权中的各项权利。"

法人和非法人组织具有独立于自然人的思想和意志，它们可以通过成员的创作活动，将其思想和意志予以表达。现实生活中，如要创作一些大型作品，个体作者的力量明显太微弱，必须借助于法人或非法人组织的人力、物力、财力等资源才能完成。法人或非法人组织可以借助现代科技和产业手段进行更有效的创作与传播，这将更有利于音乐行业的良性发展。因此，我国著作权法允许在特定的情况下将法人、非法人组织视为作者，并享有权利、承担责任。

《著作权法》第二十一条还规定，在一定条件下，国家也可以成为著作权主体。此外，通过转让部分或全部著作财产权，受让人也可以成为著作权人。

第二节 职务作品的著作权人

职务作品是我国著作权法特有的概念，这在西方的著作权法中是没有的。在英美法系中，与我国职务作品相似的概念是"雇佣作品"，即雇员在雇佣合同关系下创作的作品。大陆法系国家，如德国，甚至连"雇佣作品"的概念都没有。德国《著作权法》规定："作者是作品的创作人"，"即使是在作者按照私法上的服务合同、委托合同、承揽合同或者其他方式的预定创作作品的情形下，著作权也归作者而不是委托人"。[①]由此可见，西方大陆法系对于作者权利的保护的绝对性，也体现出大陆法系对作者权利的充分尊重。

在我国，相当数量的文学、艺术和科学作品的创作者是法人或非法人组织的职员，他们的工作任务就是从事创作。在创作过程中，创作者利用所在组织的资源，发挥个人的创作才能，形成既能体现组织意志，又具有个性的作品，因此，该类作品与个人独立创作的作品有所区别。为了平衡创作者和所在组织的利益关系，《著作权法》第十八条使用了"职务作品"的概念专门予以界定："自然人为完成法人或者非法人组织工作任务所创作的作品是职务作品。"

一、职务作品及其构成要件

根据我国现行《著作权法》对职务作品所下的定义，职务作品应具备以下几个特征：

1. 作者与所在工作机构应具有劳动关系。作者与所在组织之间存在劳动关系是职务作品存在的前提。所谓劳动关系是指，法人或非法人组织与创作者签订劳动合同或办理入职手续，并为创作者发放薪金。

---

① [德]M.雷炳德：《著作权法》，张恩民译，法律出版社，2005年，第183页。

2. 创作的作品应当属于作者的职责范围。根据《著作权法实施条例》第十一条，《著作权法》第十六条[①]规定的"工作任务"，是指公民在该法人或者该组织中应当履行的职责。换句话说，职务作品就是法人或非法人组织的工作人员在履行工作职责过程中创作出来的作品。

3. 对作品的使用应当属于作者所在工作机构的正常工作或业务范围之内。职务作品的创作者的直接目的是完成法人或非法人组织交办的创作任务，体现法人或非法人组织的意志，且创作作品的使用应为创作者所在组织的正常业务范围。

二、职务作品的著作权归属

我国现行《著作权法》对职务作品的著作权规定了下列几种情况：

通常，职务作品的著作权属于事实作者，即自然人作者。这充分体现了对作者权利的保护原则。《著作权法》第十八条明确规定："除本条第二款的规定以外，著作权由作者享有，但法人或者非法人组织有权在其业务范围内优先使用。作品完成两年内，未经单位同意，作者不得许可第三人以与单位使用的相同方式使用该作品。"《著作权法实施条例》第十二条又规定，职务作品完成两年内，经单位同意，作者可以许可第三人以与单位使用的相同方式使用该作品，但所获报酬应由作者与单位按比例分配。

特殊情况下，职务作品的作者享有署名权。根据《著作权法》第十八条第二款第一项规定，主要利用法人或非法人组织的物质技术条件创作，并由法人或者非法人组织承担责任的工程设计图、产品设计图、地图、示意图、计算机软件等职务作品，作者享有署名权，著作权的其他权利由法人或非法人组织享有，法人或非法人组织可以给予作者奖励。《著作权法实施条例》第十一条规定："'物质技术条件'，是指

---

① 在2020年修订版《著作权法》中为第十八条。——编著者注

该法人或该组织为公民完成创作专门提供的资金、设备或者资料。"由此可见,对这一类作品的界定主要有两个标准:一是法人或非法人组织是否为自然人创作专门提供物质技术条件,二是法人或非法人组织是否承担作品的风险(包括市场风险、法律责任等)。此外,《著作权法》第十八条第二款第二项规定,报社、期刊社、通讯社、广播电台、电视台的工作人员创作的职务作品,作者享有署名权,法人或非法人组织可以给予作者奖励。

另外,根据《著作权法》第十八条第二款第三项规定,法律、行政法规规定或合同约定著作权由法人或者非法人组织享有的职务作品,作者享有署名权,著作权的其他权利由法人或非法人组织享有,法人或非法人组织可以给予作者奖励。《著作权法》第十一条规定,由法人或者非法人组织主持,代表法人或者非法人组织意志创作,并由法人或者非法人组织承担责任的作品,法人或者非法人组织视为作者,著作权由法人或者非法人组织享有。

第三节　合作作品的著作权人

一、合作作品及其构成要件

合作作品,是指两个或两个以上的创作者合作完成的作品。关于合作作品的分类,欧美一些国家的著作权法与我国著作权法区别较大。德国《著作权法》第八条规定,多人共同创作一部作品,他们各自的部分只能合在一起使用,不能被单独使用。美国《版权法》和德国《著作权法》的规定相类似。美国《版权法》第一百零一条规定:"两个或更多的作者创作的作品,创作目的是将自己的成果合并成为一个整体,成为其中不可分割或相互依存的部分。"第二百零一条a款规定,合作作品的各个作者是该作品的共同所有者。法国《知识产权法典》对合作作品的规定与我国《著作权法》基本相同。就实际情况而言，可分割的音乐作品不在少数，各部分单独行使著作权并不影响合作作品的整体使用情况，如对歌曲重新填词，或将带词的音乐作品改编成器乐作品等，都可以产生另一部新的音乐作品。如果按德国、美国等国家和地区的著作权法的规定，就会限制这一类音乐作品的进一步传播和使用。

合作作品应当具备以下几个条件：

1. 合作作者必须有共同创作作品的主观意愿表示。这是判断合作作品的前提条件，否则即使客观上两个或两个以上的人完成了一部作品，也不能视其为合作作品。如王菲演唱的《明月几时有》，曲作者为梁弘志，歌词采用的是苏轼的《水调歌头》，两个创作者并不在同一个时代，因此这首歌不能视为合作作品。类似的还有徐小凤演唱的《别亦难》等。

2. 合作作者必须都参加共同的创作劳动。合作作品的参与者如果仅具有合作的主观意愿，而没有实际的共同创作行为的话，仍不能形成合作作品。合作者之间必须有意识地调整各自的创作意图、创作思想，使得各自创作的部分能够有机地形成统一体。仅提供构思、意见或辅助劳动的人不能成为合作作品的合作者。这一点，美国《版权法》的规定较为灵活，尽管没有做出可受版权保护的贡献的人不能成为作者，但他仍然有可能成为最终作品的合作者。如，某人有创作一首歌的灵感并想让别人据此写一首歌，他可以要求与音乐创作人签订合同，约定创作人授予他这首歌的部分版权。但这种情况是属于通过所有权的转移而不是参与创作来获得所有权。①

3. 合作作者的参与部分应具有独创性。每个合作作者只有充分进行独立构思，运用自己的艺术思维，并通过音乐、文字符号将其思想进行技巧性表达，才能产生合作作品。

---

① ［美］大卫·J. 莫泽：《音乐版权》，权彦敏、曹毅搏译，西安交通大学出版社，2013年，第49页。

二、合作作品的著作权归属

合作作品的取得方式，可以分为两大类：一类是基于两人或两人以上的共同创作而形成的原始取得；另一类是共有著作权的继受取得，如合法受让、接受捐赠、继承等。取得方式不同，共有著作权人行使的权利也有所区别。本书在此仅讨论合作作品原始取得著作权的相关问题。

根据《著作权法》第十四条规定："两人以上合作创作的作品，著作权由合作作者共同享有。没有参加创作的人，不能成为合作作者。"其中，无法分割的合作作品之著作权，适用财产共同共有原则，由合作作者共同共有。作者对作品应该共同享有平等的权利，行使权利时必须取得一致意见，任何一方不得将合作作品据为己有。可以分割使用的合作作品的著作权具有双重性质，作品的整体著作权归全体合作作者共同享有，作品各相对独立部分的著作权由各部分作者单独享有。

同时，为了避免滥用权利，《著作权法》第十四条第二款规定："合作作品的著作权由合作作者通过协商一致行使；不能协商一致，又无正当理由的，任何一方不得阻止他方行使除转让、许可他人专有使用、出质以外的其他权利，但是所得收益应当合理分配给所有合作作者。"所谓"正当理由"，应视具体情况而定，例如当某种权利行使方式会导致侵权、违约责任，造成对部分作者的歧视，损害其利益或破坏作品的完整性时，他方的拒绝即属于有正当理由。合作作者对著作权归属以及各项具体权利的分配与行使除《著作权法》规定外，有约定的应尊重其约定。

一般情况下，合作作者之间的纠纷主要表现在就署名先后顺序、财产权利份额、未经其他作者同意的作品使用等情况所产生的争议。

三、合作作品的著作权行使

合作作品著作权有可分割使用和不可分割使用两种情况。无论是哪一种情况，首先都要考虑合作作品的整体利益，因此，共有著作权人行使共有著作权，应当通过协商一致的方式确定；其次，合作作品的共有人在行使权利的过程中，不得损害其他共有人的利益；再次，涉及转让、赠与、质押等行为时，应当取得全体共有著作权人的同意；最后，在部分合作作者死亡后，著作权被继承、遗赠等特定的情况下，应当允许其他共有人行使共有著作权。

1. 可分割使用的作品著作权

我国《著作权法》第十四条不仅明确了合作作品的作者资格，还规定了："合作作品可以分割使用的，作者对各自创作的部分可以单独享有著作权，但行使著作权时不得侵犯合作作品的整体著作权。"如词、曲作者共同创作了一首歌曲，他们既共同享有这首歌曲的著作权，又分别对自己创作的部分享有著作权，可以单独行使权利，如复制、发行、改编等，这种情况并没有侵犯对方著作权，也没有侵犯原歌曲的整体著作权。为了排斥某位作者而在合作作品再版时故意安排别人重新撰写该作者原来所写部分并取而代之，便是对合作作品可分割使用部分的滥用，是对原来的合作作品整体著作权的侵害。如，为了排斥某合作者，词作者就原词请人重新谱曲，或曲作者就原曲请人重新填词，都属于对原歌曲整体著作权和合作者著作权的侵犯。

2. 不可分割使用的作品著作权

《著作权法实施条例》第九条规定："合作作品不可以分割使用的，其著作权由各合作作者共同享有，通过协商一致行使；不能协商一致，又无正当理由的，任何一方不得阻止他方行使除转让以外的其他权利，但是所得收益应当合理分配给所有合作作者。"由此可见，为了鼓励优秀作品的传播，不可分割作品的著作权在行使过程中，首先应当在协商一致的基础上，取得各合作者的统一意见，不能协商一致又无正当理由的，任何一方不得阻止其他合作者行使除转让以外的权利；[①]其次，著作权的行使所获得的收益应当合理分配给所有合作

---

① 在司法实践中，阻止其他合作者行使除转让以外的权利，须证明其他合作者行使著作权的方式已经侵害了其本人对合作作品享有的著作权，否则只要有协商的过程，即无法阻止。——编著者注

者。值得一提的是，《著作权法实施条例》第九条和《著作权法》第十四条之间在表述上有区别，《著作权法》排除的范围除了转让外，还有许可他人专有使用和出质。这也是《著作权法实施条例》有待修改的地方。

在合作作品著作权的行使上，中国和美国之间有较大的区别。美国《版权法》规定，如共有版权人没有订立书面协议，则各共有版权人权益均等，且不可分割。如，词、曲作者共同创作了一部音乐作品，则双方均占有该歌曲50%的权益，而不是词作者享有词的权益，曲作者享有曲的权益。

帕帕-六月音乐公司诉麦克莱茵（Papa's-June Music,Inc. v. Mclean）一案就充分体现了上述原则。1989年，拉姆齐·麦克莱茵把自己创作的几首诗寄给哈利·康尼克，由康尼克将其谱上曲并制作成专辑。双方签订了合同，规定歌曲版权的70%归康尼克，30%归麦克莱茵。几年后，麦克莱茵又寄了几首诗给康尼克，康尼克再次将其谱曲并制作成专辑。麦克莱茵随后告诉康尼克他希望平分版权，但康尼克认为应当继续使用原有的分配方法。法庭认为，麦克莱茵和康尼克是音乐版权的共有人，且双方未就新专辑的音乐版权订立新的合同，因此应当按照《版权法》第二百零一条a款的规定，两人各占50%。[①]

第四节　委托作品的著作权人

一、委托作品的著作权归属

委托作品是指受他人委托，按照委托人的意愿，基于委托合同而

---

① ［美］大卫·J. 莫泽：《音乐版权》，权彦敏、曹毅搏译，西安交通大学出版社，2013年，第50页。

创作的作品。如电影的制作人委托音乐人为其电影配乐，双方须为此订立一份书面委托合同，在民法中，该类合同属于承揽合同。在我国《著作权法》中，委托作品与职务作品既有所类似也有所区别。类似之处是委托作品和职务作品的创作思想、动机都可能来源于法人或者非法人组织，体现法人或者非法人组织的意志。区别是，委托作品是基于委托合同而进行创作的，并由此产生权利与义务关系，而职务作品则基于劳动合同，创作活动是作者的工作职责，属于劳动法调整的范畴；委托作品创作者可以利用自己或委托方的物质技术条件进行创作，职务作品创作者一般利用所在组织的物质技术条件从事创作；委托作品的创作是出于经济目的，获取经济利益，而职务作品的创作则是完成所在组织的工作任务。

关于委托作品，美国《版权法》将其纳入到了雇佣作品的范畴。该法第一百零一条第二项"为特别目的而订购或委托创作的作品"的相关内容，规定双方订立合同且作品属于以下九个类别时，可以构成雇佣作品：1.集合作品的创作部分；2.电影或其他视听制品的组成部分；3.译本；4.增补本作品——作为另一个作者的某一作品的附属物而创作出版的作品；5.编辑作品；6.说明书；7.教学课本；8.试题解答材料；9.地图集。[①]

各国对委托作品归属问题的规定也不尽相同。美国《版权法》规定，委托作品的版权归委托方所有；法国《知识产权法典》规定，作者就其创作的作品享有排他性的经济权利，任何雇佣或劳务合同都不影响作者享有有关权利，但作者可以通过合同的形式，将著作权的经济权利转让给委托方；菲律宾的《著作权法》规定，委托作品的著作权由作者和委托方共同享有。由此可见，关于委托作品的著作权归属主要有三个观点：一是归委托方所有，二是归作者所有，三是归双方共有。

我国《著作权法》第十九条规定："受委托创作的作品，著作权的

[①] 杜颖、张启晨译：《美国著作权法》，知识产权出版社，2013年，第9页。

归属由委托人和受托人通过合同约定。合同未作明确约定或者没有订立合同的,著作权属于受托人。"根据该项规定,我国著作权法对委托创作作品的著作权归属问题,遵循的是在尊重双方意志的基础上偏向于作者权益的原则。

二、委托作品的著作权行使

2002年,最高人民法院颁布了《最高人民法院关于审理著作权民事纠纷案件适用法律若干问题的解释》(法释[2002]31号),其中第十二条规定,委托人和受托人未约定使用作品范围的,委托人可以在委托创作的特定目的范围内免费使用该作品。这一规定是对《著作权法》第十九条的完善,也是关于委托作品著作权行使问题的唯一法律依据。因此,委托作品的著作权行使如有合同,则委托人可以根据合同约定,在其正常的业务范围内免费使用,但不得侵犯受托人的合法权益;如没有订立合同,则按《最高人民法院关于审理著作权民事纠纷案件适用法律若干问题的解释》(法释[2002]31号)第十二条规定执行。

第五节 汇编作品的著作权人

一、汇编作品及其构成要件

2001年修订版《著作权法》以"汇编作品"代替了1990年版的"编辑作品",该法第十四条规定:"汇编若干作品、作品的片段或者不构成作品的数据或者其他材料,对其内容的选择或者编排体现独创性的作品,为汇编作品。"可见,汇编作品的定义较为宽泛,对于不构成作品的数据或其他材料,如果在内容的选择或编排上能体现出汇编人的独创性,亦可认为是汇编作品。2020年修订的《著作权法》保留了这一条款。《伯尔尼公约》第二条第五款规定,文学或艺术作品的汇集本由于对其内容的选择和整理而成为智力创作品,应得到与此类作品同等的保护,但不得损害构成汇编作品的素材的著作权。《与贸易有关的知识产权协定》第十条第二款规定,只要其内容的选择或者编排构成智力创作,即应予以保护,但该保护不得延伸至数据或材料本身,不可损害数据或材料本身的著作权。从以上两个国际条约可以看出,对素材与资料的选择或者编排上的独创性是汇编作品的本质特征。

汇编作品与合作作品具有相似之处,比如两种作品中都存在多个作者。但汇编作品和合作作品也有诸多区别之处,主要表现为:1. 汇编作品的作者之间无需具备共同创作的意愿,甚至互相之间根本就不认识,而合作作品的作者必须具备共同创作的意愿;2. 汇编作品中各作者的作品是相互独立的,作品的种类可以互不关联,而合作作品的构成部分虽然有时可以分开使用,但整体作品是由作者共同创作的,体现出主题、思想的高度统一;3. 汇编作品一般以汇编人的名义发表,而合作作品则以合作作者的名义发表。[①]

二、汇编作品的著作权归属

汇编作品可以分为两类:一是对若干享有著作权的文学艺术和科学作品或者其他材料进行选择、取舍、设计编排而形成的作品,汇编人所做的不是简单的合并,而是对内容进行创造性的选取和编排,这些智力劳动使得原来的文学艺术和科学作品或者其他材料具有了新的组织结构和表现形式;二是对不享有著作权的作品或者其他数据、材料进行汇编加工而完成的汇编作品,如果在其选择和编排上能够体现出一定的逻辑性和独创性,汇编人也同样享有汇编作品著作权。如,将已经进入公有

---

① 张革新:《现代著作权法》,中国法制出版社,2006年,第80页。

领域的音乐作品汇编成曲谱集出版，那么汇编人则享有该汇编作品的著作权。

关于汇编作品的归属问题，我国《著作权法》第十五条有明确的规定："其著作权由汇编人享有，但行使著作权时，不得侵犯原作品的著作权。"据此可知，无论汇编人是自然人还是法人或者非法人组织，如要汇编具有著作权的作品，应当征得原作品著作权人的同意，并支付相应报酬。

第六节　MV 的著作权人

一、MV 作品及其构成要件

MV是Music Video的缩写，中文名称为"音乐短片"，它是唱片公司为了推广、宣传音乐而制作的录像，意在通过这种具象的表达形式促使受众接受和理解抽象的音乐。关于MV作品的法律性质问题，我国著作权法并没有明确界定，理论界对此观点也不尽相同，主要有以下两种：一种是归属于著作权，另一种是归属于邻接权。

主张MV作品属于著作权的观点认为，MV的创作符合2001年和2010年修订版《著作权法》第三条规定的"电影作品和以类似摄制电影的方法创作的作品"。2020年修订版《著作权法》将此类作品修改为"视听作品"，扩大了该类作品的保护范围。《著作权法实施条例》第四条将电影作品和以类似摄制电影的方法创作的作品界定为："摄制在一定介质上，由一系列有伴音或者无伴音的画面组成，并且借助适当装置放映或者以其他方式传播的作品。"其理由在于，MV在创作过程中凝聚了导演、演员、编剧、美工、词曲作者等人员的创造性劳动，符合《著作权法》关于"作品"的规定。在正东唱片有限公司诉北京纯音歌舞娱乐有限责任公司侵犯著作权纠纷案中,北京市第一中级人民法院对涉案作品作如下界定:"MV作品是制作者以类似摄制电影的方法根据音乐或者歌曲作品的内容,创作的具有一定情节画面并有演员表演的作品,属于著作权法规定的以类似摄制电影的方法创作的作品,应受到著作权法的保护。MV作品的制片者是该作品的著作权人,未经著作权人许可,放映该作品的行为属于侵犯著作权的行为。"①

主张MV属于录音录像制品的观点认为,MV符合《著作权法实施条例》第五条对录音录像制品的界定:"录音制品,是指任何对表演的声音和其他声音的录制品;录像制品,是指电影作品和以类似摄制电影的方法创作的作品以外的任何有伴音或者无伴音的连续相关形象、图像的录制品。"MV表现的主要是歌曲,是为表演歌曲的词曲服务的一种手段和方法,因而本身并不具备《著作权法》中所述的艺术领域的独创性,所以也不应该是《著作权法》所称的作品。②

MV作品的法律性质,应根据MV的创作内容来进行界定。MV的创作内容可以分为四类:

1. 画面内容为演唱会、舞台剧、音乐剧等现场表演的MV;

2. 画面内容为风光配简单表演,例如以海滩风光与泳装美女为画面的MV;

3. 画面内容为电影(美术片)、电视剧剪辑片断的MV,如很多影视作品的主题曲、背景音乐的MV都是采用原影视作品的精彩片断剪辑而成的;

4. 画面和音乐具有一定的音画关系、经过专门创作的MV。

上述第一、二类应为录像制品,第三类的画面版权应归原作品著作权人所有,第四类符合《著作权法》所称的"以摄制视听作品方法创作的作品"。

---

① 中华人民共和国北京市第一中级人民法院 (2003) 一中民初字第 6185 号《民事判决书》。
② 参见陈月红:《版权还是邻接权———关于 MTV 的性质问题讨论》,《重庆工业大学学报(自然科学版)》2005 年第 7 期,第 66—72 页。

MV构成以摄制视听作品方法创作的作品应当符合以下条件：

1. 将一系列有伴音或者无伴音的画面摄制在一定介质上，并能借助适当装置放映或者以其他方式传播；

2. 画面内容具有独创性，能体现出编剧、导演、表演者等人员的智力创造；

3. 声画具有整体性，即画面和音乐之间具有内在的逻辑关系，如音画同步、音画平行、音画对立等。

二、MV作品的著作权归属和行使

根据画面内容，MV的权利归属可以划分为三类：

1. MV创作属于录音录像制品的权利归属。录音录像制品类的MV只是对现场或是场景的简单的机械录制，就画面内容而言，其创造性的智慧并不多，无法形成著作权法意义上的"作品"。根据《著作权法》第四十四条规定："录音录像制作者对其制作的录音录像制品，享有许可他人复制、发行、出租、通过信息网络向公众传播并获得报酬的权利……"因此，MV如果属于录音录像制品，那么录音录像者享有邻接权。

2. MV创作属于视听作品的著作权归属。视听作品是导演、编剧、摄影、摄像、词曲作者等众多人员共同智慧的结晶，是综合的艺术，既存在个体的权益，又存在集体的权益，还要考虑到市场化运作过程中能够承担风险的制片人的利益。所以，我国《著作权法》第十七条第一款规定："视听作品中的电影作品、电视剧作品的著作权由制作者享有，但编剧、导演、摄影、作词、作曲等作者享有署名权，并有权按照与制作者签订的合同获得报酬。"第十七条第二款同时规定："前款规定以外的视听作品的著作权归属由当事人约定；没有约定或者约定不明确的，由制作者享有，但作者享有署名权和获得报酬的权利。"由此可以认定，视听作品的MV应按此款执行。第十七条第三款还进一步明确：

"视听作品中的剧本、音乐等可以单独使用的作品的作者有权单独行使其著作权。"

3. MV的画面来源于电影（美术片）、电视剧等作品剪辑的著作权归属。画面是电影（美术片）、电视剧等作品剪辑而形成的MV，其画面著作权归原作品所有，音乐的词、曲作品著作权归原著作权人。

第四章　音乐著作权的内容

著作权法在不断完善的过程中，已经涵盖了人身权利和财产权利两大体系。1886年在世界知识产权组织（WIPO）推动下签订的《伯尔尼公约》，1948年联合国大会通过的《世界人权宣言》，1952年在联合国教科文组织（UNESCO）的倡导下由多个国家签订的《世界版权公约》，以及于1994年4月15日签署、1995年1月1日生效的《与贸易有关的知识产权协定》等国际条约，都对音乐著作权进行了不同层面的规定。但各个国家对于著作权的具体规定又不尽相同，作为知识产权的一种，著作权有着明显的地域性特征，即"权利在何处即受何国法律保护"。

第一节　音乐作品的著作人身权

音乐作品的著作人身权也称为著作权的精神权利，基于对作者创作作品的尊重和著作权人人格权的保护，各国的著作权法或判例中对此均有涉及。著作权的精神权利产生于法国，随后扩展至欧洲及拉丁美洲国家，其法律观念也被国际著作权公约所接纳，英美法系国家常以诽谤、不公平竞争、契约诚信等规范著作权中精神权利的保护。[1]由此可见，虽然大陆法系和英美法系国家在法律适用等方面有所不同，但总体上对

---

[1] 施文高：《比较著作权法制》，三民书局，1993年，第346页。

著作人身权的保护还是有异曲同工之妙。作者的精神权利主要有身份权和保护作品完整权，各国承认的精神权利类型主要有发表权、署名权、保护作品完整权和收回权。[1]我国《著作权法》规定的著作人身权有发表权、署名权、修改权和保护作品完整权。

一、发表权

发表权，是指作者有权决定作品是否发表以及通过何种方式发表的权利。这里所称的"发表"，区别于一般意义上的将作品刊登在某报刊，而是指通过某种方式将作品公之于众。我国《著作权法》第十条第一款规定："发表权，即决定作品是否公之于众的权利。"对于"众"的理解，应当解释为"不特定的对象"，"公之于众"不是指作品完成后请特定亲朋好友欣赏或向专家学者请教。音乐作品的发表途径多种多样，如出版、第一次展览、第一次表演、第一次被广播电视机构播放、第一次放映、第一次在网上发布等。关于发表权的性质，学界有两种不同的认识：一种观点认为，发表权属于著作人身权的内容，如著名知识产权学者吴汉东认为，著作权法设置发表权的目的在于保护作者的人格利益，因为一部作品是否达到发表水平、作者是否愿意发表、以何种方式发表，均与作者的人格名誉密切相关；[2]另一种观点认为，发表权兼有著作人身权和财产权的性质。《伯尔尼公约》对发表权没有明确的规定，原因是一些国家认为作者是否享有发表权，应当在版权发生纠纷的时候，由法院根据具体情况处理，而不应当将其视为法定的权利。有些国家认为，赋予作者以发表权，会使许多版权纠纷难以解决，甚至影响版权制度的有效性。[3]我国著作权法明确将发表权归为著作人身权，是对作者创作行为和成果的尊重，作品是否已经完成以及作品在何时何地

---

[1] 郑成思：《版权国际公约概论》，中国展望出版社，1986年，第31—32页。
[2] 吴汉东：《知识产权法学》，北京大学出版社，2001年，第63页。
[3] 郑成思：《版权法》，中国人民大学出版社，1997年，第138页。

以何种方式公之于众应该由作者来决定，他人不得干涉。发表权的行使又能为著作权人带来经济收益，如稿费、版权转让/许可使用费等，因此发表权又具有一定的财产权属性，但以上经济收益必然是在发表权行使之后才能获得的。在著作权的人身权属性和财产权属性中，人身权属性是首要的，财产权属性是次要的，因此将发表权纳入著作人身权是较为合理的做法。[①]

特别要注意的是，发表权只能行使一次，不能反复行使，只要作品公之于众，发表权就已行使完毕，否则将影响他人对著作权的行使。在音乐著作权交易过程中，发表权往往不会单独行使，而是需要和其他著作财产权一起行使。[②]如音乐作品的发表权一般会和复制权、发行权、表演权、信息网络传播权等一个或多个权利共同行使。在音乐作品转让或许可过程中，著作权人在转让复制、发行、表演、信息网络传播等权利时，应视为已经行使了发表权，否则转让或许可上述权利就失去了意义。

从本质上来讲，发表权是作者表达自由和自律的体现。但当作品已经发表，作者却因思想、情感等变化，不希望作品继续流传时，发表权一次用尽原则就处于了尴尬的境地。法国《知识产权法典》规定了"收回权"。收回权，又称追悔权，是指作者在补偿作品使用者损失的前提下，有权收回已经复制发行的作品，以修改作品或终止作品的复制发行。根据法国《知识产权法典》之规定，尽管作者已经转让自己使用作品的权利，甚至作品已经出版，作者仍然享有收回作品的权利。但是，作者在行使该项权利的时候，必须事先赔偿作品的使用者因为追悔或收回而可能遭受的损失。如果在行使了收回权后，作者决定再次出版自己的作品，他必须首先将使用作品的权利提供给原来的受让人，并且依据原来约定的条件。[③]

[①] 张革新：《现代著作权法》，中国法制出版社，2006年，第90页。
[②] 刘春田主编：《知识产权法》，高等教育出版社，2003年，第62页。
[③] 李明德、许超：《著作权法》，法律出版社，2009年，第65页。

我国著作权法没有规定收回权，有学者认为主要原因有以下几点：第一，以作者单薄之力无法回收作品；第二，作者难以承担对损失的赔偿；第三，规定收回权而不加以限制，有可能导致作者滥用收回权，从而于社会公众不利。另外，国家对禁止传播、出版的作品的回收是一种行政权力，不同于作者收回的民事权利。①

版权终止权是美国版权法的一项重要内容，指的是在版权转移过程中，法律赋予版权人的一项不可预先放弃的权利。该制度明确规定，在版权人将版权的部分或全部财产权利通过合同转移后，在法定期间，被转移的权利可重新回归原版权人。所谓版权转移，既包括转让，也包括许可使用。②该项制度禁止版权人将版权一次性、永久性地转移，而将期限设定为35年，版权人可在35年后的5年内终止原作品的版权转移，从而使作品部分或全部财产权重新回到自己手中。该项制度的确立，对提升版权人创作积极性、保护版权人的财产利益等方面具有独特的功能与价值，也为规范和繁荣美国版权市场提供了有力的法律保障。

在英美国家，为了保护版权人权益，早在1709年的《安娜女王法》就已经规定了保护期限和续展期的相关内容。版权保护期限，是指法律保护作品财产权的期限，一旦超过法定保护期，该作品的使用权即进入公共使用领域，任何使用者无须征得原权利人的许可，也无须支付报酬，就可以获得使用该作品的权利。此项规定，事实上通过法律将版权人对作品的绝对私权与公众科学、文化、艺术等公共利益之间的矛盾加以平衡。但作品的财产权具有高附加值的特征，一次性的交易规则使仅具有限理性的交易双方难以达成公平与正义的协议。为此，自1790年到1976年，美国版权法一直沿用版权续展权制度，旨在最大限度地保护版权人的利益不致因一时冲动而受到伤害。

1790年5月31日，美国颁布了其第一部《版权法》，该法规定，作者享有为期14年的出版专有权。在上述期限届满之时，如果作者为

---

① 江平、沈仁千：《中华人民共和国著作权法讲析》，中国国际广播出版社，1991年，第18页。
② 李明德：《美国知识产权法》，法律出版社，2003年，第197页。

美国公民或居住在美国境内且仍然在世，则作者或其权利继受人将享有为期14年的排他性版权。为了让美国公民享有与欧洲国家同等的权利，1831年美国又通过了《版权法》修正案，将保护期限延长至28年，续展期仍为14年。①

1909年，美国《版权法》又将续展期延长14年，即28年。续展权属于作者本人，如作者在第一个28年内死亡则属于继承人。对此，国会给予的理由是："作者以低价将版权出售给发行商的状况并不少见。但后来很可能证明该作品实属杰作，且超过28年之期依旧留存了下来，因而委员会认为续展权应当属于作者的专有权。"②然而迫于出版商的要求，作者或作品可能的继承者在转让作品时，常常将续展期的权利一并转移给出版商，从而导致这项制度名存实亡。

1976年的美国《版权法》废止续展制度，确立了版权终止权制度，即通过法律规定作者在法定期限后可终止已转移的版权。终止条款非常精细复杂，对权利人、权利范围、使用期限、不可转让等方面进行了详细的规定。除了《版权法》第二百零三条和第三百零四条外，版权局也被授权可颁布额外的条例。③该制度对美国音乐、文学、软件等科学文化艺术领域的发展起到了极其重要的作用，具有以下特点：

1. 权利人不可预先放弃。根据美国《版权法》第二百零三条a项之规定，版权终止权无论转移的方式具有排他性还是非排他性，都是一项不可剥夺、不可放弃的法定权利。④即使作者与他人签订了永久性转移版权的协议，在法定期限结束后，作者及其继承人仍然有权终止。即使作者死亡，其遗嘱也不得有对抗终止权的内容。

2. 权利行使具有法定期限。美国《版权法》规定了35年保护期满后的5年为除斥期间。超过该期间，如果权利人（包括作者或者其继承人）未行使终止权，则该项权利消失，原被受让人恢复对作品权利的

---

① 参见漆诣、魏珂：《美国版权终止制度及对我国的启示》，《武汉冶金管理干部学院学报》2007年第4期，第49—54页。
② H.R.REP.NO.2222, 60th Cong., 2d Sess.14, 1909.
③ ［美］大卫·J.莫泽：《音乐版权》，权彦敏、曹毅搏译，西安交通大学出版社，2013年，第61页。
④ 参见黄德俊、吴刚：《音乐版权终止制度的价值研究》，《人民音乐》2016年第3期，第67—69页。

拥有。

3. 终止权属于形成权。所谓形成权，是指权利人可以自己一方的意思表示使法律关系发生变化的权利。终止权的行使不必征得他人的许可，权利人只须在法定期间内履行告知义务，即可重新享有版权。

4. 雇佣作品终止权不受保护。终止权制度的核心在于保护个人作者，由于雇佣作品的权利主体为企业或非法人组织，出于交易主体对等性等因素的考虑，雇佣作品不享有终止权。

5. 演绎作品例外。为了维护公平，投资人对原作品的演绎作品的投资利益应得到应有的尊重。这一演绎作品的例外，被表述为："根据终止前的授予权限而编写的演绎作品在终止后，仍可按原授予的条件继续利用，但这种特权不能推广适用于终止后根据已经终止授予的版权作品编写的其他演绎作品。"[①]

音乐版权是音乐产业发展的核心环节，是音乐作品得以实现人身权利和财产权利的根本保障。在合同自由的原则下，在音乐版权转让、许可使用过程中，受版权人所处弱势地位、版权预期收益不确定等因素的影响，合同生效一段时期后，交易公平性原则往往受到挑战。因此，就我国有关音乐著作权法律法规总体而言，通过引入版权终止制度，适当限制音乐版权的合同自由，将对促进我国音乐产业的长远发展等方面具有积极意义。

1. 提升音乐版权人的地位

音乐创作者在完成创作后，对其作品将来可能产生的经济价值和社会价值是茫然的。大多数音乐家对商业天生的不敏感性，注定他们在音乐商业交易过程中是弱势的，也缺乏预见性行为。由此可见，音乐创作者和唱片公司之间存在着事实的不平等性，"经济方面、信息方面和心理方面的弱势地位是谈判受到干扰的主要原因。"[②]早在1942年，杰

[①] 17 U. S. C. 203(b) (1) and 304(C)(6)(A).
[②] ［德］卡尔·拉伦茨：《德国民法通论》，王晓晔、邵建东、程建英、徐国建、谢怀栻译，法律出版社，2003年，第3页。

罗姆·弗兰克（Jerome Frank）法官在做出保护音乐创作人利益的判决时就说道："我们审判时仅需注意连孩童都知道的事实……通常，除了极少数众所周知的例外情况……作者根本不擅长从事商业交易，歌曲作者……经常卖出去一批歌曲，只换来一首歌曲的钱。"①

音乐是听觉的艺术，音乐作品与其他一般有形商品不同，有形商品的价值存在于特定之物，而音乐作品的价值存在于抽象的权利，无法用传统"投入—产出"的经济学方法来解释，未来经济升值则更无法量化，它只有在传播的过程中才能予以体现。任何权利拥有者均有对未来收益的期盼与索求，所以，无论是作者还是其继受人，这一事实不会随社会变迁而改变。版权终止权利，赋予作者及其继承者终止版权的权利，可以有效地提高音乐版权人在交易过程中的地位，以便在整个商业谈判中受到一定的法律保护。

2. 完善音乐版权的利益分配制度

到目前为止，我国还没有建立起较为完善的音乐版权利益分配和再分配制度体系。版权利用的多元化，决定了利益分配的多样化。词曲作者是音乐创作的智力源泉，但是，作为艺术家，他们往往缺乏理财头脑和谈判技巧，经常受到处于强势地位的出版商和唱片公司的欺压。②音乐创作劳动价值的估值模糊性以及未来价值预期的不确定性，加上交易主体的不对等，造成了版权利益分配的天平出现一边倒的局面，居于弱势地位的音乐创作者无法在首次交易过程中成功实现音乐作品应有的经济价值。

音乐版权终止权可以在音乐作品交易过程中，促使双方通过科学的预测，合理评估音乐版权的经济价值，减少版权人在首次转让中的价值低估现象。在此基础上，版权人还可以综合运用期权、债券等金融手段，在首次转让、二次转让以及版权利用过程中实现音乐版权利益的合

---

① [美]威廉·W. 费舍尔：《说话算数：技术、法律以及娱乐的未来》，李旭译，上海三联书店，2008年，第167页。
② 参见黄虚峰：《试析版权在美国流行音乐产业中的作用》，《中国文化产业评论》2013年第1期，第459—470页。

理分配和再分配体系。

3.鼓励创作优秀的音乐作品

音乐版权保护的目的在于通过对音乐创作专有权利加以保护，鼓励版权人将权利转变为经济利益，并以此作为主要的生活来源，从而创作出更多优秀的音乐作品。纵观世界音乐发展的历程，音乐创作者创作音乐的动机无外乎两类：一是音乐家自身音乐才华、音乐思想、音乐意图自发的流淌，音乐创作者出于这种动机创作作品时通常不会屈于外部客观力量的影响，这一点在西方古典音乐以及中国传统音乐创作中体现得尤为明显；二是为了追求经济利益的最大化而创作市场导向型音乐作品，当受众的喜好成为音乐创作者的根本诉求时，音乐本身所承载的历史性、使命性、文化性、艺术性就逐渐淡化了，以致出现了以短期利益为目标的音乐作品风靡于世的现象。

终止权的产生，有利于创作者脱离眼前短期利益的局限，能够让更多的音乐人静心冥思自身的音乐思想和价值取向，不必迎合当下时尚的潮流，可以着眼于未来，从而在创作中融入更为深刻的人文主义关怀。只有在这样的前提下，主题的永恒性与创作手段的新颖性才能达到完美的结合，音乐创作的动机才能脱离短期经济利益的束缚，从而体现出更广阔的世界观、价值观、未来观。音乐创作的艺术性只有回归到对人性、社会、世界的关怀，才能经得住时间的洗礼，在历史的长河中绽放耀眼的亮光。这也将为推动我国音乐创作的繁荣、音乐产业链的完善奠定基础。

二、署名权

署名权，是指作者在自己的作品上标注自己姓名、艺名或其他名称，以表明身份的权利，当然作者也有权不在自己的作品上署名。我国《著作权法》第十条第一款第二项规定："署名权，即表明作者身份，在作品上署名的权利。"署名权是对作者创作成果的尊重与肯定，法律允许作者以一定的方式,将作者身份向社会公布,体现了法律对作者人格权的保护。作者享有署名权,意味着只有付出智力创作的作者或可以视为作者的法人或非法人组织才能享有署名权,其他任何个人或组织无权享有。

郑雨庭与唐磊早年间因网络相识,2002年,他们开始合作创作歌曲。2003年,郑雨庭应唐磊的要求,创作了《末班车女孩》的歌词。2004年,唐磊签约北京普新纪元公司准备出专辑《丁香花》。由于《末班车女孩》这支歌要收录在专辑内,11月底,郑雨庭接到该公司发来的歌词使用权合约,约定支付三年使用权费1000元。就在双方对此事进行交涉时,《丁香花》专辑却出版了。郑雨庭发现,专辑里《末班车女孩》的词作者署的是唐磊的名字。12月,公司负责人普杰向郑雨庭解释:"这是工作失误。"并承诺把《丁香花》第一版专辑全部封存,同时对媒体公开澄清事实。可是,半年过去了,郑雨庭却没有得到任何回应,第一版专辑也仍在销售中……①该事件在社会上引起了强烈的反响,如果事实成立,北京普新纪元公司在明知《末班车女孩》歌词创作者是郑雨庭的情况下,还在专辑《丁香花》中将《末班车女孩》的词作者署名为唐磊,并在接到郑雨庭通知后继续销售该专辑,这就构成了侵犯作者署名权的事实。

三、修改权

纵观我国近代以来对著作权的立法过程,对作者享有作品修改的权利或禁止他人修改作品的权利的保护早已有之。此项规定,自《大清著作权律》到《北洋政府著作权法》,再到《中华民国著作权法》修改权的相关条款都得以沿用。中华人民共和国成立以后到20世纪90年代,虽

---

① 张漪:《网络歌曲引官司〈丁香花〉制作公司成被告》,http://ent.sina.com.cn/x/2005-04-15/1503703629.html?From=wap,访问日期:2021年11月3日。

然没有颁布新的著作权法，但各项法律法规也都从不同层面保护了作者享有修改权的权利。1990年我国第一部《著作权法》诞生，修改权就成为了作者的人身权之一，在《著作权法》历经数次修改后一直被保留至今。

修改权，是作品发表以后，作者修改自己的作品或授权他人修改自己作品的权利。从某种程度上来看，作品是作者的延伸，是作者人格的反映，它不仅体现了作者的思想、情感，而且体现了作者的人格和声誉。[1]人的思想、观点、情感会受到主观、客观因素的影响而不断改变。从主观上来讲，人的认知水平、理解能力、道德情感、思想观念等会随着时间的推移而不断发生变化，在不同的人生阶段，人们对于同一件事情的感悟往往会存在差异；从客观上来讲，外部社会的事物在不断地变化，同时也会不断产生新的精神性内容，有形的物质文明和无形的精神文明相互交织，对于个体的影响也不容忽略。因此，作者在一定时间内创作出来的作品，以及在作品中表达的思想和观念，也会受到内外在因素的影响而发生改变。在这种环境下，作者有权利也有义务对原作品进行修改和完善，从而维护作品的科学性、时效性、合理性，承担起文化艺术对社会的责任担当。

由于作者对作品的修改可能会涉及到作品的思想、风格等方面的变化，这些变化最终体现在作者人格利益方面。因此，修改权是作者享有的一项著作人身权。[2]我国《著作权法》第十条第一款第三项规定："修改权，即修改或者授权他人修改作品的权利。"修改行为具体包括对原作品进行充实、补充、改写、删节等，作者既可以自己进行修改，也可以授权他人进行修改。因此，未经允许，对他人作品进行修改的行为，属于侵犯他人权利的行为。根据《著作权法》第三十六条规定："图书出版者经作者许可，可以对作品修改、删节。报社、期刊社可以对作品作文字性修改、删节。对内容的修改，应当经作者许可。"

---

[1] 参见刘春田、刘波林：《著作权法的若干理论问题》，《法律学习与研究》1987年第2期，第38—43页。
[2] 张革新：《现代著作权法》，中国法制出版社，2006年，第95页。

音乐作品分为带词和不带词两种，其中带词的作品又分为词曲可分割和不可分割两种。在词曲不可分割的作品中，词曲构成了音乐作品的整体，凡是对于音乐要素的修改都应被视为对音乐作品的修改。在词曲可分割的作品中，由于词和曲可分离，作为整体的音乐作品以及处于分离状态的词、曲都应该享有著作权，且各具完整性，对于此类作品的修改应分别征得权利人的许可。在2005年翟光诉人民音乐出版社一案中，涉案歌曲《红领巾之歌》的歌词由翟光创作，1980年经人民音乐出版社修改，将"永远跟着毛泽东"改为"奔向锦绣前程"，把"我们热爱人民的祖国"改为"我们是新中国的少年儿童"。修改完成后，歌曲通过各种形式进行传播，并被人们所熟知。1999年，人民音乐出版社再次在歌曲集中选用《红领巾之歌》，但未及时与翟光取得联系并征求其意见。法院认为：人民音乐出版社未与翟光协商，直接采用该社自行修改后的《红领巾之歌》歌词，侵犯了翟光对作品享有的修改权。

近年来，由于数字技术和网络技术的兴起，人们对音乐创作、传播活动的参与度明显提升，但在此过程中，也不乏对音乐作品进行恶搞的现象，如：为了增加关注度，在不改变音乐旋律的情况下，对音乐歌词进行篡改的行为。其中相当一部分已经侵犯了他人的修改权，若对原作品的内容、观点进行歪曲、篡改，则还侵犯了作者的保护作品完整权。当然，还有一类特殊的修改，叫作滑稽模仿，它作为合理使用的一种方式，将在后面的章节中予以说明。

四、保护作品完整权

保护作品完整权，是指保护作品不受歪曲、篡改的权利。该项权利是著作权法中一项重要的权利，大多数国家的著作权法和著作权国际公约对此都有规定。《伯尔尼公约》第六条之二规定："作者有权反对对其作品的任何有损其声誉的歪曲、割裂或其他更改，或其他损害行为。"我国《著作权法》第十条第一款第四项也规定："保护作品完整权，即保护作品不受歪曲、篡改的权利。"一部优秀的作品不仅体现了作者的科学、文学、艺术创作水平，反映了作者的思想、情感，在一定程度上也代表了作者的人格和声誉。作者享有保护作品完整权，意味着未经作者许可，他人不得擅自删改、变更作品的主要内容、表现形式、艺术效果，以及主要人物的性格特征，从而保护作者的声誉，维护作品的完整性。

歪曲、篡改他人作品主要表现为以下两种情况：一是在修改他人作品时歪曲、篡改他人作品；二是在使用他人作品时歪曲、篡改他人作品。在实践中，改编他人作品时出现的歪曲、篡改情况较为常见。

只要经著作权人同意，一词多曲或一曲多词都是允许的。但如果未经著作权人同意，擅自歪曲、篡改他人歌词或者曲调的行为就是侵犯音乐著作权人的保护作品完整权的行为。例如，某音像出版社出版的录音带《真精彩》中收有歌曲《麻坛新秀》，经查，这首歌曲系擅自使用并篡改崔健创作并演唱的歌曲《一无所有》而成。该音像出版社将歌曲题目篡改为《麻坛新秀》，仍沿用原歌曲的曲调，将原歌词篡改为"想起来我真发愁，兜里是一无所有。打麻将打了多少宿，我输了多少宿。可恨那些麻坛老手，不让我往回搂……"由此可见，该音像出版社的行为侵犯了崔健的保护作品完整权。

值得注意的是，要判断是否侵犯了作者的保护作品完整权，关键要看改动的内容是否歪曲、篡改了原作品的内容和观点，如果没有歪曲、篡改，就不能视为侵犯保护作品完整权。在宁某诉中国电影合作制片公司侵犯著作权一案中，宁某是音乐作品《丝路驼铃》的作者，制片方将其作品作加快节奏的缩节性技术处理后，用作电影《卧虎藏龙》打斗场面的背景音乐。涉案原曲长度为2分55秒，制片方将其缩节后长度为2分18秒，宁某认为该缩节行为侵犯了其保护作品完整权。但法院并不支持该主张，而是认为：在电影作品中使用音乐作品，只要不影响其所选作品的风格及表现力，按照电影需要，对音乐作品做出适当的、小范围的删节或改动是允许的。保护作品完整权中所指的"歪曲、篡改他人作品"，是指歪曲、篡改原作者的思想或意思表示。虽然电影制片方把宁某欲表现沙漠驼队坚韧不屈精神的《丝路驼铃》用于剧中人物的打斗场面,但纵观全剧剧情,剧中欲表现的恰恰也正是女主人公玉娇龙的不屈与坚韧个性。综上所述,宁某未能证明《丝路驼铃》在《卧虎藏龙》中存在被歪曲、篡改的使用情形,故其对电影著作权人侵犯其保护作品完整权的主张不成立。

修改权与保护作品完整权之间既有联系,也有区别。例如,对作品进行大段删除与变更的行为,就是从整体上破坏了作品的表现形式和艺术效果,破坏了作品的完整性,这种行为一般也可以被认为是对作品的擅自修改;又如在音乐作品中,经常有未经作者同意而改动歌词或旋律的行为,这些一般被认为是侵犯修改权的行为,但若该修改行为影响了作者的人格表达,则被认为是侵犯了保护作品完整权的行为。可以说,保护作品完整权是修改权的延伸,侵犯修改权的行为不一定侵犯保护作品完整权,但侵犯保护作品完整权的行为必然侵犯修改权。

修改权与保护作品完整权的区别,主要有以下两点:

1. 一般认为,修改权是从积极方面而言的,即作者有权修改或授权他人修改;而保护作品完整权,则是从消极方面而言的,因为作者只有当保护作品完整权受到侵犯时,才会行使该权利。

2. 侵犯保护作品完整权的行为一般是性质比较严重的行为。因为歪曲、篡改往往带有对作者人格或者感情的曲解,甚至是丑化作者人格的行为。而修改权一般只是改动作品内容,不涉及作者人格。如果有人将某作词家高尚的音乐作品修改成下流的内容,这就不仅仅是修改,而是歪曲、篡改作品,侵犯了作者的保护作品完整权。

第二节 音乐作品的著作财产权

"著作权法的永恒困境是决定著作权人专有权的止境和公众获取作品自由的起点。"[①]和其他私法相比,著作权法具有较强的"公共属

---

① 冯晓青:《知识产权法前沿问题研究》,中国人民公安大学出版社,2004年,第82页。

性",它不仅关注作者私主体利益的实现,还关注社会公共利益的满足;既要通过法律使作者或者著作权人实现个人价值,获得经济回报,又希望通过作品促进公共文化的传播、创新和繁荣,从而推动人类文化的传承和发展。"从信息生态学的观点来看,著作权关系不仅是指信息作为一种商品的所有权关系,还应该通过塑造表达自由和文化交往的公共领域以推动知识的发展与科学的进步。"[1]即便如此,著作财产权在著作权法的立法过程中还是具有重要作用的,它也是著作权制度的重要起源。所谓著作财产权,是指著作权人依法通过各种方式使用其作品并获得相应利益的权利。著作财产权是著作权法中的重要内容,各国的法律中均有明确的规定。在英美法系中,版权就是财产权,版权法就是关于作品财产权的法律。在大陆法系中,虽然强调对作者人身权的保护,但毫无例外都对著作财产权作了详细的规定。在绝大多数国家,著作财产权反映的是著作权在使用、转让过程中的物质利益关系,体现的是因作品的使用、转让而产生的利益关系。作为财产权的属性,著作权人可以对著作财产权进行转让、使用、处分、收益、继承、放弃等行为。

各国的著作权法和国际条约关于著作财产权的具体内容不一,但主体内容较为相近。《伯尔尼公约》规定,著作财产权包括翻译权、公演权、广播权、朗诵权、改编权、录制权、制片权;美国《版权法》规定,著作财产权包括复制权、演绎权、发行权、公演权、展览权;德国《著作权法》规定,著作财产权包括复制权、传播权、展览权、朗诵权、表演权、放映权、广播权、改编权、出租权等;法国《知识产权法典》规定,著作财产权包括朗诵权、演奏演唱权、戏剧表演权、展览权、放映权、公开传播权、无线传播权等;日本《著作权法》规定,著作财产权主要有复制权、上演权和演奏权、上映权、公众传播权、口述权、展览权、发行权、转让权、出租权、翻译权、改编权以及与二次作品使用有关的原作品作者的权利;我国台湾地区《著作权法》规

---

[1] James Boyle, *A Politics of Intellectual Property: Environmentalism for the Net?* 47 Duke Law Journal, 1997, p.110.

定，著作财产权包括重制权、公开口述权、公开播送权、公开上映权、公开演出权、公开传输权、公开展示权、改作权、编辑权、散布权（包含出租、出借、出卖）、出租权、输入权。综上可见，各国家（地区）的著作财产权可以分为复制权、演绎权和传播权三大类。[1]我国《著作权法》规定的财产权包括复制权、发行权、出租权、展览权、表演权、放映权、广播权、信息网络传播权、摄制权、改编权、翻译权、汇编权等。其中，复制权、发行权、出租权属于复制权，摄制权、改编权、翻译权、汇编权、注释权与整理权属于演绎权，展览权、表演权、放映权、广播权、信息网络传播权属于传播权。

一、复制权

（一）复制权

复制权是版权法的基石，是权利人重要的财产权利。"复制权即作者自己复制和授权他人复制其作品的权利，其一直是版权所有人享有的核心权利。"[2]自《安娜女王法》问世以来，复制权一直是版权研究备受关注的重要领域，随着社会的进步，其内涵和外延也在不断扩张。可以说，著作权法产生于复制权，发展于复制权。随着现代科学技术的不断发展，人们复制作品的方式也更加多种多样。我国1990年版《著作权法》第五十二条规定，复制是指以印刷、复印、临摹、拓印、录音、录像、翻录、翻拍等方式将作品制作一份或多份的行为。2001年修订版《著作权法》删去了原《著作权法》第五十二条，在第十条第一款第五项中规定了复制权的含义，即以印刷、复印、拓印、录音、录像、翻录、翻拍等方式将作品制作一份或者多份的权利。修订后的《著作权法》与原《著作权法》对复制的定义并无本质区别，只是删除了临摹

---

[1] 郑成思：《版权法》，中国人民大学出版社，1997年，第151页。
[2] 朱莉·E.科恩等：《全球信息化经济中的著作权法》，中信出版社，2003年，第329页。

这一传统的美术复制方式。2020年修订版《著作权法》将数字化确定为复制行为。总体而言，我国《著作权法》描述性地将现有复制行为进行了列举，但事实上，这种列举的方式仍具有一定局限性，因为能够被列举的行为总是有限的，不能穷尽已有或未来可能会出现的复制行为。因此，需要以一种更加抽象的法律语言对复制行为加以界定，从而使其概括性更强，覆盖范围更广，如：复制行为是采用现有或将来可能出现的技术，将作品制作成一份或多份的行为。作者可以自己行使复制权，也可以将一种或多种复制手段进行许可或转让。日本《著作权法》第二条规定，复制是指用印刷、摄影、复印、录音、录像等方法进行有形的再制作。韩国《著作权法》第二条规定，复制是指通过印刷、摄影、复印、录音、录像及其他方法在有形物上固定或以有形物重新制作。可见，日本、韩国都明确将复制限定在有形范畴。相比之下，法国则将复制表述为"以一切方法将作品固定在物质之上，使之可以以非直接方式向公众传播作品"，[1]强调复制的"非直接"特征。[2]

美国早期版权法对音乐作品复制权的保护对象主要是印刷乐谱。庞大的乐谱印刷需求，给出版公司（或音乐创作者）带来了可观的版权收入，但这个状态被两项新出现的技术打破了：一是钢琴纸卷，二是唱片。1876年左右，美国出现了一个奇妙的发明——钢琴纸卷。钢琴纸卷是一条根据源钢琴曲打了孔的纸带，在自动演奏钢琴上拖动时，就会带动相应的琴键发出声音，从而将源音乐还原。据记载，1902年，全美的自动演奏钢琴有7万多台，钢琴纸卷更是多达150万卷。1888年，粗纹唱片诞生，之后又经历了密纹唱片、立体声唱片、四声道立体声唱片的发展。相比于乐谱需要有人演奏或演唱才能还原音乐，唱片只需要一个唱片机就够了，因此唱片天然地具有更多的受众。据说，在经济大萧条时期，有些美国失业工人左手拿着面包，右手拿着的则是一张吉米·罗杰斯（Jimmie Rodgers）的唱片。

---

[1] [法]克洛德·科隆贝：《世界各国著作权和邻接权的基本原则》，高凌瀚译，上海外语教育出版社，1995年，第56页。
[2] 参见冯晓青：《著作权法中的复制权研究》，《法学家》2011年第3期，第99—112页。

钢琴纸卷、唱片的出现使得通过印刷活页歌片来销售歌曲的传统方式受到了严重冲击。钢琴纸卷的打孔和唱片的录制是否属于复制行为？音乐复制权第一次遭遇到技术的挑战。决定性的案件是怀特-史密斯音乐出版公司诉阿波罗公司案（White-Smith Music Pub. Co. v. Apollo Co.），虽然判决结果支持了阿波罗公司，但霍尔姆斯大法官还是提出了相反意见，他说："原则上，任何机械性复制音乐作品中'有关声音的合理搭配'的东西，都应当被认为是一个复制件，或者，当制定法规过于狭窄时，就应当通过进一步的立法来做到这一点。"[1]

显然，国会听进了霍尔姆斯大法官的谏言，在1909年《版权法》中对复制权进行了扩张解释，确认了钢琴纸卷、留声机、唱片都是对音乐作品的机械复制。同时，为了避免垄断，还规定了法定机械许可（the Compulsory Mechanical License），即：一旦版权所有人已经授权某一自动钢琴音乐纸卷公司或者唱片公司对其音乐作品进行机械复制，则其他任何公司均可将该音乐作品自由制作成唱片，只要按规定向版权人支付每张唱片2美分的版税即可。

进入到数字时代之后，数字技术在各领域都得到了广泛的应用。作为谱例或声音形态的音乐作品和以"1""0"为编码的数字格式是否属于复制行为，也曾引起过相应的争论，但最终得出的结论是肯定的。

虽然各国对复制权已经基本形成共识，但对私人复制尚未形成统一的概念。《伯尔尼公约》对私人复制模糊的叙述，给各国的立法者和法官们留下了大量的思考余地。一般来说，私人复制即以个人使用为目的的复制他人已受保护的作品行为。正如西班牙学者德利娅·利普希克（Delia Lipszyc）提出："私人复制是指仅复制一件受著作权保护并在某个材料中的作品的简短片段或某些孤立的作品，仅供复制者个人使用（例如研究、教学或娱乐）。"[2]

从传统意义上来理解，私人复制的私人性质，决定了其具有以下显

---

[1] 黄虚峰：《美国音乐产业发展进程中的版权因素研究》，知识产权出版社，2019年，第51页。
[2] [西班牙]德利娅·利普希克：《著作权与邻接权》，联合国教科文组织译，中国对外翻译出版公司，2000年，第169页。

著特点：一是复制的目的具有非商业性、非营利性，不得通过私人复制行为直接或间接地获取利益；二是复制在数量上通常是少量的，因为私人复制以满足个人或者其家庭范围内对作品的需要为限；三是严格限制使用范围。概括而言，私人复制具有用途的非商业性、复制的少量性以及使用的私人性三个基本特征。因此私人复制的使用前提是，不以任何手段向不特定的受众公开传播。这三个特点也决定了在一般情况下，私人复制不会对著作权人利益产生实质性损害。[①]

然而，技术的发展总是向法律不断提出挑战，著作权法的演变离不开传播技术进步力量的推动。在数字技术环境下，私人的非商业性与商业性使用变得模糊，私人使用与群体使用也无法甄别，少量性更是无法界定。作为合理使用制度的组成部分，私人复制的法律定位一直备受争议，各学说从不同角度对私人复制进行了剖析，虽各有偏颇，但均承认私人复制应当属于合理使用的范畴。然而，随着现代传播技术的进步，传统私人复制的传播范围正进一步扩大，社会功能受到了质疑，新的制度框架正呼之欲出。

（二）发行权

发行，是向社会公众提供复制品的行为。复制、发行和出版有着密切的关系，将一部作品复制成多份并提供给社会公众的行为就称为出版。《伯尔尼公约》第三条第三款规定，"已发表作品"是指得到作者同意后出版的作品，不论其复制件的制作方式如何，只要这部作品的复制件的发行在数量和方式上能满足消费者的合理需求即可。美国《版权法》第一百零六条规定，版权所有人享有通过出售或其他转让所有权的方式，或者通过出租或出借，向公众发行有版权作品的复制件或录音制品的专有权利。可见，在美国，出租、出售和出借也属于发行。

我国《著作权法》第十条第一款第六项规定："发行权，即以出售或者赠与方式向公众提供作品的原件或者复制件的权利。"发行的方式

[①] 参见冯晓青：《网络环境下私人复制著作权问题研究》，《法律科学（西北政法大学学报）》2012年第3期，第103—112页。

多种多样，常见的有散发、赠与、出售等。发行的对象大多数是作品的复制件，比如图书、报刊、录音录像制品、影视作品等。

许多国家都规定了"发行权一次用尽"原则，即当某种具有著作权的原件或复制件一旦经著作权人同意进入流通领域后，该作品的著作权人就不再享有干涉该原件或复制件再次流通的权利。但"发行权一次用尽"在各个国家的具体规定不尽相同，如：美国、日本只要求复制件的所有权人具有"合法性"，而该"合法性"的取得既可以基于买卖，也可以基于赠予或其他方式；德国、英国等国家则明确规定发行权不适用于著作权人"首次销售"之后的流转行为，对于因"赠予"而获得复制品的所有人是否有权进行再次销售或转赠，这些国家并没有明确规定，但根据销售取得和受赠取得复制品所有权的属性而言，从实际操作的角度来看，并没有排除"发行权一次用尽"的情形。

"发行权一次用尽"原则，应当有其适用条件：第一，作品的原件或者复印件必须经过著作权人同意之后才能发行；第二，作品的原件或复制件必须是通过出售或者赠予等转移所有权的方式进行流通；第三，虽然著作权的权利人"发行权一次用尽"，但其他著作权仍受到法律保护。

在弗尔诺诉欧特克股份有限公司案（Vernor v. Autodesk, Inc.）中，被告是一家从事三维设计、工程及娱乐软件制作的公司，原告从被告的直接客户处购得二手Auto CAD Release14软件光盘，然后在eBay平台上公开销售。被告根据《千禧年数字版权法》（DMCA）向eBay平台发送了断链通知，原告遂向法院提起确认不侵权之诉（Declaratory Judgment Action）。一审法院判决原告不构成侵权，被告遂提起上诉。二审法院认为，被告根据软件许可协议（Software License Agreement，SLA）向直接客户发行涉案软件，SLA明确被告保留软件光盘的所有权，未经许可，直接客户不得转移占有或销售软件复制件，因此，鉴于涉案软件的直接客户并非软件复制件的所有人而是软件被许可使用人，原告购买二手软件光盘并对外销售的行为，难以适用首次销售原则，遂撤销一审判决。①在环球音乐集团诉奥古斯都案（UMG Recordings, Inc. v. Augusto）中，原告美国环球唱片公司作为全球最大的唱片公司之一，经常将特制的推广CD免费寄送给一些音乐评论家和广播电台节目制作者，部分CD上附有声明："本CD系唱片公司所有之财产，收件人仅被许可进行个人使用。接受本CD就表明同意遵守许可条款。不得转售或转移占有，否则将依联邦或州法承担责任。"还有部分CD所附声明更加简洁："非卖品，仅用于推广。"被告并非原告寄送推广CD的收件人，却想方设法获得不少推广CD，并在eBay上公开销售，原告遂起诉被告侵权。被告辩称，其销售的推广CD均是从旧货店或二手商店购得的，根据1970年《邮政重组法》的"未订购商品条款"，②原始收件人有权利将推广CD视为赠品，并有权以任何方式对该赠品进行占有、使用、抛弃和处分。一审法院作出有利于被告的即决判决后，原告不服，提起上诉。二审法院认为，根据《合同法重述》，仅接收"主动要约"（Unsolicited Offer）并不减损受要约人作为或不作为的自由，亦不强加受要约人作出意思表示的义务。原始收件人接收推广CD的行为并不必然表明原始收件人接受推广CD上的声明内容，因缺乏双方合意，不足以创设使用许可，因此，原告寄送推广CD的行为相当于赠与或销售，应当适用"首次销售原则"。

在判断作品复制件的持有人究竟是所有权人还是被许可使用人时，第九巡回上诉法院根据两案不同情况作出了不同认定，但是其逻辑起点是一致的：作品复制件的转移占有并不一定使所有权转移。③

我国著作权法没有规定"发行权一次用尽"原则，在司法实践中的案例也不多见。但随着著作权制度的进一步完善和社会公众著作权意识的加强，明确"发行权一次用尽"原则将对有版权作品的多次流转具有前瞻性的作用。在此，需要明确两个方面的问题，一是"发行权一次

---

① Vernor v. Autodesk，Inc.[Z].621 F.3d 1102（2010）.
② 39 U.S.C. § 3009 (a) (b) [Z].
③ 参见李玉红：《"发行权一次用尽原则"若干问题研究——以我国＜著作权法＞修改为背景》，《河北法学》2015年第3期，第144—150页。

用尽"的范围是国内还是国际,就著作权立法与国际发展的趋同趋势而言,将"发行权一次用尽"的范围确定为国内和国际同步,更加符合大多数国家的立法标准,也能够促进全球具有版权商品的平行进出口国际贸易的发展;二是"发行权一次用尽"原则是在传统有形介质的基础上形成的制度,能否将其内容扩展至网络传输,以及应采取怎样的立法策略使"发行权"适用于网络传输,这已成为一个具有重大现实意义的法学课题。

(三)出租权

我国1990年颁布的《著作权法》没有规定出租权的相关内容,2001年修订后的《著作权法》增加了出租权。随着现代技术的不断发展,计算机软件、视听作品的大量出现极大地满足了人们学习、生活和工作的需要。出于使用成本的考虑,部分使用者采用租赁的方式获得以上作品的使用权,这是一种较为理性的行为。

世界贸易组织《与贸易有关的知识产权协定》规定了出租权,该协定第十一条规定,至少就计算机程序和电影作品而言,成员应该给予作者及其合法继承人准许或禁止将其有版权作品的原件或复制件向公众进行商业性出租的权利。该条还规定,如果出租权未导致电影作品的广泛复制,或者计算机程序本身不是出租的主要标的,则成员可以不适用出租权的规定。《世界知识产权组织版权条约》第七条规定,计算机程序、电影作品和以录音制品体现的作品的作者,应享有授权将其作品的原件或复制件向公众进行商业性出租的专有权。该条还规定,如果计算机程序本身并非出租权的主要对象,或对电影作品的商业性出租没有导致作品的广泛复制,可以不适用上述规定。我国《著作权法》第十条第一款第七项规定:"出租权,即有偿许可他人临时使用视听作品、计算机软件的原件或者复制件的权利,计算机软件不是出租的主要标的的除外。"同时,根据《著作权法》第四十四条规定,录音录像制作者对其制作的录音录像制品享有出租权。据此可知,我国《著作权法》规定的出租权的对象是视听作品、计算机软件、录音录像制品。计算机软件仅仅作为出租标的的附属物时不适用于出租权。在音乐行业中,以摄制视听作品方法创作的MV、音乐纪录片、音乐专题片、录音录像制品等都应当享有出租权。

二、演绎权

（一）摄制权

摄制权，亦称"制片权"，是我国《著作权法》在2001年修订时新增的一项权利。在1990年颁布的《著作权法》中，只在改编权中规定了保护摄制权。实际上，相当一部分国家（如日本、德国）也是将摄制权包含在改编权中的。[①]摄制权是著作权人享有的许可或禁止他人将其作品摄制成电影作品或以类似摄制电影的方法创作的权利。我国2001年修订版《著作权法》第十条第一款第十三项规定："摄制权，即以摄制电影或以类似摄制电影的方法将作品固定在载体上的权利。"2020年修订的《著作权法》将此项修改为："摄制权，即以摄制视听作品的方法将作品固定在载体上的权利。"2004年，罗林（艺名"刀郎"）就因作品摄制权被侵犯，将广东飞乐影视制品有限公司等告上法庭，成为我国音乐作品摄制权纠纷的第一案例。

原告罗林诉称，2004年10月，国展家乐福商场（隶属北京华融家乐福商业有限公司，后简称"华融家乐福公司"）销售了由广东飞乐影视制品有限公司（后简称"飞乐公司"）制作并经销、贵州文化音像出版社出版发行、广州合众光碟制造有限公司（后简称"合众公司"）复制的名为《刀郎 2002年的第一场雪 卡拉OK》的VCD，该光盘收录了《2002年的第一场雪》等6首由原告作词、作曲的歌曲。原告认为上述四家被告公司未经许可，制作、复制、发行、销售上述录音制品，侵犯了原告对上述六首音乐作品的摄制权。

法院经审理认为，原告罗林是六首涉案歌曲的词曲作者，对其作品依法享有署名权、摄制权、许可他人使用并获得报酬等权利。飞乐公司

[①] 吴汉东：《知识产权基本问题研究》，中国人民大学出版社，2005年，第275页。

以制作卡拉OK形式使用涉案音乐作品，并将其固定在《刀郎 2002年的第一场雪 卡拉OK》VCD上，应当事先征得词曲作者罗林的许可，并支付报酬。飞乐公司未履行该义务，故侵犯了罗林对涉案音乐作品享有的摄制权，应承担停止侵权、赔偿损失的民事责任。

涉案VCD虽然在播放画面上标明六首涉案歌曲的词曲作者为"刀郎"，但是盘盒封底、歌片及光盘盘面上均没有标明词曲作者姓名，而只载有歌名和歌词。消费者在购买光盘时，无法通过光盘的包装了解涉案歌曲的词曲作者情况。作为涉案VCD的制作者、发行者，以及盘盒封底、歌片、光盘菲林的制作者，飞乐公司应就侵犯罗林署名权承担停止侵权、赔礼道歉的民事责任。贵州文化音像出版社没有尽到合理的注意义务，对于出版物侵权存在主观过错，因此应当与飞乐公司共同承担侵权责任。合众公司是受出版社的委托进行光盘复制，无须承担赔偿责任。华融家乐福公司所售光盘系有合法来源，因此不用承担赔偿责任，但应停止销售侵权物。综上，依据2001年修订版《著作权法》第十条第一款第二项、第十三项，第十条第二款，第四十六条第六项、第十一项，第四十七条第一项，第四十八条第一款之规定，判决：

1. 广东飞乐影视制品有限公司立即停止使用涉案歌曲；

2. 贵州文化音像出版社、广东飞乐影视制品有限公司、广州合众光碟制造有限公司、北京华融家乐福商业有限公司立即停止出版、发行、复制、销售涉案VCD；

3. 广东飞乐影视制品有限公司、贵州文化音像出版社于本判决生效之日起30日内在《法制日报》上公开向罗林赔礼道歉；

4. 广东飞乐影视制品有限公司、贵州文化音像出版社于本判决生效之日起10日内共同赔偿罗林经济损失7万元。[①]

《伯尔尼公约》第十四条第二款规定："根据文学或艺术作品制作的电影作品以任何其他艺术形式改编，在不妨碍电影作品作者授权的情

[①] 李思：《刀郎〈2002年的第一场雪〉著作纠纷案宣判》，https://www.chinacourt.org/article/detail/2005/05/id/163251.shtml，访问日期：2020年11月4日。

况下，仍须经原作者授权。"这说明，原创作品的摄制权并不像发表权那样使用一次就穷尽了，原创作品享有版权保护的终极控制权。由此可见，作为文学艺术作品形式之一的音乐作品在被摄制成视听作品的时候，也应该尊重音乐著作权人的权利，即使是同一首音乐作品被摄制成不同内容的MV也应该征得作者的同意。当然，由于音乐作品的特殊性，其可能会有多个作者存在，且音乐作品又可以分为词曲可分割和不可分割两类，因此在授权的过程中要考虑授权链是否完整的问题。音乐著作权人既可以自己以摄制视听作品的方法创作视听作品，也可以授权他人以摄制视听作品的方法创作作品。在上述案例中，被告未经允许，将原告的音乐作品摄制成视听作品，就是典型的侵犯原告摄制权的行为。

在音乐著作权侵权案件中，往往会出现一种行为侵犯著作权人多项权利的现象。例如，曾创作《迟到》《无言的结局》和《一剪梅》等众多歌曲的著名音乐人陈晓因（艺名"陈彼得"）2017年在北京市朝阳区人民法院打赢了一起著作权官司。因电影《九层妖塔》的剧中人物演唱了歌曲《迟到》，陈晓因认为该行为构成侵权，遂将电影的出品方中国电影股份有限公司（后简称"中影公司"）、梦想者电影（北京）有限公司（后简称"梦想者公司"）、乐视影业（北京）有限公司（后简称"乐视公司"）、北京环球艺动影业有限公司（后简称"艺动公司"）以及第三人中国音乐著作权协会（后简称"音著协"）告上法庭。朝阳区人民法院一审判决四家被告公司公开致歉并与音著协共同赔偿原告30万元。

2015年9月30日，电影《九层妖塔》上映。电影中，餐厅走穴歌手演唱了歌曲《迟到》，电影片尾也标明了该歌曲的词曲作者为"陈彼得"。陈晓因后起诉称，其享有《迟到》词曲的著作权，且该作品已成为时代经典。2017年5月，陈晓因发现《迟到》未经其授权，被四家被告公司出品的电影《九层妖塔》作为插曲及情节使用，侵犯了其修改权、保护作品完整权、复制权、改编权、发行权、摄制权等六项权利。

据此，陈晓因要求四家被告公司停止侵权，将侵权内容从电影《九层妖塔》中删除，公开赔礼道歉以及和音著协共同赔偿经济损失100万元，共同支付维权支出合理费用4万余元。

庭审中，四家被告公司和此案第三人音著协均表示，陈晓因已将《迟到》著作权转让给他人，艺动公司已经通过音著协获得在《九层妖塔》中合法使用《迟到》的权利，因此陈晓因不是本案适格原告。

中影公司和梦想者公司共同答辩称，两家公司未参与《九层妖塔》的拍摄和制作事宜，不应承担侵权责任；陈晓因主张删除侵权内容将造成各方利益显著失衡，该主张不合理；陈晓因索赔费用过高。

乐视公司称，公司仅负责《九层妖塔》的投资、宣传和发行，对音乐的使用没有审查义务，也没有主观过错。而艺动公司则认为，公司与其他三家被告公司等签订了《九层妖塔》的合作投资、承制合同，并严格履行合同义务。此外，公司已经从音著协取得涉案音乐的合法授权，且音著协作出权利无瑕疵保证，因此不应承担任何侵权责任。

音著协表示，其为使用方艺动公司和授权方环球音乐出版有限公司牵线搭桥的行为性质是版权代理，且艺动公司已按要求支付了相应费用。

一审认定侵权事实成立，四家被告公司均有责。

法院认为，陈晓因享有《迟到》作品的著作权，四家被告公司未经著作权人许可，在《九层妖塔》中使用《迟到》原曲歌词80%以上，旋律也基本沿袭原曲，保留了原作品的基本表达，侵犯了陈晓因的复制权；《迟到》随同《九层妖塔》电影拷贝，被复制成多份提供给多家影院公映，侵犯了陈晓因的发行权；将《迟到》以摄制电影的方法固定下来，侵犯了陈晓因的摄制权；《九层妖塔》在对《迟到》的使用中改动了主旋律的乐句排列，侵犯了陈晓因的修改权。但上述改动未创作出新的作品，故不构成对改编权的侵犯，也未达到歪曲、篡改作品的程度，故不构成对保护作品完整权的侵犯。

《九层妖塔》使用《迟到》1分12秒，占时长为108分钟的电影的极小部分，使用方式也没有贬损作者声誉和作品价值，不会影响该作品今后的正常使用。并且,《迟到》的使用方式是由剧中人物演唱,融入了原歌曲之外的其他创造性成果,删除侵权内容会严重影响故事的完整性,给电影出品方带来较大的损失,在当事人之间造成重大的利益不平衡后果。因此,不宜判令停止侵权,但应提高赔偿数额作为责任替代方式。

音著协没有对作品授权文件进行任何审查,就以自己的名义向使用者颁发许可证、收取许可使用费、向环球音乐出版有限公司转付使用费,其行为侵犯了陈晓因的著作权,应承担共同侵权责任。

北京市朝阳区人民法院(一审法院)判决,中影公司等被告公开赔礼道歉,赔偿原告经济损失30万元,并支付原告合理支出4万元。北京市知识产权法院(二审法院)判决,驳回上诉,维持原判。

(二)改编权

《著作权法》第十条第一款第十四项规定:"改编权,即改变作品,创作出具有独创性的新作品的权利。"在音乐创作中,改编作品是常用的创作技法。在改编音乐作品时,通常会对原作品的曲式、节奏、调式,甚至部分旋律作出改动,以适应新作品需要,例如常见的加花、变奏等行为,都属于改编行为。但这种改动不得改变原曲主旋律、主题思想,或者破坏原作品的内容、表现形式或艺术效果。对作品进行文字性的修饰、润色,只要没有触及修改权和保护作品完整权,就不属于侵权行为。我国法院在审理涉及音乐作品的诉讼过程中,明确认可在原有作品基础上创作出来的新音乐作品属于改编作品。改编权是著作权人享有的权利,著作权人可以自己改编自己的音乐作品,也可以授权或许可他人改编自己的音乐作品。在司法实践中,侵犯音乐著作权人改编权的案例层出不穷。2018年,李春波的《一封家书》改编权纠纷案就是近年来一个较为典型的案例。

因认为其创作的歌曲《一封家书》未经许可被使用,李春波将云南俊发房地产有限公司(后简称"云南俊发公司")、北京搜狐互联网络信息服务有限公司(后简称"搜狐公司")诉至法院,要求两家被告公司停止侵权行为，立即删除侵权信息，公开道歉并赔偿经济损失200万元。日前，北京市海淀区人民法院审结了此案。法院判决云南俊发公司向李春波赔礼道歉，赔偿经济损失30万元及合理开支6700元。此案对音乐作品改编权的认定作出了分析，亦是涉单首音乐作品著作权纠纷判赔数额较高的案件。

原告李春波诉称，云南俊发公司未经其同意，使用其创作的知名歌曲《一封家书》制作视频，并将该视频在该公司认证的微信公众号中发布，用于宣传、促进其楼盘销售，侵犯了李春波对歌曲《一封家书》词曲享有的署名权、修改权、保护作品完整权、改编权、信息网络传播权及摄制权；搜狐公司在其网站上擅自发布上述视频，对云南俊发公司的业务进行推广，与云南俊发公司共同侵犯了李春波的信息网络传播权，应承担连带侵权责任。

被告云南俊发公司辩称，涉案视频中的歌词均是书信常用语，而非李春波创作的专有词汇，涉案视频与歌曲《一封家书》创作的时代、背景、传达的情感等不同，曲谱也有所不同，故不构成侵权。

被告搜狐公司辩称，涉案视频是由用户上传的，其仅是信息存储空间服务的提供者，且不存在侵权的主观过错，亦不构成侵权。

法院经审理后认为，本案主要争议焦点为涉案视频中的歌曲是否构成对《一封家书》词曲的改编，以及如果侵权成立，判赔数额应如何确定。

第一，涉案视频中的歌曲是否构成对歌曲《一封家书》的改编。本案中，在歌词部分，涉案视频歌词与《一封家书》歌词均将家书形式与歌词相结合，开头和结尾处部分歌词相同，且表达了同样的思乡情感；同时，涉案视频歌词中还加入了体现独创性表达的新的叙事内容，在原有歌曲独创性表达的基础上，形成了新的表达，构成对原歌词的改编。在曲谱部分，涉案视频曲谱与《一封家书》曲谱的起音、落音以及歌曲风格、旋律走向均基本相似，但有部分旋律存在明显差异，并加入了说唱的形式。综上，涉案视频曲谱使用了原歌曲曲谱的基本内容，并对原歌曲的旋律作了创造性修改，但没有使原有旋律消失，因此构成对《一封家书》曲谱的改编。将《一封家书》与涉案视频歌曲进行整体对比后得出，两者名称相同，开头结尾歌词相同，曲谱主旋律亦相似，使人一听到涉案视频歌曲便会联想到歌曲《一封家书》。因此，涉案视频词曲构成对歌曲《一封家书》词曲的改编。

第二，关于经济损失赔偿数额的确定。法院综合考虑到，歌曲《一封家书》发表于1994年，多年来广为传唱，具有较高知名度和影响力；云南俊发公司在其公众号文案中借助歌曲《一封家书》的影响力进行宣传，主观恶意明显；涉案视频中含有对云南俊发公司及其关联公司经营的房地产项目进行商业宣传的内容；涉案视频点击量高达9万余次，影响范围较大，故依法酌情判定经济损失赔偿额30万元。[①]

该案宣判后，双方均未上诉，且被告云南俊发公司及时履行了赔付义务，取得了良好的法律效应和社会效应。法院在审理此案时，最终确定30万元的赔偿金额，对于音乐市场秩序而言具有积极意义：一是维护了音乐著作权人的正当权益，并给予其较高的经济补偿；二是提升了音乐著作权人的维权意识，在以往的审判案例中，由于"填平原则"及举证困难等因素，对于音乐著作权的赔偿没有确定的标准，法院判决的赔偿金额相对较低，也导致音乐著作权人明知自己的作品被侵权，却仍然放任这种行为的现象；三是对侵权行为人起到了威慑作用，现阶段对音乐作品的改编在各种平台、演出、节目中频繁出现，有些媒体甚至明知是侵权行为却仍然采取鸵鸟策略，其中一个重要的原因就是侵权成本过低。该案例既可以作为其他法院审判类似案件时的依据，也对侵权行为人敲响了警钟。

在对原作品进行改编的过程中，需要注意以下几点：

第一，改编权是著作财产权的重要内容，他人要改编著作权人的作品，必须取得著作权人的同意，否则就是侵犯著作权的行为，这是法律

[①] 文海宣：《知名歌曲＜一封家书＞遭改编 李春波获单首作品高额赔偿》，http://bjgy.chinacourt.gov.cn/article/detail/2018/11/id/3578296.shtml，访问日期：2021年11月5日。

对改编权的形式限制。著作权人许可他人行使改编权时，应当订立书面合同。

第二，对原作品的改编既要依赖于原作品，又要具有一定的创新性。没有原作品就不会有因改编而形成的演绎作品，因此原作品是改编作品的基础。但改编行为又不能是对原作品进行简单的抄袭和复制，否则会被认定为剽窃，所以改编还必须在原作品的基础上具有一定的创新性。这种创新性必须有一定的限制，即不得触碰原作者的修改权和保护作品完整权。因此可以说，改编权是介于尊重原作品和不得侵犯修改权、保护作品完整权之间的一种具有平衡性的权利，是对原作品的忠实性和改编作品的创新性的统一。

第三，对改编作品的利用，不仅要得到改编者的同意，而且要征得原作品权利人的同意，即需要双重授权。如要将一首被改编的音乐作品拍摄成MV，只有既征得改编人的同意，又征得原词曲作者的同意后，才能进行拍摄。

（三）翻译权

翻译权是著作权人享有翻译自己作品或者授权他人翻译其作品的权利。我国《著作权法》第十条第一款第十五项规定："翻译权，即将作品从一种语言文字转换成另一种语言文字的权利。"由于不同文化、信仰、习惯、风俗、地理等因素的限制，各个国家和地区形成了不同的语言体系，为了达到沟通和交流的目的，翻译行为显得尤为重要。当前，音乐文化的国际化交流越来越频繁，音乐作品的输入和输出已成为文化交流的一项重要内容，同时也提升了音乐产品的国际贸易总额。在这种环境下，翻译权已经成为著作权中的一项重要的财产权利。《伯尔尼公约》第八条对翻译权作了明确规定："受本公约保护的文学艺术作品的作者，在对原作享有权利的整个保护期内，享有翻译和授权翻译其作品的专有权利。"

由于不同语言在表达同一事物时所用的语法、结构存在着较大的差异，因此翻译时必须要考虑目标语言的表达形式，以便实现交流的目的。①值得注意的是，《著作权法》中的"翻译"，同一般会议翻译、接待翻译是不同的，它必须是一种创造性劳动，因此著作权意义上的翻译是产生新作品的活动。由此可见，翻译权的对象只能是用文字表达的作品，如小说、剧本、学术论著等。音乐作品的词属于文学作品，是音乐家表达艺术思想和艺术意图的重要内容之一。随着国际音乐活动的频繁开展，各国之间对音乐作品的相互翻译已经成为常态，如：影片《泰坦尼克号》主题曲 *My Heart Will Go On* 被翻译成中文版的《我心依旧》；筷子兄弟的《小苹果》被韩国女子组合T-ara翻译成韩文版的 *Little Apple*；由朴树作曲，朴树、韩寒作词的《平凡之路》被翻译成七国语言；等等。需要说明的是，由于语言习惯、语法规范以及歌词押韵的需要，歌词在被翻译成其他国家语言时往往会带有改编的性质，这需要翻译者和原作者之间达成充分沟通，以免产生不必要的纠纷。尤其是在翻译过程中不得侵犯著作权人的其他权利，如：不得歪曲、篡改原作品。

在以下两种情况下，他人翻译著作权人的作品可以不经过著作权人的许可，不向其支付报酬，但应指明作者的姓名和作品名称：1.为学校课堂教学或科学研究，翻译已经发表的作品，供教学或科研人员使用，但不得出版发行（《著作权法》第二十四条第一款第六条）；2.将中国公民、法人或者非法人组织已经发表的以国家通用语言文字创作的作品翻译成少数民族语言文字作品在国内出版发行（《著作权法》第二十四条第一款第十一项）。

（四）汇编权

汇编权是著作权人享有的授权或者禁止他人汇编自己作品的权利。这里所指的作品既包括作者完整的作品，也包括作品的片段。在实践中，汇集某一作者的不同作品与汇集不同作者的作品均涉及到原作品的汇编权。汇编权和编辑权在著作权法中是两个相近的概念。我国台湾地区《著作权法》规定，著作权人专有将其著作改作成衍生著作或编辑

---

① 张广良：《翻译作品著作权问题初探》，《著作权》2000年第6期，第20页。

成编辑著作之权利，但表演不适用该规定。我国1990年颁布的《著作权法》也规定了编辑权，但其本质意义上是汇编权。2001年修订版《著作权法》将原来的"编辑作品"改称为"汇编作品"。2020年修订版《著作权法》第十条第一款第十六项规定："汇编权，即将作品或者作品的片段通过选择或者编排，汇集成新作品的权利。"因此，汇编权的主体是作者或者其他著作权人，汇编权的客体是作品或者作品的片段，汇编权的内容是作品的作者或者其他著作权人拥有的决定是否将其作品或者作品的片段许可他人汇编的权利。

汇编权不同于汇编者权。汇编权由原作品或者作品片段的作者或者其他著作权人享有；汇编者权，即汇编作品的著作权，由汇编者或者该汇编作品的其他著作权人享有。作品汇编后成为汇编作品，其至少包含两项著作权：原作品（即使只是原作品的片段）著作权人的权利和汇编作品著作权人的权利，后者又可以称为汇编者权。汇编者权仅能就汇编作品的内容选择和编排形式等享有著作权，不得侵犯原作品著作权人的其他权利。如果要使用汇编作品，不仅须征得原著作权人的同意，还要征得汇编者权人的同意，即须获得双重授权。

当然，在实践过程中，汇编作品不一定仅汇编享有著作权的作品或作品的片段。完整意义上的汇编，是指对若干作品、作品的片段或者不构成作品的数据或者其他材料进行内容上的选择或者编排，产生具有独创性的作品。在版权法上，有关汇编的英文单词有两个：一是《伯尔尼公约》第二条第五款所使用的"collection"；二是《与贸易有关的知识产权协定》第十条第二款所使用的"compilation"。据世界知识产权组织解释，这两个词并无实质性差别。由此可见，汇编作品具有如下特点：

1. 集合性。汇编作品是若干作品、作品的片段以及不构成作品的数据或者其他材料的集合。汇编作品的内容既可以是受到《著作权法》保护的作品以及作品的片段，如《中国民歌500首》《中国抗战歌曲集》《中国少数民族歌曲集》等，也可以是不受《著作权法》保护的数据或者其他材料，如文本、声音、图像、数字、事实或数据等组成的数据库。

  2. 创新性。英美法系一直以"额头出汗"（Sweat of the Brow）原则或"辛勤收集"（Industrious Collection）原则作为对汇编作品进行法律保护的理论基础之一，意指只要付出劳动即可拥有著作权，对作品的原创性不作过多要求。具有普通法传统的英国、爱尔兰、荷兰等国家的版权法中也有大量的案例体现这一原则。但是，1991年美国联邦法院在著名的费斯特出版股份公司诉乡村电话服务公司电话簿案（Feist Publications, Inc. v. Rural Telephone Service Company）中明确拒绝了"额头出汗"原则的适用，认为仅凭劳动和投资并不能获得版权保护。以此案为转折点，美国将著作权法的"额头出汗"原则变更为"创新性"原则，即如果缺乏创新性，即使在汇编作品时付出了辛勤的劳动，也无法受到著作权法的保护。桑德拉·戴·奥康纳（Sandry Day O'Connor）法官在该案决议中对汇编作品的独创性作了如下阐释："事实汇编作品应当具有（版权保护）必需的独创性。如汇编者选择哪些事实进入汇编作品之内，以何种顺序排列这些事实，如何编排所收集的数据以使其更为读者有效利用等。这些选择连同挑选和编排，只要其为汇编者独立所为，并且具有最低限度的创造性，就具有了国会通过的版权法保护汇编作品所需要的足够的独创性。因此，即使是一个包含了绝对不具有可保护性的书面表达，也可符合宪法规定的版权保护的最低标准，只要它具有独创的选择与编排。"[①]汇编作品独创性的鉴别要点在于这些选择或编排是汇编者独立完成的，并且是非常识性的。在考察汇编作品的独创性时，还必须将制作者所付出的努力或投资区别开来。努力或投资是汇编作品的重要因素，甚至是必不可少的因素，但不是汇编作品的独创性的构成要素。努力或投资意味着时间、劳动、物质和金钱的投入，这些通常是有形物价值的构成要素，而独创性则意味着独立的判断和一定的创新。判断是一种脑力活动，创新更是人的智力表现。版权法意义上的

[①] 王新迪、孙新强：《费斯特出版股份公司诉乡村电话服务公司电话簿案 合众国最高法院1991年》，《山东大学学报（哲学社会科学版）》2001年第3期，第118页。

创作当然需要一定的时间、劳动、物质或者金钱的投入，但这些投入并不能形成作品的独创性。我国《著作权法》没有直接规定创新性的含义，但在《著作权法实施条例》第二条明确了作品应具有独创性，并将"创作"定义为："直接产生文学、艺术和科学作品的智力活动。"因此，是否具有智力活动应是汇编作品的评判标准，并且这种智力活动应该具有相对意义上的创造性，而不是一般意义上的资料汇总或收集。

3. 独立性。汇编作品是在他人的作品、片段以及不够成作品的数据或材料的基础上所作出的具有智力性、创造性的作品，因此汇编者可以就其智力创造的活动成果享有独立的著作权。需要注意的是，汇编作品中各个独立作品的作者分别就自己的作品享有著作权，汇编人就整体作品享有著作权。

（五）注释权与整理权

我国《著作权法》第十条第一款规定的著作人身权和财产权中并没有列出注释权和整理权。但《著作权法》第十三条规定："改编、翻译、注释、整理已有作品而产生的作品，其著作权由改编、翻译、注释、整理人享有。"因此，注释、整理也是使用作品的一种方式，注释权、整理权在我国《著作权法》中也是一项财产权。

注释是对古典、深奥的作品作出通俗易懂的解释的行为，在我国，对古典文学作品进行注释的行为较为普遍，如对《乐记》等典籍进行注释。注释权是作者对其作品的字、句、内容、引文出处等进行注明解释，便于使用者充分理解和利用作品的权利。作者既可以自行注释，也可以许可他人注释，他人注释作品应当征得著作权人的同意，并支付报酬。注释人对注释的作品享有著作权，但不得侵犯原作品著作权人的其他权利。经注释后形成的作品的著作权由注释人享有。

整理权是对内容零散、层次不清的已有作品或者材料进行条理化、系统化加工的权利。整理他人享有著作权的作品时，应当征得原作品著作权人的同意，并支付报酬。经整理后产生的作品著作权由整理人享有。

三、传播权

（一）表演权

表演是著作权人公开再现作品的行为。表演权是著作权人的一项非常重要的权利，在音乐表演活动中出现的侵权案例也较多。根据我国《著作权法》第十条第一款第九项规定："表演权，即公开表演作品，以及用各种手段公开播送作品的表演的权利。"

关于"表演"的概念，各国规定各有差异。美国《版权法》第一百零一条规定："'公开'表演或展示作品指：（1）在向公众开放的地点，或在有一个家庭和其社会交往通常范围以外相当数量的人聚集的地点，表演或展示它；（2）使用任何装置或方法，将作品的表演或展示传输或以其他方式传送给第（1）款规定的地点或公众，无论能够接收表演或展示的公众成员，是否可以在同一地点或在分别地点、是否可以在相同时间或在不同时间接收。"[1]表演权不仅包括现场表演，还包括录制表演和传输表演；不仅包括作品的首次展现，还包括再现行为。例如，乐队在酒吧演奏歌曲属于现场表演，而酒吧播放的CD和自动点唱机播放的歌曲则是录制表演，电台播放的无论是现场表演还是录制表演都是对表演的传输。法国《知识产权法典》规定，表演是指通过某种方式特别是下列方式向公众传播：（1）公开朗诵、音乐演奏、戏剧表演、公开放映及在公共场所转播远程传送的作品；（2）远程传送，指通过电信传播的一切方式，传送各种声音、图像、资料、数据及信息；（3）向卫星发送作品视为表演。[2]澳大利亚《版权法》规定，表演包括：（1）对戏剧作品或戏剧作品的一部分的表演（包括即兴表演），其中也包括木偶戏剧表演；（2）对音乐作品或音乐作品一部分的表演（包括即兴表演）；（3）对文学作品或文学作品一部分的朗读、背诵或演讲，或者是对即兴创作的文学作品的朗诵和演讲；（4）舞蹈表

---

[1] 裘安曼译：《美国版权法》，商务印书馆，2020年，第8页。
[2] 宋震：《艺术法概论》，中国戏剧出版社，2017年，第8页。

演；(5)马戏表演、杂技表演或者类似演出或展示方式的表演等。①日本《著作权法》规定，表演是指通过戏剧表演、舞蹈、演奏、演唱、口演、朗诵或者其他方法演出作品。②

关于"公开"的概念，各国立法规定也不尽相同，主要有两种立法模式，一种是列举式，一种是排除式。列举式以美国《版权法》为代表，排除式以法国《知识产权法典》为代表。根据美国《版权法》之规定，"公开表演"是指"在任何向公众开放的地点，或者在超出一般家庭成员或者社交关系正常范围外的相当数量人群出现的地点表演"以及"通过任何设施或方式将作品的表演传送给向公众开放的地点或者公众"。③与此相反，法国《知识产权法典》规定，只要不属于"仅在家庭范围内进行的私人或免费的表演"，就属于"公开表演"的范围。④

综上所述，对于表演权意义上的"表演"之界定，一般有两种：一是现场演出的公开表演；二是通过某种机械再现的公开表演。《伯尔尼公约》第十一条规定，戏剧作品、音乐戏剧作品和音乐作品的作者享有的表演权有两项——舞台表演权和机械表演权。舞台表演，即通过演员的声音、表情、动作在现场直接公开表现作品，如现场进行演唱、演奏、音乐剧表演等；机械表演，即借助技术设备播放录音制品或者录像制品等间接公开再现作品，如通过音响、音像设备将音乐作品在一定的场合进行播放。值得注意的是，通过广播或者网络的方式再现作品不属于表演权，而属于广播权、信息网络传播权。

2005年10月6日，上海体育馆举办了"2005超级女声唱游中国巡回演唱会上海站"演唱会，"超女"们现场演唱了《想唱就唱》等歌曲。作为音乐著作权集体管理组织的中国音乐著作权协会（后简称"音著

---

① 宋震：《艺术法概论》，中国戏剧出版社，2017年，第8页。依据澳大利亚《版权法》规定，上述表演应当在澳大利亚境内，现场演出或者由一名或更多的具有澳大利亚合法资格的人表演，而不论这种表演是否面对观众。
② 宋震：《艺术法概论》，中国戏剧出版社，2017年，第8页。依据日本《著作权法》规定，表演包括用与上述所列方式类似的行为，虽不是表演作品但具有技艺性质之行为或者活动。
③ 17U.S.C.§101（1976）.
④ 依据法国《知识产权法典》L.255-5规定，作品发表后，作者不得禁止仅在家庭范围内进行的私人和免费的表演。——编著者注

协"）认为，《想唱就唱》词作者胥文雅已与协会签订了《音乐著作权合同》，将其音乐作品的公开表演权、广播权和录制发行权授权协会实施管理，而该场演唱会的组织者上海天娱传媒有限公司、上海东亚演出有限公司、上海开思文化艺术有限公司、上海城市音乐有限公司在未征得协会许可、未缴纳著作权使用费的情况下，公开组织演唱该音乐作品，侵犯了著作权人的公开表演权，请求法院判令四家单位赔偿损失29285元。

该案在法院审理过程中，由法官主持双方调解。音著协方面虽然表示愿意调解，但要求对该演唱会上涉及的由其管理的其他音乐作品如《夜来香》等多首曲目的侵权事宜一并予以解决。为此，法官多次召集各方当事人磋商，促使双方积极解决争端。最终，音著协向法院撤回对上海天娱传媒有限公司、上海东亚演出有限公司和上海城市音乐有限公司的起诉，上海开思文化艺术有限公司向音著协支付上述演唱会相关曲目的音乐著作权使用费共10万元。

演唱会中涉及侵犯音乐公开表演权的案例较多，中国音乐著作权协会是我国的著作权集体管理组织，基于和作者形成的信托关系，有权以自己的名义向侵权人直接提起诉讼。不仅如此，音著协还可以与其他国家和地区的著作权人或组织建立合作关系，根据授权向侵权方提起诉讼，维护这些国家和地区的著作权人权益。

2007年4月30日，北京鸿翔风采国际文化有限公司、浙江世纪风采文化传播有限公司、浙江国华演艺有限公司联合主办了"张学友好久不见中国巡回演唱会（杭州站）"，演出地点在有四万座位的杭州黄龙体育中心。演出异常火爆，"歌神"张学友得到了数以万计歌迷的热情追捧。遗憾的是，这样一场大型商业演唱会的组织者在著作权集体管理组织多次告知使用音乐作品进行公开表演须征得作者许可并支付报酬的情况下，仍然拒绝获得使用许可，使这场令歌迷疯狂的演唱会成为了在法律意义上的侵权演出。

2007年12月3日，音著协代表中国香港作曲家及作词家协会的巫启贤、刘卓辉、刘诺生、潘伟源、古倩敏、周华健、王菀之、张学友八位词曲作者向北京市海淀区人民法院提起诉讼，要求法院追究三家组织公司侵犯表演权的法律责任。

法院受理案件之后，依法组成了合议庭，在开庭审理之后，法院认为：

音著协作为音乐著作权集体管理组织，根据著作权人的授权，可以以自己的名义对侵犯其代表的著作权人合法权益的行为提起诉讼。音著协根据其与香港作曲家及作词家协会的相互代表合同，对与香港作曲家及作词家协会签约的词曲作者的音乐作品在中国内地的使用进行著作权管理，享有作品表演权的专有许可使用权。

三家被告公司作为张学友杭州演唱会的主办和承办单位，是该演唱会的组织者和权利义务承担者，应当在使用音乐作品前取得著作权人的许可，并支付报酬。三家被告公司在未取得许可，未与音著协就使用费达成一致意见的情况下，在演唱会中使用了该协会管理的八首音乐作品，并且未支付使用费，其行为已经侵犯了相关著作权人的表演权，应依法承担连带侵权责任。虽然上述八首歌曲中有部分作品为张学友本人作词作曲，但根据张学友与香港作曲家及作词家协会签订的协议，其已将自己创作的歌曲的表演权转让给该协会，该协会又授权音著协进行管理，因此演唱会的组织者应当就其使用行为向音著协支付使用费。

关于使用费数额，目前我国尚未明确规定演唱会中音乐作品的使用费标准，具体数额需由当事人协商确定。该案中，音著协举证证实了该场演唱会的六种票价，并据此计算出平均票价。按一般票价与数量的对应情形，音著协计算的平均票价应当高于该场演出的实际平均票价，但因三家被告公司未就此进行举证（未明确演唱会的实际收入情况，亦未明确每种票价所对应的票数），法院便以音著协计算的平均票价为主要参考依据，综合考虑三家被告公司的过错程度、演唱会规模、歌曲数量等使用情况和此前有关的合理规定，对赔偿金额予以认定。

针对三家被告公司提出的存在赠票和未售出门票的情形，因赠票系由组织者自行处置，故该费用应当由三家被告公司自行承担；至于未售出的门票费用，因三家被告公司没有明确该场演唱会的实际收入，音著协提出的2.5%[1]的比例在曾经适用的规定中系以应售门票售价总额为基数进行计算，所以不受实际售出情况的影响。

最终，法院判决三家被告公司连带赔偿原告音乐作品著作权使用费8万元和诉讼合理支出10191元。[2]

由此可见，表演权是著作权人的一项重要权利。表演权既可以自己行使，也可以授权或许可他人行使。他人在使用作品的表演权时应征得作品著作权人的同意，并支付相应报酬，否则将承担侵权责任。关于著作权人的表演权和表演者的表演者权之间的差异，将在"邻接权"一节中论述。

（二）放映权

我国《著作权法》第十条第一款第十项规定："放映权，即通过放映机、幻灯机等技术设备公开再现美术、摄影、视听作品等的权利。"放映不同于机械表演，机械表演属于表演权，其客体包括文字作品、口述作品和音乐、戏剧、曲艺、舞蹈、杂技等艺术作品，不包括视听作品，主要规制作品的现场表演被录制成音像作品并对外公开销售后，购买其复制件并在商业性公共场所播放的行为。生活中最常见的放映行为就是机场、火车站以及饭店、酒吧、咖啡厅、歌厅等场所为了营造氛围或者其他特殊需要而播放背景音乐。这些音乐不包括电视台的节目和正在远程广播的音乐，而是存在于VCD、CD或者电脑硬盘等介质中的音视频文件。放映权的客体仅限于美术作品、摄影作品、视听作品，不包括机械表演权所包含的内容。

在实践中，使用者取得了音乐作品的著作权人许可，并向其支付

---

[1] 国家版权局于1993年8月1日颁布并实施了《演出法定许可付酬标准暂行规定》，其第二条明确规定："演出作品采用演出收入分成的付酬办法，即从每场演出的门票收入抽取一定的比例向著作权人付酬。付酬比例标准：按每场演出门票收入的7%付酬，但每场不得低于应售门票售价总额的2.5%。"虽然该规定已于2002年5月8日在国家版权局令第2号中公布废止，但综合考虑本案的具体情况，法院据此对赔偿金额酌情认定并无不当。——编著者注

[2] 樊煜：《张学友杭州演唱会表演权侵权案例分析》，http://www.mcsc.com.cn/knowledge/case_5.html，访问日期：2020年3月28日。

了表演权费用，但这并不意味使用者同时取得了根据该音乐作品摄制成的视听作品的使用权。1997年，华纳唱片有限公司制作发行了《郭富城呼风唤爱卡拉OK精选1997 2VCD》光盘。该光盘含有24首MV作品，其中包括华纳唱片有限公司在本案中主张著作权的《爱的呼唤》《有效日期》《听风的歌》三首MV作品。2000年9月20日，北京盛唐新人街餐饮娱乐有限公司根据与北京昆达星光科技发展有限公司签订的《定货合同书》，向北京昆达星光科技发展有限公司购买"全电脑KTV视频点播系统"一套，该系统包括播控中心设备、前台中心设备、点歌客房设备、网络设备等，其中播控中心设备包括"5000首专用曲库"一套。三首涉案MV就包含在该专用曲库中。2002年5月31日，北京盛唐新人街餐饮娱乐有限公司更名为北京唐人街餐饮娱乐有限公司（后简称"唐人街公司"）。唐人街公司拥有KTV包间约70间，营业面积约1000平方米。2003年9月，原告华纳唱片有限公司向北京市第二中级人民法院起诉，称被告唐人街公司侵犯其放映权，请求判令被告立即停止侵害原告对涉案作品所享有的放映权的行为；在《人民日报》上发表公开向原告赔礼道歉的声明；赔偿原告经济损失30万元及因本案诉讼支出的合理费用5万元。

法院认为，三首涉案MV是以类似摄制电影的方法制作而成，凝聚了导演、表演、摄影、剪辑、灯光、特技、合成等创造性劳动，包含了制作者大量的创作，是一种视听结合的艺术形式，符合"作品"的构成要件。法院依照2001年修订版《著作权法》第十条第一款第十项、第二款，第四十七条第一项，第四十八条之规定，判决如下：

1. 北京唐人街餐饮娱乐有限公司于本判决生效之日起，未经华纳唱片有限公司许可，不得实施放映《爱的呼唤》《有效日期》《听风的歌》三首涉案MV作品的行为；

2. 北京唐人街餐饮娱乐有限公司于本判决生效之日起30日内，在《中国文化报》上就涉案侵权行为刊登向华纳唱片有限公司赔礼道歉的声明（致歉内容须经本院核准，逾期不履行，本院将在一家全国发行的报纸上登载本判决主要内容，所需费用由北京唐人街餐饮娱乐有限公司负担）；

3. 北京唐人街餐饮娱乐有限公司于本判决生效之日起15日内赔偿华纳唱片有限公司经济损失2.3万元；赔偿华纳唱片有限公司因本案诉讼而支出的合理费用1.5万元；

4. 驳回华纳唱片有限公司的其他诉讼请求。

判定一部MV作品具有放映权，最重要的是要确定该MV作品是采用以摄制视听作品方法创作的作品。录像带、激光视盘、计算机硬盘等介质是MV的载体，MV展现出来的声音和画面是其内容，不能简单地以载体来判断MV的法律属性，而应从内容的角度来判断。如果MV的内容是采用以摄制视听作品方法创作而成的具有创造性的智力成果，那么该MV作品就应当具有放映权，不能将其作为录音录像制品来判定。

（三）广播权

广播权是著作权人享有的通过广播方式传播其作品的权利。《伯尔尼公约》第十一条之二规定："文学艺术作品的作者享有下列专有权利：（1）授权广播其作品或以任何其他无线传送符号、声音或图像的方法向公众传播其作品；（2）授权由原广播机构以外的另一机构通过有线传播或转播的方式向公众传播广播的作品；（3）授权通过扩音器或其他任何传送符号、声音或图像的类似工具向公众传播广播的作品。"我国《著作权法》第十条第一款第十一项规定："广播权，即以有线或者无线方式公开传播或者转播作品，以及通过扩音器或者其他传送符号、声音、图像的类似工具向公众传播广播的作品的权利，但不包括本款第十二项规定的权利（信息网络传播权，编著者按）。"

根据上述条款，广播权的行使主要可以通过以下三种方式：一是通过无线方式，即通过无线电波传送符号、声音、图像的方式，包括广播电台、电视台、卫星广播等；二是通过有线的方式，即通过有线传送符号、声音、图像的方式，包括旅馆、饭店、游乐场所、公共交通工具以及其他公共场所安装的有线广播系统；三是通过扩音器或者其他类似扩音工具传播作品的方式，主要用于转播广播电台、电视台、卫星电视广播的节目以及播放录音制品的广播。

2014年8月3日，云南广播电视台制作的《音乐现场》中播放了由李海鹰作词作曲的《弯弯的月亮》，事先未征得著作权人李海鹰及中国音乐著作权协会（后简称"音著协"）的同意，且未支付相应报酬。基于作者与音著协签订的信托管理合同，音著协将云南广播电视台诉至法庭。经法院审理，被告云南广播电视台未经原告同意，在未支付相关著作权使用费的情况下，在电视节目中使用该作品，侵犯了原告的广播权。综合考虑涉案歌曲的类型、知名度及被告侵权行为的性质、后果、被告的主观过错程度等因素，判定被告赔偿原告经济损失及其合理费用共计1万元。

在音著协起诉厦门广播电视集团在其所属电视台《全景舞台》节目中侵权使用音乐作品一案中，音著协诉称，被告厦门广播电视集团未支付著作权使用费即在其播放的电视节目中使用音著协管理的音乐作品《你是我记忆中忘不了的温存》和《茶山情歌》，且被告拒绝洽商解决著作权问题，构成对音乐著作权人广播权的恶意侵犯。经厦门市思明区人民法院审理，依法判处被告厦门广播电视集团停止侵权，赔偿原告两首涉案作品的著作权使用费2万元，并承担诉讼费用。

广播权的保护客体主要是文字作品、戏剧作品、曲艺作品、视听作品等。广播权是音乐作品著作财产权的一项重要权利，广播电台、电视台向公众播放音乐作品应征得著作权人的同意，并支付报酬。著作权人许可广播电视组织广播其作品，并不意味着同时许可该广播电视组织以外的其他机构转播已经被广播的作品。如果该广播电视组织外的其他机构转播已经被该广播电视组织所广播的作品，除了须征得该广播电视组织的许可之外，还须取得作品著作权人的同意。此外，《著作权法》第四十六条第二款规定："广播电台、电视台播放他人已发表的作品，可以不经著作权人许可，但应当按照规定支付报酬。"

（四）信息网络传播权

随着网络技术的发展，作品在网络上传播的范围越来越广，所产生的著作权纠纷也越来越多。在音乐产业中，网络技术的出现给音乐著作权保护带来了诸多挑战，各国在修订著作权法时纷纷将信息网络传播作为一个重要的调整对象。《世界知识产权组织版权条约》第八条以及《世界知识产权组织表演与唱片条约》第十条和第十四条赋予了作者、表演者以及唱片制作者以有线或无线的方式，授权向公众提供其作品、表演和唱片的权利，使公众在其个人选定的地点和时间得到这些作品。1998年，美国为了应对数字技术、网络技术对版权保护带来的影响，颁布了《数字千年版权法案》，涉及网上作品的临时复制、文件的网络传输、数字出版发行、作品合理使用范围的重新定义、数据库的保护等。为打击网络盗版和非法下载行为，法国政府在2009年通过了《创作与互联网法》，并成立了一个独立的公共机构——网络著作传播与权利保护高级机构。德国的版权保护受到《基本法》《版权和邻接权法》《伯尔尼公约》等国内国际多重法律保障。在德国，一旦违法，后果严重，甚至可能面临牢狱之灾。例如，侵权人在网上下载音乐、电影或软件后，会收到"警告信"，要求赔偿的金额动辄上千欧元，"警告信"一般由权利人或版权集体管理组织发出。收到信后，侵权人通常要尽快作出反应，找律师与维权方就赔偿金额等事宜达成一致，否则就只能对簿公堂，交由法官裁决。[①]

我国《著作权法》第十条第一款第十二项规定："信息网络传播权，即以有线或者无线方式向公众提供，使公众可以在其选定的时间和地点获得作品的权利。"信息网络传播不同于广播，广播是一种单向性特征较强的大众传播模式，它以服务的方式在规定的时间、地点通过特定的设施进行传播，受众无法控制获得作品的时间和地点；而信息网络传播是一种双向的、交互式的传播模式，公众可以根据个人的安排从网络上获得作品，不受到具体时间、地点的限制。需要注意的是，信息网络传播权不局限于互联网，包括但不限于互联网、中文短信、彩信、GPRS、CDMA、4G、5G等。

[①] 参见法闻：《各国如何应对互联网时代版权保护》，《中国信用》2019年第3期，第122—123页。

许镜清作为1986年版《西游记》中音乐作品《云宫迅音》（又名《西游记前奏曲》或《西游记序曲》）、《女儿情》的曲作者，依法享有著作权。2018年，北京麦田映画文化传媒有限公司和深圳市腾讯计算机系统有限公司，未经许可擅自在其共同出品的《孙悟空七打九尾狐》网络电影预告片中使用了《云宫迅音》的曲作品，在《西游之女儿国篇》网络电影中使用了《女儿情》的曲作品，并且未为著作权人署名。相关影片的网络预告片、正片在"腾讯视频"平台上广泛传播，侵犯了著作权人享有的署名权和信息网络传播权。

网络传播中有不同的主体参与：一是向广大用户提供网站内容和与之相关服务的互联网信息业务和增值业务的互联网内容提供商（Internet Content Provider，简称ICP）；二是为服务对象提供信息存储空间或提供搜索、链接服务，以便服务对象通过信息网络向公众提供作品、表演、录音录像制品的互联网服务提供商（Internet Service Provider，简称ISP）。

"避风港原则"的一般性条款体现在《民法典》以及与之相关的司法解释中。《民法典》第一千一百九十五条规定了"通知-必要措施"规则，较《信息网络传播权保护条例》"通知-删除"规则更具开放性。该条第二款规定："网络服务提供者接到通知后，应当及时将该通知转送相关网络用户，并根据构成侵权的初步证据和服务类型采取必要措施；未及时采取必要措施的，对损害的扩大部分与该网络用户承担连带责任。"在网络时代，短视频平台已经成为公众娱乐生活的一个重要组成部分。在短视频平台上，通过网络主播吸引粉丝，并以此产生经济收益，已是较为成熟的商业模式，但是在实际经营过程中，音乐侵权的案例却屡见不鲜。

2018年2月14日，武汉斗鱼网络科技有限公司（后简称"斗鱼公司"）签约主播冯提莫在斗鱼公司经营的直播平台进行在线直播，直播平台用户可以购买虚拟币和礼物进行打赏。直播期间，冯提莫播放了歌曲《恋人心》，时长约1分10秒。直播结束后，主播将直播过程制作成视频并保存在直播平台上，观众可以回放观看和分享。中国音乐著作权协会（后简称"音著协"）经歌曲《恋人心》的词曲作者授权，可对歌曲《恋人心》行使著作权，认为斗鱼公司及其主播的上述行为侵害了其对歌曲享有的信息网络传播权，请求法院判令被告赔偿著作权使用费3万元及律师费、公证费等合理开支12600元。

　　法院在本案的审理中认定，网络直播平台与签约主播约定，直播产生的音视频作品的知识产权归平台所有，同时平台从用户在线观看直播、回放直播视频时对网络主播的虚拟打赏中盈利。所以，斗鱼公司既是直播平台服务的提供者，也是直播平台上音视频作品的权利人和受益者，对其平台上的侵害著作权行为不应当仅限于承担"通知—删除"义务。斗鱼公司应当对直播及视频内容的合法性负有更高的注意义务；对平台上直播及视频的制作和传播中发生的侵权行为，除履行"通知—删除"义务外，还应当承担相应的赔偿责任。最终，北京互联网法院判决被告斗鱼公司赔偿原告音著协经济损失2000元和合理开支3200元。一审判决后，斗鱼公司提起上诉。北京知识产权法院二审判决驳回上诉，维持原判。

　　当然，避风港原则也存在例外情形，《信息网络传播权保护条例》第二十三条规定，如果网络服务提供者明知或者应知所链接的作品、表演、录音录像制品是侵权的，应当承担共同侵权责任。该规定也被称为"红旗标准"。同时，《最高人民法院关于审理侵害信息网络传播权民事纠纷案件适用法律若干问题的规定》第七条第三款规定："网络服务提供者明知或者应知网络用户利用网络服务侵害信息网络传播权，未采取删除、屏蔽、断开链接等必要措施，或者提供技术支持等帮助行为的，人民法院应当认定其构成帮助侵权行为。"

（五）展览权

　　展览权是作者享有的公开展览或者展示其作品的权利。我国《著作权法》第十条第一款第八项规定："展览权，即公开陈列美术作品、摄影作品的原件或者复制件的权利。"因展览权跟音乐著作权关联性不大，故在此不予赘述。

第五章　音乐作品著作权的取得与期限

第一节　音乐作品著作权的取得

著作权的取得，也称为著作权的产生，一般指著作权产生的法律事实和法律形式，具体而言就是著作权因什么原因而产生和符合什么条件而产生。各个国家对著作权取得制度的规定不尽相同，总体而言大致有自动取得和登记取得两种。自动取得，是指作者完成作品创作行为后，不需要经过任何审批、登记制度即可获得著作权，它以作者创作行为完成这一事实作为取得著作权的要件；登记取得，是指著作权人以向相关著作权管理机构办理登记手续为要件。

一、自动取得

著作权自动取得，是世界上大多数国家实行的著作权取得制度，它是指著作权因作品创作完成、形成作品这一法律事实的出现而自然产生，不需要履行其他任何手续，如审批、登记等。该制度源自法国的"天赋人权"理论。1791年法国颁布的《表演权法》和1793年颁布的《作者权法》明确规定，作者自作品创作完成就可以获得著作权，不需要履行任何登记制度。不过，据说早在《安娜女王法》问世之前的英国，普通法即保护作品完成创作后的版权。《安娜女王法》颁布后，人们认为该法只管作品出版后的版权保护,而出版前仍由普通法保护。这就意味着,无论是大陆法系国家,还是英美法系国家,版权保护都发端于自动保护。①《伯尔尼公约》第三条第一款规定,作者为本联盟任何成员国国民的,其作品无论是否出版,都应受到保护。该公约第五条第二款规定,享有和行使著作权不需要履行任何手续,也不论作品起源国是否存在保护。由此可见,《伯尔尼公约》对著作权的自动取得是有明确规定的。我国《著作权法》第二条第一款规定:"中国公民、法人或者非法人组织的作品,不论是否发表,依照本法享有著作权。"可见,我国著作权法也是采用著作权自动取得的原则。

按照著作权自动取得原则,作者自作品创作完成之时即可获得著作权,这一原则毫无例外地适用于本国公民,但对于外国人和无国籍人还需考虑具体情况。我国《著作权法》第二条规定:"外国人、无国籍人的作品根据其作者所属国或者经常居住地国同中国签订的协议或者共同参加的国际条约享有的著作权,受本法保护。外国人、无国籍人的作品首先在中国境内出版的,依照本法享有著作权。未与中国签订协议或者共同参加国际条约的国家的作者以及无国籍人的作品首次在中国参加的国际条约的成员国出版的,或者在成员国和非成员国同时出版的,受本法保护。"《著作权法实施条例》第八条规定:"外国人、无国籍人的作品在中国境外首先出版后,30日内在中国境内出版的,视为该作品同时在中国境内出版。"

根据《伯尔尼公约》第三条和第四条规定,外国人的作品在中国享有著作权,有以下几种情况:

1. 公约成员国国民的作品,无论是否出版,在中国都享有著作权;
2. 非公约成员国国民的作品,首次在一个公约成员国出版,或者在一个非公约成员国和一个公约成员国同时发表的,在中国享有著作权;
3. 非公约成员国国民,只要在成员国有惯常住所,其作品在中国就享有著作权;

---

① 郑成思:《版权法》,中国人民大学出版社,1997年,第77页。

4. 电影作品的作者（制片人），即使不符合上述三个条件中的任何一个，只要其总部或者惯常住所在某一成员国内，其作品在中国就享有著作权；

5. 建筑作品或者构成建筑物一部分的艺术作品的作者，即使不符合上述三个条件中的任何一个，只要建造了某一成员国内的建筑作品或者构成建筑物一部分的艺术作品，其作品在中国就享有著作权。

根据《伯尔尼公约》和我国著作权法规定，事实上，世界上绝大多数外国人的作品都可以在我国取得著作权，尤其是《伯尔尼公约》成员国。非成员国国民及无国籍人的作品只要符合以上条件，也可在我国取得著作权。

著作权自动取得制度既有优点，也有不足。优点在于，它可以减少著作权产生的环节，提高著作权形成的效率，节约大量的人力、物力、财力，同时也可以避免作者在完成作品之后、注册登记之前这个时间差内形成的侵权纠纷无法解决的困境。不足之处在于，著作权自动取得制度要求的条件低，对判定作品完成的标准、时间的确定等无法提供有力的证明，最终容易在法庭庭审过程中造成举证、质证困难的情形。

为了维护作者或其他著作权人和作品使用者的合法权益，解决因著作权归属造成的著作权纠纷，并为解决著作权纠纷提供初步证据，1995年，国家版权局开始实行《作品自愿登记试行办法》。按照该办法及著作权法相关规定，著作权人可以自愿向国家著作权主管部门登记自己的著作权，并获得登记证书。著作权的自愿登记制度与著作权的自动取得制度并不矛盾，更不是对自动取得制度的否定，它仅仅是著作权人证明自己对某个作品享有著作权的一种途径。《作品自愿登记试行办法》第二条明确规定："作品实行自愿登记。作品不论是否登记，作者或其他著作权人依法取得的著作权不受影响。"作品自愿登记原则上采取属地管理原则，该办法第三条规定："各省、自治区、直辖市版权局负责本辖区的作者或其他著作权人的作品登记工作。国家版权局负责外国以及中国台湾、香港和澳门地区的作者或其他著作权人的作品登记工作。"《著作权法》第十二条第二款明确规定："作者等著作权人可以向国家著作权主管部门认定的登记机构办理作品登记。"

在音乐行业中，著作权自愿登记制度有以下积极意义：

1. 为解决著作权纠纷提供初步证明

《最高人民法院关于审理著作权民事纠纷案件适用法律若干问题的解释》第七条规定："当事人提供的涉及著作权的底稿、原稿、合法出版物、著作权登记证书、认证机构出具的证明、取得权利的合同等，可以作为证据。"根据该条文规定，在著作权侵权纠纷案中，著作权人可以将权利登记证书呈交法庭作为证据之一。如对方不能提供相反证据，法院应确认著作权人的权利。

在网络音乐传播过程中，音乐创作者会将音乐作品上传至网络供公众获取。但在实践中，网络音乐被恶搞、篡改、歪曲或者其他不当使用的现象层出不穷，既侵犯了著作权人的权利，又扰乱了音乐产业的市场。在此情况下，如果发生纠纷，作者就很难证明自己的身份、创作时间以及音乐的形式和内容。但如果在上传之前，将音乐作品进行著作权登记，就可以避免举证困难的问题。

2. 有利于节约交易双方的成本

在办理音乐版权贸易、转让、许可以及唱片出版等业务的过程中，被授权方往往会要求授权方提供权利证明。《著作权登记证书》可以作为证明文件，从而简化双方的审核流程，提高以上业务办理的效率。

3. 对不符合著作权规定的作品进行审核和撤销

《作品自愿登记试行办法》第五条规定，属于下列情况之一的作品，作品登记机关不予登记：1.不受著作权法保护的作品；2.超过著作权保护期的作品；3.依法禁止出版、传播的作品。第六条规定，有下列情况的，作品登记机关应撤销其登记：1.登记后发现有本办法第五条所规定的情况的；2.登记后发现与事实不相符的；3.申请人申请撤销原作品登记的；4.登记后发现是重复登记的。

作曲家高梁与尹宜公的著作权纠纷案，是自著作权自愿登记制度实行以来颇具影响力的案例。2000年7月13日，作曲家高梁向云南省版权局递交了一份书面材料，说署名为"尹宜公收集整理"的歌曲《小河淌水》的旋律，完全移用了1943年高梁本人在抗战前线创作的歌曲《大田栽秧》的旋律，因此申请云南省版权局对该歌曲音乐部分的著作权问题予以处理。历经数年的曲折历程，2007年5月22日，云南省版权局作出《关于撤销歌曲〈小河淌水〉作品登记的决定》，决定认为，原申请登记人尹宜公提供的署名方式"记录、整理、填词"与事实不相符，故决定撤销尹宜公对歌曲《小河淌水》的作品登记。[1]

二、登记取得

著作权的登记取得，又称注册取得，是指作品创作完成或者出版后还必须向有关登记管理机关办理登记注册才能取得著作权的一项制度。著作权登记制度起源于英国《安娜女王法》，其重点保护的是复制发行权，著作权登记制度的出现主要是为了有效防止他人对作品的擅自复制。从国际著作权立法的现状来看，全球大多数国家采用的是自动取得制度，两大国际版权保护条约——《伯尔尼公约》和《世界版权公约》都不是以登记作为取得著作权的要件，但也不禁止其成员国要求履行登记手续才能取得著作权。

目前，采取著作权登记取得制度的国家并不多。1987年以前的西班牙著作权法以及受西班牙著作权法影响的拉丁美洲和少数非洲国家，仍执行该项制度。登记取得制度又分两种情况，一种是作品创作完成后只有经过登记注册才能享有著作权，如利比里亚、马里著作权法的相关规定；另一种是要求作品发表后必须经过登记才能享有著作权，如阿根廷、哥伦比亚等国家均属此种情况。[2] 依所登记权利的性质，著作权登记还可以分为注册登记、权利变动登记（含设定他项权的登记）和注销登记。注册登记主要适用于著作权的取得，权利变动登记发生于著作权形成之后，注销登记则发生于著作权或者著作权中的某项权利消失之

---

[1] 蒋凯：《中国音乐著作权管理与诉讼》，知识产权出版社，2008年，第1—2页。
[2] 吴汉东等：《知识产权基本问题研究》，中国人民大学出版社，2005年，第236页。

时。在采用著作权登记取得制度的国家，著作权的产生以强制登记为条件；在采用著作权自动取得制度的国家，有时法律也要求在著作权出质时必须办理登记。1987年西班牙新版《著作权法》实施时，废除了著作权的登记取得制度，开始实行自动取得制度。

《伯尔尼公约》和《世界版权公约》虽然不禁止其成员国家将履行登记手续作为取得著作权的前提条件，但目前仍然实行著作权登记取得制度的国家如要加入《伯尔尼公约》和《世界版权公约》，其著作权登记制度就只能适用于本国国民，而不得适用于其他成员国国民。截至目前，著作权登记取得制度适用的国家和地区范围非常小，对于绝大多数国家的国民已经不再具有约束性。

有些国家虽然不以注册登记作为取得著作权的要件，但其法律中却规定了有关"登记"的条款。美国《版权法》在制定之初就一直秉承《安娜女王法》的哲学思路，1790年颁布第一部联邦《版权法》时就规定了版权登记制度，此后，在1831年、1870年、1909年分别对《版权法》作了较大的修订，但版权登记制度一直未有改动。尤其是1908年《伯尔尼公约》实行"禁止履行手续"，即版权自动取得制度后，美国《版权法》依旧"将刊登版权标记、登记、交样书和国内印制作为获得版权保护的先决条件"。[①]这一规定也成为了日后美国加入《伯尔尼公约》的绊脚石。1976年《版权法》仍然规定版权登记制度，但登记条件作了进一步的放宽。随着1989年美国加入《伯尔尼公约》，版权登记制度已经不适用于该公约成员国的国民，只适用于美国国民。对于美国公民而言，版权登记已经不是取得著作权的要件，但在著作权纠纷中可以作为诉讼的证据，提高版权拥有者的证明力，获得法定赔偿金、律师费等救济措施，从而降低诉讼成本，增加经济补偿。

著作权登记取得制度有其优点，如可以明确、有效证明著作权人的身份，减少著作权的权属之争，有利于著作权纠纷的处理和保护著作权人的合法权益等。但该制度也有其不足之处，包括不能充分、有效地保

---

① 高航：《美国加入伯尔尼公约》，《中国出版》1989年第2期，第103页。

护已经创作完成但尚未进行登记的作品,其中存在作品完成和登记之前的时间差。按照著作权登记取得制度,这样的作品属于真空状态,无法受到著作权法的保护。根据《伯尔尼公约》《世界版权公约》以及其他实行著作权自动取得制度的国家和地区的规定,这一部分的作品应该列入受到著作权法保护的范围。

从各国著作权制度的发展和具体规定来看,著作权取得的方式主要是自动取得,但《世界版权公约》又规定了加注版权标记制度。《世界版权公约》第三条规定,一切作品自首次出版之日起,均应在版权页(栏)上加注"©"的符号,即"版权"的英文单词"Copyright"的简写,并注明版权所有者的姓名、首次出版年份等,其标注的方式和位置应能使人注意到。由于在作品上加注标记并不是一件困难的事情,虽然其要求与《伯尔尼公约》不符,但加注版权标记对于表明著作权人的权利而言还是有益的,因此目前大多数《伯尔尼公约》成员国和《世界版权公约》成员国都遵从这一规定。

当前,对于版权自动取得制度和登记取得制度还有诸多有待商讨之处,尤其是在信息网络环境下,著作权的归属、变更、许可、转让等信息的变化越来越快,我国的作品自愿登记制度也受到了极大的挑战。如何发挥著作权自动取得制度和登记取得制度的综合优势,以形成更加科学的著作权保护机制,是当下著作权立法需要思考的重要问题。

第二节 音乐作品著作权的期限

音乐作品著作权的期限,即著作权法对音乐作品的著作财产权所设定的保护期限。著作权是作者基于创作作品而享有的权利,出于对作者创造性智力劳动的尊重,法律对作者的著作权进行了保护,但同时对保护的期限也作了限制,超过规定期限,著作权就将进入公有领域。这一将作者的私人权利和社会公共权利进行平衡的制度安排主要基于以下两点考虑：一是促进作品的传播有利于科学文化事业的发展和社会的进步，如果著作权法对作者的著作财产权给予永久性保护，势必会降低作品流通的速度、缩小流通的范围，对社会整体发展造成不利影响；二是任何作品都是基于前人的创作成果而产生的，因此，对作者著作权的期限作限制，使作品届时进入公有领域，也是对社会的反哺，有利于进一步推动新作品的创作，促进社会文化的整体繁荣。

在著作权保护期内，著作权由著作权人享有；超过著作权保护期，作品即进入公有领域，任何人都可以自由使用，既不需要征得著作权人的同意，也不需要支付任何报酬。当然，由于每个国家和地区的经济、文化发展情况不同，著作权的保护期也不一样。从著作权立法的历史来看，一般而言，早期的著作权立法保护期较短，20世纪以后的保护期较长；发展中国家的保护期较短，发达国家的保护期较长；一般文学、艺术和科学作品保护期较长，摄影、实用美术作品、录音录像作品和电影作品保护期较短。[1]根据《伯尔尼公约》第七条的规定，各公约成员国对一般作品著作财产权的保护期为作者有生之年及其死后50年；对电影作品的保护期为作品公之于众后的50年或者作品完成后的50年；对摄影作品和实用艺术作品的保护期不少于作品完成后的25年。欧盟成员国的著作权法和美国的版权法规定，著作权保护期为作者终生及其死后70年。由于著作人身权和著作财产权的性质不同，各国著作权法和国际公约对著作人身权保护的期限也不一样。一般来说，大多数大陆法系国家对著作人身权给予无限期保护；英美法系国家和少数大陆法系国家对著作人身权设定的期限分为作者终生及其死后的一段时间或与著作财产权保护期相同。

我国著作权法对著作人身权和著作财产权的保护期限也分别加以规定。根据《著作权法》第二十二条规定："作者的署名权、修改权、保护作品完整权的保护期不受限制。"由于发表权与其他著作财产权有着密切联系，所以《著作权法》对其另行作了规定。根据《著作权法》第

---

[1] 沈仁干、钟颖科：《著作权法概论》，商务印书馆，2003年，第105页。

二十三条规定，发表权与著作财产权保护期相同。

我国《著作权法》和《著作权法实施条例》对不同作品著作权的保护期规定如下：

1. 自然人作品的保护期。《著作权法》第二十三条第一款规定，自然人的作品，其发表权和著作财产权的保护期为作者终生及其死后50年，截止于作者死亡后第五十年的12月31日；如果是合作作品，截止于最后死亡的作者死亡后第五十年的12月31日。作者死亡后的50年保护期从其死亡后次年的1月1日开始计算。这里的合作作品是指不可分割使用的作品或可分割使用但作为整体呈现出来的作品。在词曲可分割使用的合作作品中，词曲作者按自然人作品的著作权保护期限执行。

2. 法人或者非法人组织作品的保护期。《著作权法》第二十三条第二款规定，法人或者非法人组织的作品、著作权（署名权除外）由法人或者非法人组织享有的职务作品，其发表权和著作财产权的保护期为50年，截止于作品首次发表后第五十年的12月31日，但作品自创作完成后50年内未发表的，著作权法不再保护。这类作品主要包括由法人或者非法人组织作为权利人的声乐、器乐、戏剧、音乐剧、歌剧等。

3. 视听作品的保护期。《著作权法》第二十三条第三款规定，视听作品发表权和著作财产权的保护期为50年，截止于作品创作完成后第五十年的12月31日，但作品自创作完成后50年内未发表的，著作权法不再保护。这类作品主要包括MV、以音乐为主体的FLASH等音乐的视觉表达作品。

4. 作者身份不明的作品的保护期。《著作权法实施条例》第十八条规定，作者身份不明的作品，其著作财产权的保护截止于作品首次发表后第五十年的12月31日。作者身份确定后，适用《著作权法》第二十三条[①]的规定。

[①] 《著作权法实施条例》原文为"第二十一条"，根据2020年修订版《著作权法》，应更改为"第二十三条"。——编著者注

第六章　音乐作品邻接权

音乐作品被创作出来后一般会进入传播领域，因此作为传播者的出版者、音乐表演者、录音录像制作者和广播电视组织等，在社会文化中扮演着非常重要的角色。优秀的音乐作品必须依靠优秀的传播者才能让更多受众得以知晓，并进行更大范围的传播。从某种程度上来讲，创作和传播在音乐行业发展的过程中都具有重要的位置，创作是音乐行业发展的基础，传播是音乐行业发展的动力，两者相辅相成、互为前提。因此，在著作权领域中构建合理的邻接权保护制度，以激发出版者、表演者、录音录像制作者、广播电视组织传播优秀文学、艺术、科学作品的积极性是事关社会公共文化繁荣和发展的重大课题。

第一节　音乐作品邻接权概述

邻接权是大陆法系特有的称谓，英美法系并无此概念。目前，大陆法系国家所奉行的著作权体系强调保护作者独特的智力贡献，作者（原始著作权人）的范围仅限定在创作了作品、向社会贡献了智力成果的自然人；而英美法系国家所推崇的版权理念认为，版权法的目的在于防止材料未经授权被复制，而非保护自然人的创作。[1]在英美法系，表演、录音、录音制品和广播都可能成为复制的材料，所以它们都可以得到版

---

[1] [西]德利娅·利普希克：《著作权与邻接权》，联合国教科文组织译，中国对外翻译出版公司，2000年，第306—307页。

权体系的保护，甚至可以作为作品受到保护；而在大陆法系，由于强调的是作者的智力贡献，因此此类权利大都被归结为邻接权。

一、音乐作品邻接权的概念

邻接权（Neighboring Rights），原意指"邻接于著作权的权利"（Neighboring Rights To Copyrights），也被称为"与著作权有关的权利"（Rights Related To Copyrights）。国际上对于邻接权的解释，有广义和狭义之分。

广义的邻接权是指"一切传播作品的媒介所享有的专有权，或者那些与作者创作的作品尚有一定区别的产品、制品或者其他含有'思想的表达形式'，又不能成为'作品'的内容之上形成的权利"。[1]实践中，有些国家的立法是基于广义邻接权来制定的，如德国《著作权法》将遗像、照片、数据库的保护与表演者权、录音制品制作者权和广播组织权同列为"与著作权有关的权利"。我国《著作权法》第四章中规定了邻接权的相关内容，不仅承认表演者权、录音制品制作者权和广播组织权，还对图书期刊的版式设计和录像制品提供了保护。《著作权法实施条例》第二十六条规定："著作权法和本条例所称与著作权有关的权益，是指出版者对其出版的图书和期刊的版式设计享有的权利，表演者对其表演享有的权利，录音录像制作者对其制作的录音录像制品享有的权利，广播电台、电视台对其播放的广播、电视节目享有的权利。"

狭义的邻接权是指"为了保护表演者、录音制品制作者和广播组织在公开使用作者的作品、各种艺术表演或者向公众传播时事、信息及任何信息或图像过程中的利益而赋予他们的权利"。[2]也就是说，狭义的邻接权的范围仅限于表演者权、录音制品制作者权和广播组织权。这三项权利是1948年在布鲁塞尔修订《伯尔尼公约》的外交会议上首次确定

---

[1] 郑成思：《版权法》，中国人民大学出版社，1997年，第52页。
[2] WIPO, *Intellectual Property Handbook: Policy Law And Usehandbook*, 2nd ed., Geneva: WIPO Publication, 2004, p.48.

的邻接权权利范围。需要明确的是，目前并非所有国家的邻接权制度都对表演者、录音制品制作者和广播组织提供保护，有些国家只是保护其中的一项或者两项。

邻接权具有以下三个特征：

1. 客体的无形性

知识产权客体是知识产权学说的理论基础。学界对于知识产权的客体一直存在争议，以张勤教授为代表的"信息说"、以吴汉东教授为代表的"知识产品说"、以刘春田教授为代表的"行为说"，以及传统的以《民法通则》为代表的"智力成果说"等学说，都从一定侧面对知识产权的客体进行了阐释。客体的"无形性"是指知识产权的客体具有与其物理载体相分离的特性，独立于其物理载体而存在，而不是指权利的无形，也不是指知识产权的客体虚无缥缈、不可感知。[1]就邻接权而言，客体的"无形性"是指表演、录音制品和广播信号等智力成果的无形，它与一般意义上物权客体的有形性是个相对的概念。无论是表演、录音制品还是广播信号，它们都是向公众传达信息，而信息是能够被感知（听觉或视觉），却无法被触摸的，即不占有物理空间。一般而言，表演、录音制品都需要借助一定的物理载体才能在社会中进行传播。承载这些智力成果的载体，既具有其本身物权，又具有储存其中的邻接权（当然也包含这些作品的著作权），但物权和邻接权（著作权）并不存在必然的联系，即载体物权的转移并不意味着邻接权（著作权）的转移。

2. 内容的可复制性

邻接权客体，即表演、录音以及广播内容等信息具有可复制性。从历史发展的角度来看，促使表演权和录音制品制作者权产生的一个根本原因便是复制技术的不断发展。这是因为，音乐作品的再现只有依靠音乐表演者、录音制品制作者等以某种方式进行复制才能传播给广大受众，这种复制的方式随着媒介技术的发展，又呈现出不同的种类，如

---

[1] 参见郑成思：《知识产权论》，法律出版社，2003年，第64—68页。

CD、DVD以及用优盘、硬盘等介质进行存储和固定的方式，这些载有音乐表演信息的介质可以通过交易、交换、赠予等方式在社会中流通。

3. 保护时期的有限性

邻接权和著作权一样，受法律保护的时效是有限的，过了有效的保护期，原本的表演、录音制品和广播便会进入公有领域。也就是说，过了保护期后，所有原本受到保护的表演、录音制品和广播的信息都可以不经过权利人的许可，也不必支付报酬即可被使用。需要注意的是，以上使用仅限于财产权范畴，对人身权范畴的保护则是永久性的。如法国《知识产权法典》第L212-3条就规定，表演者的精神权利永远存在。

实际上，保护期限的设定并没有太多的规则性可言，甚至带有一定的主观性。权利的保护期限在很大程度上建立在风俗习惯和文化传统基础之上（如英国专利保护期的确定最早是基于英国学徒的年限[1]），或者取决于立法者的决定，当然也会考虑其他国家的影响。立法者通常将表演者的财产权和录音制品制作者权的保护期限定在50年，而广播组织的保护期限为20年或50年。

邻接权是与著作权有关的权利，它和著作权之间既有联系也有区别。音乐著作权基于作者对作品的创作而产生，邻接权则基于作品的传播而产生。具体而言，表演者、录音制品制作者、广播组织等主体的行为都需要利用音乐作品才能付诸实施，这些传播行为在不侵犯著作权的基础上，扩大了音乐作品的受众范围，并据此形成各自的传播者权。从起源上来看，邻接权的产生与留声机、电影和无线电广播等传播技术的广泛应用有着必然的内在联系。[2]但从另一方面来看，邻接权和著作权在保护的主体、客体、内容等方面还存在着较大的差异，因此大陆法系国家通常将邻接权和著作权的制度分别进行规定，避免混为一谈。主要差异如下：

---

[1] 李明德主编：《知识产权法》，社会科学文献出版社，2007年，第41页。
[2] [法]克洛德·马苏耶：《罗马公约和录音制品公约指南》，刘波林译，中国人民大学出版社，2002年，第4页。

1. 两者保护的主体不同

著作权所保护的是创作作品的作者以及权利的后续享有者,包括通过继承、转让、赠予等方式获得著作权的自然人、法人或者非法人组织。著作权是因作品的创作完成这一事实而产生的,一般只有创作了作品的自然人才能享有这种权利。邻接权保护的是表演者、录音制品制作者和广播组织等作品的传播者,邻接权是因表演、录音或者广播等传播作品的行为而产生的。表演者通常是一个或数个自然人,而录音制品制作者权和广播组织权通常由法人或者非法人组织享有。

2. 两者的客体和获得保护的条件不同

著作权保护的是作品这一具有独创性的智力成果。也就是说,独创性是作品获得著作权保护的必要条件。邻接权则是保护表演、录音和广播等传播作品的行为,这些行为包含传播者为传播作品而付出的艺术性、技术性、组织性的投入,但这些投入并不以创造性为要件。如果在这些行为中有独创性的内容,那么只要符合"作品"的要求,这些行为就将受到著作权和邻接权的双重保护,如:在爵士音乐演唱、演奏过程中,即兴表演的内容就有可能获得这种双重保护。

3. 两者的权利内容不同

从权利范围的角度来看,著作权的权利内容比邻接权更加宽泛。著作权包含人身权和财产权,而录音制品制作者和广播组织只享有财产权,表演者虽然也享有人身权,但其内容远远少于作者的人身权。各国立法者往往只赋予表演者表明身份和表演得到尊重两项人身权,而著作权人身权通常包含发表权、署名权、修改权、保护作品完整权等多项权利。同时,著作权财产权范围也要比邻接权财产权的范围更广泛。

此外,两者的保护期限也存在差异。一般而言,邻接权的保护期限不长于著作权的保护期限,这是为保证对邻接权人的保护不高于对作品著作权人的保护,确保邻接权的行使不妨碍作品著作权的行使。[1]

---

[1] 孙雷:《邻接权研究》,中国民主法制出版社,2009年,第12—13页。

二、音乐作品邻接权的演变历程

19世纪末以后，现代传媒技术不断革新，基于音乐而产生的经济收益日益多元化，同时也产生了许多矛盾，传统的音乐著作权保护制度不断受到挑战。在音乐的大众传播技术产生以前，音乐、戏剧等文化形式早就已经存在，但受众只能进入现场才能接受这些表演信息。随着留声机的发明，音乐表演的主体和观众产生分离，录音技术将音乐表演的内容进行记录和再现，使得受众不身处现场也可以接受音乐信息。一方面，由于录音制品的销售会使一部分观众放弃去现场观看表演，使表演者的经济收益因此受损；另一方面，技术一旦产生，便有其独立的发展规律，因此不可能为了保护表演者的经济利益而阻止技术的推广与进步。唯一的解决办法就是平衡表演者利益和传播技术发展之间的关系，即在传播媒介技术不断发展的同时，保护音乐表演者的权益，这也成为了著作权领域中的一个重要议题。1910年，德国颁布的《文学与音乐作品产权法》首先对音乐作品和音乐戏剧作品的表演者进行了立法保护。随后，英国在1925年也颁布了《戏剧、音乐表演者保护法》，确定了表演者的许可录制权。

技术的发展总不会一帆风顺，不可避免地会遇到诸多波折。随着录音技术、电影技术的发展，唱片、磁带、电影胶片的复制和发行已经成为具有高收益性的行业，这也导致了非法复制行为的大量出现。合法录制者对音乐表演的录制需要有版权费用、硬件、人力资源等方面的投入，按照经济学的观点，这些前期投入都将计入沉没成本，一旦销量出现问题，这些成本也将无法回收，这也是音乐行业被称为高风险行业的一个重要原因。然而，非法复制却不需要投入上述成本，因为他们有现成的"母带"，只要花费少量可变成本就可以获得高额的回报。如此，合法音乐制作者的权益便受到了极大损害。在此背景下，保护录音录像制作者权益的呼声越来越高，邻接权就因此增加了录音录像制作者权的相关内容。

无线电传播技术给音乐行业又带来了一次冲击，无线电广播以其覆盖范围广、价格便宜、受众面宽等优点，在20世纪上半叶迅速走进了千家万户。为了吸引听众，无线电广播通常会播放一些音乐作品，让听众免费收听。同样，更具现场感和画面感的电视也获得了大量受众。当然，这些能极大程度地满足大众娱乐生活的广播电视节目也需要大量人力、物力、财力的投入。一些电台、电视台无偿转播广播电视节目的现象严重侵害了原广播电视组织的权益，因此，广播电视组织在此情形下，也纷纷要求法律对他们的权益加以保护，邻接权中由此又增加了广播电视组织权。

对表演者、录音录像制作者和广播电视组织的权利进行保护，虽然已经在一些国家的著作权法或者其他专门立法中得以体现，但在1928年和1948年修订的《伯尔尼公约》中并没有体现。直到1961年，在一些国际组织的共同努力下，最终在意大利罗马缔结了《保护表演者、录音制品制作者和广播组织罗马公约》，简称《罗马公约》。《罗马公约》规定，只有《伯尔尼公约》或《世界版权公约》的成员国才能加入。世界贸易组织成立后，《罗马公约》的主要内容也被《与贸易有关的知识产权协定》所吸纳。我国目前尚未加入《罗马公约》，但作为世界贸易组织的成员国，我国事实上已经遵守了《罗马公约》的实质性条款，履行了该公约的主要义务。

由于加入《罗马公约》有限制条件，一些国家便于1970年在日内瓦缔结了《保护录音制品制作者防止未经许可复制其录音制品的公约》，简称《日内瓦公约》。该公约的加入条件较为宽松，不以加入某一国际公约为前提条件。我国于1993年加入《日内瓦公约》。20世纪末，随着数字技术和互联网技术的不断发展，在网络上侵犯邻接权的现象屡见不鲜。1996年12月，在世界知识产权组织的主持下，各国政府代表缔结了《世界知识产权组织表演和录音制品条约》，该条约就网络环境下表演者权和录音制品制作者权的保护作了规定。我国目前尚未加入该条约，但修订后的《著作权法》已经包括了条约中的主要内容。2014年4月24

日，我国第十二届全国人民代表大会常务委员会第八次会议表决通过，批准《视听作品北京条约》。2020年4月28日，该条约正式生效。

第二节　音乐出版者权

出版者是指从事图书、期刊、音像制品等出版物编辑、加工和出版等一系列活动的出版单位。在漫长的历史长河中，出版者对人类文明的传承和发展起了重要的作用。由于出版者在出版物出版的过程中投入了大量人力、物力、财力，所以在很长一段时间内，法律一直将出版者而不是作者作为保护对象，直到《安娜女王法》颁布实施，才首次明确了作者和出版者各自享有不同的权利。

一、出版者权的界定

出版是作品传播的一种重要方式，也是知识传授和信息传播的重要手段。出版包括编辑、复制、发行等一系列行为，需要大量的智力投入，但并不是实质意义上的再创作。为了防止出版者之间的不正当竞争，保护作品的合法传播，将出版者权归为与著作权有关的权利，不仅具有坚实的法理基础，也是我国著作权法的一个特点。[1]

"出版者权，是图书、期刊出版者就编辑、出版的图书或期刊依法享有的专有权利。通常情况下，只有版式设计属于出版者享有的邻接权，而专有出版权、重印再版权等本质上属于出版者通过合同的方式取得的著作权人的许可，并非其本身所固有的专有权利。"[2]在出版活动中，出版者与著作权人之间的权利义务关系主要通过图书出版合同进行约定。《著作权法》第三十二条规定："图书出版者出版图书应当和著

---

[1] 刘春田主编：《知识产权法》，高等教育出版社，2000年，第78页。
[2] 张凤杰主编：《出版法规与著作权法论析》，中国书籍出版社，2015年，第248页。

作权人订立出版合同，并支付报酬。"根据《著作权法》第二十六条规定，并参照有关部门提供的标准格式合同，图书出版合同主要包括以下内容：1.著作权人向出版者交付的稿件种类和名称；2.著作权人与出版者是否是适格的权利人（通常在音乐图书出版过程中，如涉及使用他人音乐作品，还应当约定被使用音乐作品的许可使用事宜）；3.作品是否已经出版；4.著作权人向出版社许可的是否为专有出版权，是否允许出版社改编、翻译等；5.若著作权人授予图书出版者专有出版权，则需要约定权利的期限；6.图书出版发行的地域范围；7.交稿日期、出版日期；8.商定的版本以及每版的最高及最低印数；9.样书册数；10.著作权人的报酬、支付方式、时间及期限；11.合同终止条件；12.违约责任；13.纠纷处理；14.双方需要约定的其他条件。

二、出版者权的内容

北宋年间，毕昇在版印书籍的基础上进行改进，发明了胶泥活字、木活字排版，这是人类印刷史上的一次根本性变革。15世纪，德国人古登堡受中国活字印刷的影响，发明了铅锡锑合金的活字，极大地促进了欧洲印刷术的发展，马克思甚至把印刷术、火药、指南针的发明称为"资产阶级发展的必要前提"。技术革新也带来了新问题，受到经济利益驱使，翻印他人已出版图书的现象与日俱增。各国出版商和印刷商只能从本国君主那里获得某些图书的专有权，以应对这种不正当竞争。《安娜女王法》颁布实施后，终于从法律上明确了出版者和作者的权利、义务关系。"二战"以后，随着照相和激光排版等新技术的应用，印刷技术进一步发展，出版行业的竞争越来越激烈，盗版现象也更加猖獗。因此，通过法律形式，不断完善对出版者权利和义务的规定至关重要。

（一）出版者的权利

《著作权法》第三十三条、第三十五条第二款、第三十六条、第三十七条规定了出版者的权利：

1.图书出版者对著作权人交付出版的作品,按照合同约定享有的专有出版权受法律保护,他人不得出版该作品。

在人民音乐出版社有限公司(后简称"原告")诉北京育鹏世纪钢琴城有限公司(后简称"被告")侵害专有出版权纠纷案中,原告起诉称,原告拥有《巴赫初级钢琴曲集》(后简称"权利图书")一书的专有出版权,而被告销售与原告权利图书封面和内容相同的图书(后简称"销售图书"),侵犯了原告的专有出版权。经鉴定,该销售图书并非原告或其授权的任何一家公司或印刷厂印制的图书产品,系假冒原告图书产品。法院认为,原告出版的涉案权利图书系由其编辑收录28首曲目而成,其对28首曲目的选择和编排具有一定独创性,因此原告作为汇编人和出版者出版该书后,其对权利图书享有专有出版权。权利图书与销售图书在封面颜色、纸质及印刷清晰度上存在差异,原告也明确陈述销售图书系盗版图书,故可以认定被告的销售图书系侵犯原告专有出版权的侵权图书。法院判决,被告自判决生效之日起立即停止销售原告享有权利的《巴赫初级钢琴曲集》,并赔偿原告经济损失及诉讼合理费用。①

2.作品刊登后,除著作权人声明不得转载、摘编的外,其他报刊可以转载或者作为文摘、资料刊登,但应当按照规定向著作权人支付报酬。

3.图书出版者经作者许可,可以对作品进行修改和删节。报社、期刊社可以对作品作文字性的修改、删节,如涉及对内容的修改,应当经作者许可。

4.出版者对其出版的图书和期刊的版式设计享有专有使用权。"所谓版式设计,是指对印刷品的版面格式的设计,包括对印刷品的版心、排式、用字、行距、标点等版面布局因素的安排。版式设计是出版者在编辑加工作品时完成的劳动成果。被出版的作品是否受到著作权法的保

---

① 《人民音乐出版社有限公司诉北京育鹏世纪钢琴城有限公司侵害专有出版权纠纷案》,http://www.fabang.com/a/20120913/483359.html,访问时间:2022年1月23日。

护并不影响版式设计的成立。即便是影印古籍，只要出版者投入了智力劳动，如寻求善本、配书、补页、文字润色、版面修饰等，他仍然创作出了受保护的版式。"[1]《著作权法》第三十七条第二款规定，出版者对图书、期刊版式的保护期为10年，截止于使用该版式设计的图书、期刊首次出版后第十年的12月31日。

（二）出版者的义务

《著作权法》第三十二条、第三十四条等规定了出版者的义务：

1.图书出版者应当与著作权人订立出版合同，并支付报酬。出版改编、翻译、注释、整理、汇编已有作品而产生的作品，应当取得改编、翻译、注释、整理、汇编作品的著作权人和原作品著作权人的许可，并支付报酬。

2.著作权人按照合同约定期限交付作品后，图书出版者应当按照合同约定的出版质量、期限出版图书。否则，应当依照《著作权法》第六十一条的规定承担民事责任。

3.图书出版者重印、再版作品的，应当通知著作权人，并支付报酬。图书脱销后，图书出版者拒绝重印、再版的，著作权人有权终止合同。

第三节　音乐表演者权

表演是传播音乐作品的重要形式，其本身也是音乐商品的一个重要种类，在人们的娱乐生活中占有重要位置。人们接受艺术作品的方式有多种，可以看，可以听，也可以调动更多的综合感官来体验。不同的音乐作品形态也会有不同的传播效果。因此，根据人们接触艺术作品的方式，音乐作品大致可以分为视觉艺术、听觉艺术和视听艺术。静态的乐谱形态的音乐作品是一种抽象的艺术形式，受众只有具备专业的知识和

---

[1] 黄薇、王雷鸣主编：《中华人民共和国著作权法导读与释义》，中国民主法制出版社，2021年，第200页。

欣赏能力才能领会蕴含其中的艺术思想和意图,而这些专业知识并不是所有受众都具备的,因此需要表演者将音乐作品以听觉或者视听结合的方式予以展现。音乐表演者权保护机制是音乐表演者的权利得以实现、音乐作品得以传播、市场秩序得以规范、文化产业得以繁荣、受众需求得以满足的重要保证。

一、表演者权的界定

音乐表演作为一种职业由来已久,但被纳入到知识产权的保护体系却只是近一百年左右的事。在声画复制技术产生以前,音乐表演者和受众只能在同一个场域中完成音乐传播行为,也就是说公众只能到剧院、音乐厅等固定的场所才能欣赏到音乐表演,表演者的利益体现在"入场券"的收入分配上。这一时期,"入场券"已成为一种有价票券,买票入场已成为一种道德约束、一种法律规定,而背后隐藏的表演却往往被人们忽略,表演权在此也就无足轻重了。

自19世纪末起,随着录音、音响复制、电影、广播、电视等一系列新兴传媒技术的出现,大众文化娱乐生活的方式发生了极大的变化,音乐表演也可以脱离表演者而存在,"现场"的消费方式已被颠覆,原来固有的社会中上层的消费群体也被打破,并开始向社会中下层转移,可谓"旧时王谢堂前燕,飞入寻常百姓家"。新的传播技术的出现,不仅扩大了音乐传播的受众群体,而且造就了演艺明星,使得音乐产业的模式又一次发生了深刻变革,"明星制"由此而产生。传播技术的发展也产生了副作用,大量受众可以通过唱片或广播欣赏音乐,这就使得进入剧场或音乐厅消费的人数越来越少,音乐表演者的整体利益受到了损害。

传播技术的进步与从事演出的表演者之间的矛盾日益尖锐,有些国家在20世纪初就开始从立法上进行完善。1910年,德国立法者在修改《文学和艺术作品著作权法》时把对作品的表演视为改编,将其作为演绎作品进行保护。1925年，英国议会通过《戏剧、音乐表演者保护法》，通过刑事手段为戏剧和音乐表演提供保护，但并未承认上述两种表演者享有民事权利。表演者的保护问题也引起了一些国际组织的关注，国际文学艺术协会（ALAI）早在1903年于德国魏玛召开的会议上，就已经充分认识到对表演者提供保护的紧迫性和必要性，但直到1928年在罗马召开的旨在修改《伯尔尼公约》的外交会议上，协会才明确提出将保护表演者权纳入到知识产权体系范围，并要求各国考虑建立保护表演者的机制。1948年，在布鲁塞尔召开的修改《伯尔尼公约》的外交会议上，也对保护表演者权相关问题给予了充分关注。1951年，国际劳工组织和伯尔尼联盟提出了《保护表演者、录音制品制作者和广播组织的条约草案》。1952年，联合国教科文组织参加了该草案的起草工作。1961年10月，《保护表演者、录音制品制作者和广播组织罗马公约》在罗马签订，并于1964年5月正式生效。[①]《伯尔尼公约》与《罗马公约》不同，《伯尔尼公约》主要保护作品的著作权，《罗马公约》保护的则是表演者、录音制品制作者和广播组织的相关权利。

1994年出台的《与贸易有关的知识产权协定》，又一次使表演者权的保护问题在国际范围内引起关注。在该协定中，《罗马公约》的主要内容得到了充分体现，标志着著作权、表演者权的保护与国际贸易相挂钩，同时也体现了著作权、表演者权在国际贸易中的地位。1996年出台的《世界知识产权组织表演和录音制品条约》是表演者权保护制度发展进程中的又一个里程碑。该条约正式在数字技术发展的新环境下对表演者权做出了回应，不仅明确了表演者享有表明身份和反对将其表演进行有损名誉的歪曲、篡改或其他修改两项精神类权利，而且将《罗马公约》中所提及的保护上升为一种表演者享有的专有权利，即承认表演者对未录制的表演享有录制权、广播权和向公众传播权，对已经录制的表演享有复制权；同时，它还规定了表演者针对录音制品录制的表演享有

[①] 孙雷：《邻接权研究》，中国民主法制出版社，2009年，第20—21页。

发行权、出租权和向公众提供权。在一定程度上讲，该条约的出台标志着表演者权制度在国际上的正式确立。

《视听表演北京条约》，简称《北京条约》，是世界知识产权组织管理的一项国际版权条约，自2012年6月20日世界知识产权组织保护音像表演外交会议开幕以来，来自全球54个国家的世界知识产权组织成员国和49个国际组织，共202个代表团721名代表经过长达七天的紧张讨论，最终于2012年6月26日在北京成功签署，标志着谈了二十年的视听表演版权保护国际新条约终于在北京修成正果。2020年1月28日，印度尼西亚向世界知识产权组织递交批准书，成为该条约关键的第三十名成员。根据《北京条约》的生效条款，其将在30个有资格的有关方交存批准书或加入书三个月之后生效。2020年4月28日起，《北京条约》正式生效，这是中华人民共和国成立以来第一个在我国缔结、以我国城市命名的国际知识产权条约。《北京条约》的积极影响主要体现在：第一，充分保障视听表演者的权利，进一步提高其行业地位，激发其创造热情；第二，丰富精神文化产品，推动视听产业健康发展；第三，有利于保护传统文化和民间文艺，促进文化多样性发展。

《北京条约》规定，表演者是指演员、歌唱家、音乐家、舞蹈家以及对文学或艺术作品或民间文学艺术表达进行表演、歌唱、演说、朗诵、演奏、表现或以其他方式进行表演的其他人员。我国《著作权法实施条例》第五条第六项规定："表演者，是指演员、演出单位或者其他表演文学、艺术作品的人。"表演者表演的作品，可以是享有著作权法保护的作品，也可以是进入公有领域的作品。表演他人享有著作权的作品和进入公有领域的作品在性质上完全相同，只是法律上的要求不同而已。根据我国《著作权法》规定，表演者表演的作品主要是音乐、戏剧、曲艺、舞蹈、杂技作品。表演是直接或者间接地公开再现作品的活动，是对作品的艺术再现。严格地讲，表演是一种在已有作品的基础上进行再创作的行为。表演与其说是传播，不如说是演绎创作。[1]需要

---

[1] 刘春田主编：《知识产权法》，高等教育出版社，2003年，第93页。

注意的是，我国《著作权法》对表演者权主体保护的范围要宽于《罗马公约》和《北京条约》。由于表演需要人通过智力活动进行理解和诠释，并进行创造性地再现，因此《罗马公约》《北京条约》和世界上大多数国家的法律都规定表演者权的主体是人，而不包括法人或者非法人组织。但考虑到我国的实际情况，一些大型演出由法人或者非法人组织进行组织、策划，投入了大量的人力、物力、财力，并承担相应的责任，因此，2020年修订的《著作权法》通过"职务表演"的方式将演员和演出单位的权利和义务关系进行了区分。《著作权法》第四十条规定："演员为完成本演出单位的演出任务进行的表演为职务表演，演员享有表明身份和保护表演形象不受歪曲的权利，其他权利归属由当事人约定。当事人没有约定或者约定不明确的，职务表演的权利由演出单位享有。"由此可见，职务表演的人身权归表演者所有，财产权以约定为准，没有约定或者约定不明的由演出单位享有。此外，《著作权法》第四十条第二款还规定："职务表演的权利由演员享有的，演出单位可以在其业务范围内免费使用该表演。"

二、表演者权的内容

表演者权是指表演者依法对其表演所享有的权利。表演权和表演者权是两个既有联系又有区别的权利。表演权属于著作财产权，是著作权人禁止或许可他人将作品进行表演的权利。表演权可以由著作权人自己行使，也可以授权他人行使。表演者权属于邻接权，又分为人身权和财产权两种，是指表演者对依法取得表演资格的作品进行表演活动而产生的权利。依法取得表演资格可以分为以下两种情形：一是对于依旧在著作权保护期内的作品而言，可以通过转让或授权取得表演资格，在此情形下，拥有转让和授权的表演权是表演者权存在的前提和基础；二是对于已经进入公有领域的作品而言，表演者无需征得著作权人的同意，且无需支付报酬即可取得表演资格。

(一)表演者的权利

关于表演者权的权利范围,不同国家的规定及国际条约并不统一。《罗马公约》中没有涉及人身权的内容,只有财产权的相关规定。《世界知识产权组织表演和录音制品条约》规定了表演者的人身权。该条约第五条规定,表演者对其现场表演或者以录音制品录制的表演有权要求承认其表演者身份,有权禁止任何对其表演进行有损名声的歪曲、篡改和其他修改。在德国、法国的著作权法中也有类似规定。我国著作权法在积极汲取国际立法经验的基础上,明确规定了表演者权的人身权和财产权。

1. 人身权

(1)表明表演者身份的权利。表演者有权要求在表演中表明其身份,这也是对表演者身份的一种尊重。在实践中,表明表演者身份的方式多种多样,如通过现场屏幕字幕,主持人现场宣布表演者的姓名、身份、演出单位,或在海报、节目单、电视字幕、户外广告、媒体宣传册等载体上标明表演者的姓名、身份、演出单位等信息。

(2)保护表演者形象不受歪曲的权利。表演者形象是表演者塑造的艺术形象。表演者的形象一旦通过一定的方式固定下来,如剧照、视频剪辑等,就有可能被他人歪曲、变更或不当使用。例如,未经许可将音乐剧、歌剧、戏曲、演唱会等演员塑造的艺术形象进行恶搞、篡改、商业性使用、拼接等均属于不当使用的范围。需要注意的是,表演者塑造的艺术形象并非表演者自身的形象,前者是在表演过程中塑造的人物形象,带有一定虚设性,在不同的表演中,同一个角色可以由不同的人来扮演,每个演员都对其塑造的艺术形象享有权利;而后者则是表演者本人的肖像权,是一般人身权。

根据我国《著作权法》第四十一条规定,表演者上述两项人身权的保护期不受限制,永久性保护。

2. 财产权

(1)许可他人现场直播或公开传送其现场表演,并获得报酬的权利。通过现场直播的方式将表演传送给受众是一种常见的传播方式,它能进一步扩大传播范围,提高传播效率。当然,现场直播也会对表演的票房收入产生极大的影响，容易造成著作权人和表演者的经济损失。因此，各国邻接权制度都把现场直播看作表演者的一项重要财产权加以保护。这里所说的现场直播是指通过广播、电视或其他方式现场传送现场表演的相关内容，网络直播则属于信息网络传播的范畴。表演者许可他人进行现场直播或公开传送其现场表演应当订立书面合同。根据我国著作权法规定，广播电台、电视台直播表演者的表演，应当取得表演者的授权，并且明确约定应支付的费用，未经表演者许可直播表演者表演的行为是侵权行为。

（2）许可他人录音录像，并获得报酬的权利。将表演通过录音录像固定下来的权利属于表演者，表演者可以自己行使该项权利，也可以授权他人行使。未经表演者许可，任何人不得对他人的表演进行录音录像。在现实生活中，为了能够反复欣赏自己喜爱的音乐表演或留念，将录音录像设备，尤其是智能手机带入演出现场进行录音录像的行为非常常见，但很多观众并不清楚，当他们把表演者的表演进行录音录像的时候已经侵犯了表演者的财产权。如：有位网名为"韦伯猫"的网友将在上海音乐厅举行的"安德拉斯·席夫上海独奏音乐会"进行了全程录音，并分享给自己的朋友。即便没有将录音对外传播，仅作为资料收藏，这种行为也是侵权行为。根据现行《著作权法》，无论是否以营利为目的，对他人的表演进行录音录像均应征得表演者的同意，并支付报酬，这一规定不仅有利于保护表演者的经济利益，也有利于保护表演者的人格利益。

（3）许可他人复制、发行、出租录有其表演的录音录像制品，并获得报酬的权利。复制、发行录有表演者表演的制品是将其表演通过机械复制进行再现的行为，跟现场直播相类似，虽然扩大了受众群体，但是也有损于表演者的利益，而且复制、发行行为比现场直播更具有反复性、持久性、广泛性，因此对表演者的利益损害也会更大。2020年修订的《著作权法》依据相关国际条约新增了出租权。通过许可他人复制、发行、出租录有其表演的录音录像制品，并获得报酬，可以弥补表演者因上述行为导致的损失，从而增加获得报酬的来源。一些国家（如德国）设立了二次使用费请求权制度，根据该制度，广播电台、电视台用合法制作的音像制品进行商业性广播或传送，以提供录音录像节目为主要业务的有线广播电视机构，以及酒吧、餐馆、茶馆、卡拉OK厅等营业性场所，播放录音录像制品营造营业氛围的，属于间接性商业使用，也应当向表演者支付表演者权的二次使用费。这一制度具有一定的实际价值，能够在一定程度上补偿表演者因传播而失去的经济利益。然而，我国著作权法及相关法律法规尚未规定表演者权的二次使用费请求权制度，从完善音乐产业市场秩序及音乐产业链角度上来看不得不说是一种缺憾。

（4）许可他人通过信息网络向公众传播其表演，并获得报酬的权利。信息网络技术的发展日新月异，给音乐传播及音乐商业模式也带来了翻天覆地的变化，网络下载、云音乐、音乐彩铃、O2O直播等音乐行业发生着剧烈的变革，横向、纵向交错的企业联盟、重组、兼并、分裂也成为业内常态。根据历年的音乐产业年度报告数据显示，以网络为媒介的数字音乐产业的产值正日益增大，远远超过了传统音乐行业的产值。将来，音乐的网络传播还将继续朝着纵深方向发展，其带来的产业变革、产业链优化和重组也会愈加深刻。与此同时，这一部分的法律纠纷所占的比重也越来越大。2020年修订后的《著作权法》以及《信息网络传播权保护条例》等法律法规也对表演者的信息网络传播权给予了保护，与《世界知识产权组织表演和录音制品条约》的规定相一致，有利于保护表演者的合法权益。

从看见网络科技（上海）有限公司（后简称"看见网络公司"）诉广州酷狗计算机科技有限公司（后简称"酷狗科技公司"）和海洋互动（北京）科技有限公司（后简称"海洋互动科技公司"）一案中，可以看出我国对音乐表演者的信息网络传播权给予的足够保护。

专辑《幸福时光》包含《初相遇》等15首歌曲，本案涉及到其中12首，表演者均为中国台湾音乐人姚欣蓓。看见网络公司经姚欣蓓授权获得专辑《幸福时光》的专有信息网络传播权，而"酷狗音乐"平台却未经授权提供了12首歌曲的试听和下载服务。看见网络公司因此状告酷狗科技公司和海洋互动科技公司（酷狗科技公司是酷狗音乐平台的经营者，海洋互动科技公司网站首页的"公司介绍"一栏显示酷狗科技公司是海洋音乐集团下属），请求法院判令两家被告公司停止侵权并赔偿经济损失及合理开支3万元。

经法院审理，12首涉案歌曲的表演者为姚欣蓓，看见网络公司经姚欣蓓的授权取得了包括涉案歌曲在内多首歌曲的表演者的信息网络传播权及以自己名义依法维权的权利，有权提起本案诉讼；酷狗科技公司未经许可在其经营的"酷狗音乐"手机应用程序上提供涉案音频的在线播放及下载服务，其行为直接侵害了原告对涉案歌曲享有的表演者信息网络传播权，应承担相应的侵权责任。法院遂判决被告酷狗科技公司赔偿看见网络公司经济损失1万元（含因制止侵权支出的合理费用5000元），驳回看见网络公司其余诉讼请求。一审判决后，酷狗科技公司不服，提起上诉。二审法院判决驳回上诉，维持原判。

关于权利保护期限，根据我国《著作权法》第四十一条规定，表演者享有的财产权保护期限是50年，截止于该表演发生后第五十年的12月31日。

表演权和表演者权在权利主体、客体和内容上都存在着明显区别，详见下表。

表6-1：表演权和表演者权之间的区别

	表演权	表演者权	
权利范围	著作权	邻接权	
权利类型	财产权	人身权和财产权	
权利主体	作者或者其他著作权人	表演者	
权利客体	作品本身	表演者的表演活动	
权利内容	许可他人现场表演	人身权	表明表演者身份
			保护表演形象不受歪曲
	许可他人机械表演	财产权	许可他人现场直播或公开传送其现场表演，并获得报酬
			许可他人录音录像，并获得报酬
			许可他人复制、发行、出租录有其表演的录音录像制品，并获得报酬
			许可他人通过信息网络向公众传播其表演，并获得报酬

(二）表演者的义务

拥有权利的同时，也应当承担义务。表演者在使用他人作品进行表演时，也应当履行一定的义务，这是出于对著作权人著作权的尊重。我国《著作权法》第十六条、第三十八条对此专门作了规定。

表演者使用改编、翻译、注释、整理已有作品而产生的作品进行演出，应当取得改编、翻译、注释、整理作品的著作权人和原作品著作权人的许可，并支付报酬。

表演者使用他人作品进行演出，应当取得著作权人的许可，并支付报酬，这是出于对著作权人的表演权的尊重。演出组织者组织演出，应由组织者取得著作权人的许可，并支付报酬。

第四节　音乐作品录音录像制作者权

在现代社会，录音制品在文化产业中占有重要地位。录音制品的出现，对于音乐产业的发展起到了革命性作用，但也给音乐产业带来了负面影响，非法复制的问题一直没有得到彻底解决。根据国际唱片业协会2006年的数据统计，全球每三张录音制品中就有一张是非法复制品。在数字时代，日益普及的网络在为录音制品提供新的市场空间的同时，也使得录音制品制作者的利益面临着更为严峻的挑战，尤其是P2P技术的广泛应用，使得录音制品彻底摆脱了制作者的控制，成为了"免费的午餐"。因此，录音制品既要解决盗版和非法传播的问题，又要顺应技术的发展，不断进行完善，特别是作出顺应数字技术发展的调整和变革。[①]

[①] 孙雷：《邻接权研究》，中国民主法制出版社，2009年，第107页。

一、录音录像制作者权的界定

虽然早在19世纪末就产生了录音技术，但对录音制品的保护却直到半个世纪以后才逐渐引起普遍的重视。对录音制品进行保护在《罗马公约》中得到了具体体现，该公约第三条规定，录音制品是指任何对表演的声音和其他声音的专门录音；录音制品制作者是指首次将表演的声音或其他声音录制下来的自然人或法人。它要求成员国承认录音制品制作者有权授权或禁止未经许可的复制行为，同时保证录音制品制作者和表演者在广播和向公众传播录音制品的情形下享有获得报酬权，但各国在加入公约后可以对后一种保护作出保留。在《罗马公约》的语境下，录音制品的"音"不单单是表演者的声音，鸟鸣以及其他自然界的声音均可被认为是声音的来源，即其保护的不是声音及其来源，而是录音制品本身。1996年《世界知识产权组织表演和录音制品条约》明确承认录音制品制作者在录音制品的复制、发行、出租和向公众提供方面享有专有权，在广播和向公众传播录音制品的情形下与表演者共同享有获得报酬权，各国在加入该条约时仅可以在获得报酬权问题上作出保留。

在美国，将录音制品列为版权保护对象开始于1959年。一位专做电影声带的作曲家合成了一段新式声音，但是，他没办法为这段声音申请版权，因为他不能通过传统的记谱法将这段声音固定，而当时的版权局只接受铅印的乐谱。于是，当年一项旨在修改《版权法》以覆盖录音制品的动议在国会提出，但是，这项动议未获得通过。此事在音乐家之间引起热议。乐谱能够受到版权法的保护，是因为乐谱是音乐的一种表达形式——视觉表达，但音乐不仅可以通过乐谱来进行记录和表达，也可以通过声音来进行表达。从本质上来看，音乐本身就是声音。乐谱是音乐的表达符号，录音也是音乐的表达符号。因此，在逻辑上，很难解释为什么录音制品不能受到保护。音乐家的力量毕竟是有限的，而唱片公司的力量却要大得多。20世纪60年代，出现了八声道磁带播放器和八声道盒式磁带，盒式磁带能够在各个场所播放，并且有理想的效果。盒式磁带播放器的发明使盒式磁带的复制更加简单，由于不存在进入市场的技术障碍，大量未经许可的唱片复制者开始生产盒式磁带。1971年，盗版的盒式磁带销量已达到每年1亿盒——几乎是正版磁带唱片销量的三分之一。① 面对盗版，唱片公司无法找到合适的解决方案，因为作为录音制品的唱片不受法律的保护。唱片公司试图游说各州通过《反盗版法》，但收效甚微，直到1971年，该法仅在八个州实施。最后，在多方努力下，美国国会终于考虑修订《版权法》，并于1972年获得通过。但由于广播公司方面的反对，1972年修正案并没有赋予唱片公司录音制品的公开表演权。

虽然，我国在2007年才加入《世界知识产权组织表演和录音制品条约》，但在2001年修订《著作权法》时就已经遵从其对录音制品制作者的相关规定，赋予了录音制品制作者复制权、发行权、出租权和向公众提供权。2006年颁布实施的《信息网络传播权保护条例》进一步明确了录音制品制作者向公众提供权的涵盖范围和限制情形。根据我国《著作权法实施条例》第五条规定："录音制品，是指任何对表演的声音和其他声音的录制品"；"录像制品，是指电影作品和以类似摄制电影的方法创作的作品以外的任何有伴音或无伴音的连续相关形象、图像的录制品"；"录音制作者，是指录音制品的首次制作人"；"录像制作者，是指录像制品的首次制作人"。由此可见，我国《著作权法》将录音制品和录像制品都进行了保护，这也是优于一些国家的地方。因为，在《罗马公约》《世界知识产权组织表演和录音制品条约》《北京条约》中都没有明确对录像制作者的权利保护。

根据我国《著作权法实施条例》有关规定，录音录像制作者强调的是首次将声音固定在录音制品上以及最初制作录像制品的人。只有实际制作录音制品和录像制品并最早将声音或场景录制下来的人才具备录音录像制作者的主体资格。之所以要强调"首次录制"，是因为录音录像制品不仅可以通过现场的方式将表演或其他声音进行录制，还可以对

---

① [美]杰弗里·赫尔：《音像产业管理》，陈星、方芳译，清华大学出版社，2005年，第221页。

其他录音制品、广播以及视听作品的声音进行转录。而录音录像制品制作权所保护的是"最初"录制行为中制作者所付出的带有经济性、技术性、组织性的人力、物力、财力的投入，而不是保护转录的行为。因为，后者的付出相较于前者而言是微不足道的。因此，利用他人录音录像制品来制作其他音像制品的人不能称为录音录像制作者，也无法享有录音录像制作者相应的权利，相反，利用他人录音录像制品还可能要承担相应的责任。需要明确的是，"首次录制"并不是说同一种声音只能由第一个录制者享有录音制品制作者权。如，一首音乐作品由表演者进行了多次表演，在第一个录制者未对被表演的作品获取独占许可的情况下，经过表演者同意的其他录制者也可以对他们所录制的各次表演的录音制品享有录音制品制作者权。

著作权法意义上的"作品"和"录音录像制品"是两个不同的概念。著作权人基于对科学、文学、艺术作品的智力创作形成"著作权"，表演者基于作品的表演而产生"表演者权"，录音录像制作者基于对表演者的表演进行录音录像形成"录音录像制作者权"。就此而言，三者之间形成了链状关系，亦即产业链中的上下游关系。但从各国的著作权法关于录音录像制作者的权利范围来看，录音录像已不局限于表演者对作品的表演。比如，对自然界现象、特定音响音效、无版权活动以及其他现场表演等活动的录制均可纳入录音录像制品的保护范围。因此，著作权法规定对"其他声音"的录制和对"任何有伴音或无伴音的连续相关形象、图像"的录制，同样受法律保护。

二、录音录像制作者权的内容

录音录像制作者对表演的声音和其他声音以及对任何有伴音或者无伴音的连续相关形象、图像的录制均以机械录制为主，录制者主要是在人力、物力、财力上产生投入，但在智力创作上的投入则要比创作和表演弱得多。因此，从理论上来讲，录音录像制作者的权利主要是财产权。根据《罗马公约》规定，录音制品制作者享有录音制品的复制权；根据世界贸易组织《与贸易有关的知识产权协定》规定，录音制品制作者享有录音制品的复制权和出租权；根据《世界知识产权组织表演和录音制品条约》《视听表演北京条约》规定，录音制品制作者享有复制权、发行权、出租权和通过信息网络向公众提供权。由此可见，各国际条约对于录音制品制作者享有的权利基本上都集中于财产权，而不涉及人身权。

（一）录音录像制作者的权利

我国《著作权法》第四十四条第一款规定："录音录像制作者对其制作的录音录像制品，享有许可他人复制、发行、出租、通过信息网络向公众传播并获得报酬的权利；权利的保护期为五十年，截止于该制品首次制作完成后第五十年的12月31日。"2020年修订的《著作权法》更加适应著作权国际条约的发展趋势，在第四十五条增加了录音录像制品的广播权相关条款："将录音制品用于有线或者无线公开传播，或者通过传送声音的技术设备向公众公开播送的，应当向录音制作者支付报酬。"录音录像制作者的财产权利保护期是50年，截止于该制品首次制作完成后第五十年的12月31日。

1. 复制权

对于录音录像制品制作者的直接利益损害主要来自未经许可的复制，对录音录像制作者的保护自然也反映在承认其有权对录音录像复制品进行控制。《罗马公约》《与贸易有关的知识产权协定》《世界知识产权组织表演和录音制品条约》中均有要求成员国承认录音制作者拥有授权或禁止他人复制录音制品的权利的相关条款。从全球著作权立法的层面来看，无论是大陆法系国家还是英美法系国家，录音制品制作者的复制权都得到了广泛的认可。尤其值得注意的是，录音制品制作者的复制权不仅包括录音制品的整体，而且包括录音制品的片断，且片断的长短不影响录音制品制作者对复制权的主张。进一步而言，由于录音制品制作者权所保护的并非智力创作，所以即使录音制品片断本身不具有创造性，也不影响录音制品制作者对复制权的行使。

2004年7月5日，罗林（艺名刀郎）与广东大圣文化传播有限公司（后简称"大圣公司"）签订合同约定，将其制作并享有著作权的《喀什噶尔胡杨》音乐专辑许可大圣公司制作录音制品出版发行。2004年12月3日，大圣公司与广州音像出版社签订了音像制品合作出版合同，约定由广州音像出版社制作、出版、发行《喀什噶尔胡杨》专辑录音制品。之后，广州音像出版社委托重庆三峡光盘发展有限责任公司（后简称"三峡公司"）复制上述录音制品90万张。2004年12月24日，广州音像出版社向音著协申请使用音乐作品《冰山上的雪莲》《打起手鼓唱起歌》《亚克西》，用于制作发行《喀什噶尔胡杨》专辑录音制品，数量为20万张，并向音著协支付上述三首音乐作品的使用费21900元，音著协为此出具了收费证明。2005年3月2日，《打起手鼓唱起歌》曲作者施光南的继承人洪如丁、词作者韩伟在联盛商业连锁股份有限公司（后简称"联盛公司"）购买了上述录音制品，其中含有歌曲《打起手鼓唱起歌》。该录音制品外包装上记载了版权管理信息："声明：本专辑内所有录音版权及图像归广东大圣文化传播有限公司／罗林共同拥有，未经授权严禁使用""广东大圣文化传播有限公司全国独家发行""广州音像出版社出版"。为此，洪如丁、韩伟将大圣公司、广州音像出版社和三峡公司诉至法院，要求赔偿。

在本案中，录音制品的实际发行数量是90万张，但其中只有20万张是合法复制、发行的（已向音著协缴纳包含涉案作品的许可使用费），其余70万张是非法复制、发行的（未向音著协缴纳许可使用费）。根据《著作权法》第四十二条规定："录音制作者使用他人已经合法录制为录音制品的音乐作品制作录音制品，可以不经著作权人许可，但应当按照规定支付报酬；著作权人声明不许使用的不得使用。"经查，涉案作品已在社会中广为流传，著作权人并未发出"未经许可，不得使用"的声明。因此，非法复制、发行的70万张，应根据2001年修订版《著作权法》第三十九条规定，向著作权人支付报酬。据此，法院判决被告可以按照《录音法定许可付酬标准暂行规定》计算，即批发价6.5元×版税率3.5%×录音制品发行数量700000张÷曲目数量11首，由大圣公司、广州音像出版社、三峡公司向洪如丁、韩伟支付报酬14477元。

  录音录像制品是我国音乐产业的重要组成部分，虽然传统音乐产业的产值大不如从前，但仍涉及到音乐商品的生产、制作、复制、流通等环节。因此，除《著作权法》外，我国还专门制定了《音像制品管理条例》，对录音录像制品进行管理。复制音像制品涉及市场秩序规范和维护权利人利益等事宜，《音像制品管理条例》不仅对音像制品的复制单位资质作了明确要求，还对复制行为提出了规范流程。该条例第二十三条第一款规定："音像复制单位接受委托复制音像制品的，应当按照国家有关规定，与委托的出版单位订立复制委托合同；验证委托的出版单位的音像制品出版许可证、营业执照副本、盖章的音像制品复制委托书以及出版单位取得的授权书；接受委托复制的音像制品属于非卖品的，应当验证委托单位的身份证明和委托单位出具的音像制品非卖品复制委托书。"为了确保复制流程的合法性和可溯性，该条第二款还规定："音像复制单位应当自完成音像制品复制之日起2年内，保存委托合同和所复制的音像制品的样本以及验证的有关证明文件的副本，以备查验。"

  2. 发行权

  发行权是录音录像制品制作者享有许可或禁止向公众提供承载于媒介中的录音录像制品的权利。在传统的唱片时代，音乐作品通过录制在磁带、CD等有形介质中进行流转，从而实现其经济利益。购买有形介质是人们获取音乐的一种重要方式。在数字信息时代，虽然通过网络获取音乐作品已经成为主流，但仍然有相当数量的公众愿意通过购买CD、黑胶唱片等实物载体来获取音乐。能否真正享有并实际控制发行权，是关乎录音录像制品制作者经济利益的一个重要问题。《世界知识产权组织表演和录音制品条约》第十二条明确提出，录音制品制作者应享有"授权通过销售或其他所有权转让形式向公众提供其录音制品的原件或复制品的专有权"。各国在著作权相关立法中,承认录音制品制作者的发行权已经成为普遍的做法,德国、法国、美国、日本、英国以及我国等国家均赋予了录音制品制作者该项权利。

值得注意的是,虽然大多数国家都承认录音制品制作者的发行权,但不同国家和地区对于该权利具体涵盖范围的规定却不尽相同。《世界知识产权组织表演和录音制品条约》第十二条的定义声明中明确指出,该条款中的"原件或复制件"是指可作为有形物品投入流通的录音制品复制件。这一解释实际上明确了录音制品制作者的发行权所控制的录音制品有形载体的商业转移行为,并不包括网络传播这种不涉及有形介质转移信息的行为。大陆法系国家所承认的录音制品制作者发行权与《世界知识产权组织表演和录音制品条约》的规定基本相同,但在以美国为代表的英美法系国家,录音制品制作者发行权不仅包括通过有形介质转移而发生录音制品转移的行为,也包括通过网络传播录音制品的行为。

3. 出租权与出借权

一般而言,租借比购买花费要低,但可以达到同样的欣赏效果。因此,如果同一个录音或录像制品以一定的租金对外租赁,经过若干次后,租赁所得收益就将超过原本购买它的成本。如果录音录像制品制作者无法控制这种租赁行为的话,就会使录音录像制品成为近乎免费供应的"原材料",录音录像制品制作者的经济收益也会蒙受损失。《世界知识产权组织表演和录音制品条约》明确规定录音制品制作者享有出租权,即享有许可或禁止出租商对其录音制品的原件或复制件向公众进行商业性出租的专有权。需要注意的是,出租权是一项独立的权利,它不需要依附于其他任何权利。《世界知识产权组织表演和录音制品条约》第十三条规定,即使录音制品的原件或复制品已被发行,但录音制品制作者的出租权依然存在。

相对于商业性的出租行为,在图书馆或其他非营利性场所通过租借的方式向公众提供录音录像制品的原件或复制件,在邻接权制度中被称为"出借权"(公共借阅权)。德国和日本没有明确提出"公共借阅权"的概念,但在具体的法律规定中,均不同程度地对录音录像制品的公共借阅权予以了体现。德国《著作权法和邻接权法》(2003年)第二十七条第二款规定,作品的原件或复制件(包括书籍、音像制品等)在向公众开放的机构出借的,应当向作者支付适当的报酬。依据日本《著作权法》(1984年)第三十八条第四项的规定,公共服务机构向公众出借电影胶片、录像带、视盘等影像著作物复制品时,不需要得到著作权人的许可,但必须向权利人支付一定的补偿金。欧共体在1992年通过的《出租权、出借权及知识产权领域特定相关权指令》(简称《邻接权指令》),也对借阅权作了类似的规定。该指令第二条规定,欧盟出借的客体包括图书、录音制品、录像制品、电影作品的原件和复制件等。通常情况下,考虑到公众利益的问题,政府会成为支付出借权费用的主体。当前,我国尚未对作品和录音录像制品的出借权作相应的规定,相信随着著作权制度的日益完善,这一内容最终将体现在著作权法的相应条款上。

4. 信息网络传播权

公众可以通过互联网随时获取录音录像制品,这种便捷的方式极大地满足了大众对录音录像制品的需求,但同时也损害了录音录像制品制作者的经济利益。因为,通过网络获得录音录像制品,尤其是高品质的录音录像制品后,公众就不再需要购买实体制品,这一点通过近年来国际唱片业协会发布的实体唱片产值下滑和数字音乐产值上升的数据就足以证明。世界知识产权组织在起草《世界知识产权组织表演和录音制品条约》时就已经意识到这样的问题:"音乐工业和唱片零售店将会被向公众开放、通过网络向公众家用计算机直接发送音乐产品的数据库所取代。"[1]我国2001年修订版《著作权法》承认录音录像制品享有信息网络传播权,但没有明确权利的具体内涵和范围。《信息网络传播权保护条例》将录音录像制品制作者信息网络传播权的涵盖范围与作者的信息网络传播权等同起来,即"以有线或者无线

---

[1] 郑成思主编:《知识产权文丛》(第一卷),中国政法大学出版社,1999年,第333页。

方式向公众提供作品、表演或者录音录像制品，使公众可以在其个人选定的时间和地点获得作品、表演或者录音录像制品。"根据《著作权法》第四十四条规定，通过信息网络向公众传播录音录像制品应当获得录音录像制品制作者的许可，并支付报酬。

5. 广播权

录音录像是唱片产业的主要工作内容，也是音乐产业技术含量较高的领域。录音录像制作者需要投入大量的人力、物力、财力才能使音乐作品通过唱片、广播、网络等方式进行传播。世界上大多数国家都对录音录像制作者的广播权进行了明确规定，包括几乎所有欧洲和有版权制度的亚太国家和地区。《罗马公约》《世界知识产权组织表演和录音制品条约》等国际公约对此也有相应规定。我国2020年修订版《著作权法》新增了录音录像制品的广播权条款，进一步扩大了录音录像制作者权，也是我国著作权法越来越符合国际著作权立法精神的体现。

（二）录音录像制作者的义务

我国《著作权法》第四十二条、第四十三条、第四十四条、第四十五条规定，录音录像制作者应履行下列义务：

1. 录音录像制作者使用他人作品制作录音录像制品，应当取得著作权人的许可，并支付报酬。在音乐领域，从表面上来看，录音录像就是将他人的音乐表演固定在一定载体上的行为，但从本质上来看，录音录像是对音乐作品和音乐表演同时进行复制，并通过传播实现其经济和社会价值的行为。授权和禁止复制是著作权制度中作者享有的核心权利，录音录像制作者使用他人作品制作录音录像制品，应当取得著作权人的许可，并支付报酬，这是对著作权人复制权的尊重。此外，录音录像制作者使用改编、翻译、注释、整理已有作品而产生的作品，应当取得改编、翻译、注释、整理作品的著作权人和原作品著作权人的许可，并支付报酬。

2. 录音制作者使用他人已经合法录制为录音制品的音乐作品制作

录音制品，可以不经过著作权人的许可，但应当按照规定支付报酬；著作权人声明不许使用的不得使用。当音乐作品首次被合法录制后，如果依旧承认著作权人对录音行为的绝对控制权，则有可能造成音乐作品的市场垄断。一个重要的原因是，音乐作品的表演在被录制后，录音公司（唱片公司）会通过雇佣关系、买卖关系、委托关系等方式将作品的有关财产权转移到自己手中，从而达到垄断使用的目的，这将不利于作品的进一步传播和社会文化的繁荣。因此，《伯尔尼公约》第十三条规定，对已授权录制其作品的音乐和词曲作者，成员国可自行对其再次授权的专有权予以保留或附加条件，但在任何情况下不得损害作者获得报酬的权利。我国《著作权法》附加了"著作权人声明不许使用的不得使用"的规定，使得著作权人以及权利转移后得到著作权的录音公司（唱片公司）可以通过声明的方式获得专有权，从而使得这项条款形同虚设。这一点在《著作权法》今后的修订过程中是值得深思的。

3. 录音录像制作者制作录音录像制品，应当同表演者订立合同，并支付报酬。录音录像制品是直接将音乐表演者的表演固定在一定载体上的行为，根据表演者权的相关规定，表演者有许可和禁止他人将表演进行录音录像的权利。因此，录音录像者制作录音录像制品，还应当征得表演者的同意，并支付报酬，其权利和义务内容也应通过书面合同进行约定。

4. 被许可人复制、发行、出租、通过信息网络向公众传播录音录像制品，应当取得著作权人、表演者许可，并支付报酬。录制和传播是两个不同的环节，录音录像制作者向公众传播伴有表演者表演的录音录像制品是其获得收益的主要方式，这也是著作权人、表演者财产权的重要组成部分。因此，录音录像制品制作者以复制、发行、出租、通过信息网络向公众传播录音录像制品时，应当取得著作权人（含因演绎行为而形成的著作权人）、表演者的同意，并支付报酬，其权利和义务内容也应通过书面合同进行约定。

第五节　广播组织权

就广播的传播模式而言，作品从创作完成到被受众接受是一个由各环节共同组成的过程，即音乐作品的创作者、表演者、录音录像制品制作者、广播组织、受众形成了一个链状的传播关系。广播通常处于最后一个环节，它直接被受众所接受。从这个链状的关系来看，广播信号所传播的不仅有作品，而且有表演和录音录像制品，这也决定了广播组织在著作权法中的独特地位。一方面，广播本身需要保护，因为它在音乐传播的过程中也付出了技术性、组织性、创造性的人力、物力、财力投入；另一方面，被广播播出的内容的相关利益群体也应被保护，如音乐作品的著作权人、表演者、录音录像制品制作者等。利益冲突和平衡主体的多元化决定了广播组织权保护制度的复杂性。

一、广播组织权保护制度概述

技术的发展是著作权保护制度的催化剂。无线电通讯和模拟录制等复制技术推动了广播组织保护制度的产生和发展。20世纪20年代，广播电台在欧美发达国家相继涌现，电视随后也逐渐普及。广播组织在基础建设、信息采集、整理、编辑，信号传输等方面投入了大量的成本，它们制作出来的广播节目经常被他人随意转播、录制、复制或在公共场所播放，使得其投入和回报失去了平衡，经济收益遭受到巨大的威胁。在此环境下，制定保护广播组织法律法规的呼声越来越强烈。最终，1961年《罗马公约》为广播组织设定了具体保护条款，并在各国的立法中得到广泛承认。

从国际层面上来看，数字技术条件下广播组织权的调整与著作权、表演权和录音录像制品制作者权相比而言起步较晚。世界知识产权组织在制定"数字条约"（WCT和WPPT）时，并没有考虑对广播组织的保护作出响应。随着数字技术的发展，传统的广播组织对网络这一新型传播媒介不可能视而不见。事实上，许多广播组织已经开始将节目在网络上进行直播或转播，尤其是流媒体的发展对广播组织的影响，已经成为世界知识产权组织和各国立法中不可回避的问题。近年来，一些国家和地区开始关注数字技术对广播组织的冲击，并制定了相关的法律法规来对这一情况予以回应，其中具有代表性的有2001年出台的《关于信息社会协调版权及相关权利某些方面的2001/29/EC号指令》、2003年修订的意大利《著作权法》。由于我国已成为网络用户量最大的国家，网络技术的发展也处在世界前列，因此为适应现代媒介科技的发展，2020年修订版《著作权法》对此也作了相应规定。《著作权法》第四十七条规定，广播电台、电视台有权禁止未经其许可将其播放的广播、电视通过信息网络向公众传播的行为。

二、广播组织权的内容

广播是指通过有线或者无线的方式向公众播放或者转播载有声音、图像的信号活动。广播组织是专门从事传送声音、图像信号的广播电台、电视台等组织。广播组织权保护的客体究竟是广播信号还是广播节目？对于这一关键问题，学界和各国的立法存在着不同的观点。

《罗马公约》为广播组织所设定的各项保护都是针对使用广播的各项行为而言的，而并未对"广播"本身进行解释。世界版权组织认为"广播行为"是指提供公众接收的声音或声音和图像的无线电传播，因此该公约要求各成员国保护的是承载广播节目的无线电磁信号，而非信号所承载的内容。

从国家层面来看，各国对于广播组织权的客体的看法也并不一致。意大利、巴西等国家的法律与《罗马公约》一致，将广播组织权的客体定位于"广播"的各项行为；加拿大《版权法》直接将其表述为"通讯信号的版权"；法国和匈牙利等国家则将广播组织权的客体定位于广播组织或广播组织的节目。根据我国《著作权法实施条例》的规定，我国

《著作权法》中的广播组织权,是指广播电台、电视台对其播放的广播、电视节目所享有的权利,这表明我国《著作权法》将广播组织权的保护客体确定为广播组织所播放的节目。

广播组织权的主体是制作广播电视节目的广播电台、电视台等组织。在我国,能够具有广播组织权的主体只能是依法设立并专门从事广播电视节目制作、传送的广播电台、电视台。企事业单位内部和乡镇设立的广播站、电视台不属于广播组织权的主体范围。我国《著作权法》第四十六至四十八条规定了广播组织的权利和义务。

(一)广播组织的权利

《著作权法》第四十七条规定,广播电台、电视台有权禁止未经其许可的下列行为:1.将其播放的广播、电视以有线或者无线方式转播;2.将其播放的广播、电视录制以及复制;3.将其播放的广播、电视通过信息网络向公众传播。

表6-2:著作权人的广播权和广播组织的广播组织权对比分析

	广播权	广播组织权
权利范围	著作权	邻接权
权利主体	作者或者其他著作权人	广播电视组织
权利客体	艺术作品本身	广播电视组织首次播放的节目
权利内容	许可他人广播其作品	广播电台、电视台有权禁止未经其许可的下列行为:1.将其播放的广播、电视以有线或者无线方式转播;2.将其播放的广播、电视录制以及复制;3.将其播放的广播、电视通过信息网络向公众传播。
	许可第三人转播已被他人广播的作品	

《著作权法》第四十七条还规定,广播组织权的保护期为50年,截止于该广播、电视首次播放后第五十年的12月31日。

网络技术的兴起给广播电台、电视台带来了极大的机遇和挑战,通过网络传播可以扩大受众面,提升收视率。与此同时,网络视频平台也为对广播组织播放的广播、电视节目进行转播提供了条件,如IPTV、PPLive等均涉及相关业务。然而原有的法律并没有赋予广播组织信息网络传播权,这就导致诸多争议一直无法得到解决。如嘉兴华数电视通信有限公司（后简称"嘉兴华数公司"）诉中国电信股份有限公司嘉兴分公司（后简称"嘉兴电信公司"）一案。

嘉兴华数公司通过协议在其运营的区域内取得了传输黑龙江卫视频道节目信号的专有权，授权期限是2010年7月20日至2021年7月19日。根据约定，嘉兴华数公司有权对第三方非法传输黑龙江卫视节目信号的行为以嘉兴华数公司的名义提起诉讼。2011年3月23日，嘉兴华数公司委托代理人和公证处公证人员在上述合同运营区域内，对其收看的电视节目频道的内容和过程采取证据保全措施，并出具了两份公证书，载明："电视屏幕上出现中国电信的画面，屏幕左上角显示'电信宽带十周年，千万用户大提速，速到当地电信营业厅，劲享更多惊喜实惠'。"公证书所附照片均显示分类频道上黑龙江卫视的编号为032。

IPTV即交互式网络电视，是一种利用宽带有线电视网，集互联网、多媒体、通讯等多种技术于一体，向用户提供包括数字电视在内的多种交互式服务的崭新技术，其与传统广播电视的最大区别在于通过网络进行传输。本案的争议焦点在于嘉兴电信公司通过IP网络把来源于黑龙江电视台的电视节目通过IPTV宽带业务应用平台传送到用户机顶盒和电视机的终端，是否侵犯了嘉兴华数从黑龙江卫视取得的转播权。换句话说，通过IPTV播放他人电视节目是否属于"转播"行为。

一审法院、二审法院认为，嘉兴电信公司通过互联网转播了黑龙江电视台的电视节目，但根据2010年修订版《著作权法》规定，尚不能将该行为视为转播行为，故法院依法驳回了嘉兴华数公司的诉讼请求。然而，根据2020年修订版《著作权法》的相关规定，则应该认定嘉兴电信公司侵犯了嘉兴华数公司自黑龙江卫视取得的信息网络传播权。

随着社会的进步，人们的娱乐方式也日新月异。卫星技术的发展使一些公共场所（如酒吧、餐厅、机场）能够轻而易举地播放大量电视节目，尤其是音乐类选秀节目，以招揽顾客、营造消费氛围。基于此，各国广播组织要求将公开传播权扩大到公共场所的播放，以拓展其权利范围。目前，世界知识产权组织已开始讨论相关问题，相信将来一定会有一个合理的解决方案。

（二）广播组织的义务

由于广播电台、电视台播放的广播、电视节目涉及到多人的权利，因此广播组织也应当履行相应的义务。

1. 广播电台、电视台播放他人未发表的作品，应当取得著作权人的许可，并支付报酬。广播电台、电视台播放他人已经发表的作品，可以不经过著作权人的许可，但应当支付报酬。广播电台、电视台的义务即为著作权人的权利，如前者不履行义务，就应当承担相应的责任。

在中国音乐著作权协会（后简称"音著协"）诉珠海广播电视台一案中，根据音著协提交的（2016）京长安内经证字第42816号公证书和（2017）京长安内经证字第13352号公证书的内容显示，珠海广播电视台在其电视台的《快乐童年》节目中使用了《好妈妈》《葫芦娃》《纤夫的爱》《夕阳红》《好运来》《好日子》《水晶鞋》《山顶上》《天之大》《中国范儿》等10首歌曲，在其FM87.5广播频道中使用了《九百九十九朵玫瑰》《同桌的你》《感恩的心》《趁早》等4首歌曲，但未支付著作权使用费。根据我国2010年修订版《著作权法》第四十八条第一项规定，侵权方应当根据情况，承担停止侵害、消除影响、赔礼道歉、赔偿损失等民事责任。

2. 广播电台、电视台行使法律规定的权利，不得影响、限制或者侵害他人行使著作权或者与著作权有关的权利。

3. 电视台播放他人的视听作品、录像制品，应当取得视听作品著作权人或者录像制作者许可，并支付报酬；播放他人的录像制品，还应当取得著作权人许可，并支付报酬。

第七章　音乐著作权的使用与限制

第一节　音乐著作权的使用

一、音乐著作权相关合同概述

著作权相关合同，是指著作权人和邻接权人通过转让、许可、质押或者法律允许的其他方式转移或者利用著作权、与著作权有关权利中的财产权而与他人订立的合同。音乐作品从创作到消费的过程中形成了产业链，音乐产业链上下游各环节之间均须通过合同进行权利转让或授权。

合同，又称为契约、协议，是当事人之间设立、变更、终止民事关系的"契约类"文书。广义的合同指所有法律部门中确定权利、义务关系的协议；狭义的合同指一切民事合同，是当事人协商一致的产物，是两个以上的意思表示相一致的协议。在订立合同时，应遵循平等原则、合同自由原则、公平原则、诚实信用原则、遵纪守法原则、依合同履行义务原则。

（一）合同形式

我国《民法典》第一百三十五条规定："民事法律行为可以采用书面形式、口头形式或者其他形式；法律、行政法规规定或者当事人约定采用特定形式的，应当采用特定形式。"《民法典》第四百六十九条第一款规定："当事人订立合同，可以采用书面形式、口头形式或者其他形式。"由此可见，合同可以有书面、口头等多种形式。

图7-1：合同的形式

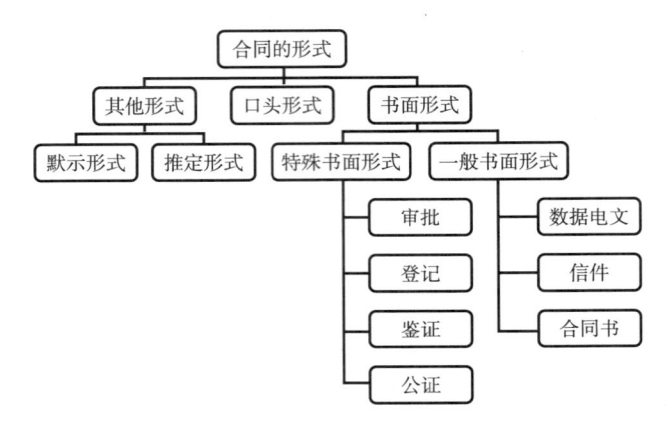

```
                    合同的形式
          ┌────────────┼────────────┐
       其他形式       口头形式      书面形式
       ┌───┴───┐              ┌──────┴──────┐
   默示形式  推定形式      特殊书面形式   一般书面形式
                           ┌───┤          ├───┐
                          审批           数据电文
                          登记           信件
                          鉴证           合同书
                          公证
```

1. 书面形式

《民法典》第四百六十九条第二款规定："书面形式是合同书、信件、电报、电传、传真等可以有形地表现所载内容的形式。"随着信息技术的不断发展，合同的签订方式也日益多样化，为此该条第三款还规定："以电子数据交换、电子邮件等方式能够有形地表现所载内容，并可以随时调取查用的数据电文，视为书面形式。"由此可见，书面形式十分丰富，并不只有双方签订的以合同书呈现的形式。根据《民法典》和《著作权法》的相关规定，涉及著作权使用的相关合同一般属于要式合同，即法律、行政法规规定，或者当事人约定应当采用书面形式的合同。前者称为法定之要式合同，后者称为约定之要式合同。

2. 口头形式

口头形式是指当事人仅以对话的方式表示并形成合意的合同形式。在特定情况下，为了证明合同关系及合同内容，当事人对一些重要的信息可以采用录音录像的方式将双方或各方的对话、场景、布置、要求等录制下来。有些学者认为，录音录像的方式属于记录，应属于书面合同；[1]也有学者认为，录音录像是对口头的记载，且没有"书写"的特

---

[1] 朱广新：《合同法总则》，中国人民大学出版社，2008年，第95页。

点，因此归入口头形式更为妥当。①本书认为，此种方式应属于口头合同，只要符合法律规定，录音录像的内容可以作为附件，视为合同的组成部分，具有同等法律效应。从实际操作层面来看，采取此种方式可以避免诸多矛盾：一是录音录像的方式可以直观地表达文字无法表达的内容，如布景、颜色、款式等；二是在解决争议时可以作为视听证据提交法庭，起到举证、质证的作用；三是保存时间不受限制，可以长期保存。

3. 其他形式

其他形式，是指书面和口头以外的作为或者不作为的方式订立的合同形式，主要包括推定和默示两种。推定形式，是指当事人以积极的行为表达于外部而使他人可以推定其意思表示进而达成合意的缔约形式。《民法典》第四百九十条第二款规定："法律、行政法规规定或者当事人约定合同应当采用书面形式订立，当事人未采用书面形式但是一方已经履行主要义务，对方接受时，该合同成立。"如舞台、灯光、音响设备租赁期满后，承租人继续缴纳租金，出租人没有提出异议的，可以推定当事人之间达成了延长租赁合同的合意。默示形式，是指既无言辞又无行动的意思表示的不作为的缔约形式。该形式是指当事人对即将或已经发生的民事行为结果采取了默认、默许的态度，在法律规定或当事人有约定的情况下，当事人一方或多方的不作为可以产生特定的意思表示，从而达到法律效果。

（二）合同条款

1. 一般条款

《民法典》第四百七十条规定："合同的内容由当事人约定，一般包括下列条款：（一）当事人的姓名或者名称和住所；（二）标的；（三）数量；（四）质量；（五）价款或者报酬；（六）履行期限、地点和方式；（七）违约责任；（八）解决争议的方法。当事人可以参照各类合同的示范文本订立合同。"需要注意的是，该条款采用的是"一

---

① 王利明：《合同法研究·第一卷（修订版）》，中国人民大学出版社，2011年，第504页。

般包括"的表述，意味着这条规定完全是一种建议性、提示性的规定，如果当事人在合同中的约定不具备或超过上述八项中的部分内容，并不会导致合同不成立。

（1）标的

标的是合同权利和义务的指向对象，是一切合同的必备条款。标的既可以是"物"，如演出中租赁的灯光、音响等设备，也可以是"行为"（包括作为和不作为），如演出合同中的组织行为、表演行为、宣传策划行为、赠予行为、交付行为等。当然，在音乐产业交易、交换过程中，出现频率较高的还是以"知识产权"状态出现的著作权和邻接权，准确地说是以上两种权利中的财产权或跟财产权相关的其他权利。

（2）当事人的姓名或名称和住所

当事人是合同权利和义务的主体，当事人的姓名或名称是一切合同的必备条款。在司法实践中，考虑到当事人身份的确定性和完整性，签订合同的当事人条款至少应包括自然人的身份证件信息以及法人或者非法人组织的执照信息或者登记信息。此外，当事人的住所、经常居住地、法人或者非组织登记地等信息虽然不是合同的必要条款，但这些信息涉及法院管辖权、涉外法律关系使用的准据法等重要事宜，因此建议在合同的具体条款中明确以上信息。

（3）数量

数量是确定标的的基本条件，数量条款不确定，大多数合同都无法得到履行，因此数量也是合同的必备条款。相比于一般物权，音乐作品的著作权和邻接权是一套复杂的系统，通过笼统的语言表述往往会造成不必要的法律纠纷。因此，在音乐著作权、邻接权相关的转让、授权等合同中，应当明确转让或授权的音乐作品数量以及各音乐作品中具体财产权的明细，以免产生不必要的矛盾，必要的时候，还应当明确作品的利用方式、范围等内容。

（4）其他条款

《民法典》第四百七十条所列的条款中，质量、价款或者报酬、履行地点、履行方式、违约责任和解决争议的方式等条款，不是合同的必备条款。也就是说，即使没有这些条款也不影响合同的成立。如果当事人在合同中没有约定上述非必备条款，或者约定的非必备条款不明确，可以采用以下两种方式解决：一种是补充协议；另一种是补充协议无法解决的，按照合同有关条款或者交易习惯确定。

2. 格式条款

格式条款，是指当事人一方为了重复使用而预先拟定，并在订立合同时未与对方商量的条款。格式条款适用于不特定的相对人，身处弱势地位的相对人对格式条款"要么接受，要么走开"（Take it or leave it）。[1]格式条款一般以两种形式存在：一种是当事人一方提供的格式样本；另一种是包含一部分法定条款的格式样本。《著作权法》第二十六条、第二十七条还分别对许可使用和转让合同的主要内容作了具体规定。根据《著作权法实施条例》，与著作权人订立专有许可合同、转让合同后，可以向著作权行政管理部门备案。

（三）合同订立

《民法典》第四百七十一条规定："当事人订立合同，可以采取要约、承诺方式或者其他方式。"一般情况下，要约和承诺是合同成立必须经过的两个阶段，不经过要约和承诺的，合同是不可能成立的。为体现民法的开放性和合同的自由原则，民法典新增了"其他方式"以适应日益复杂的缔约方式。例如，实践合同需要双方合意加交付行为方能成立。

1. 要约与要约邀请

要约，又称出价、发价、报价、出盘、发盘等，是指希望和他人订立合同的意思表示。发出要约的人称为要约人，接受要约的人称为受要约人或相对人。

（1）要约必须具有订立合同的意图。《民法典》第四百七十二条规定："要约是希望与他人订立合同的意思表示，该意思表示应当符合

---

[1] [英]施米托夫：《国际贸易法文选》，赵秀文译，中国大百科全书出版社，1993年，第201页。

下列条件：（一）内容具体确定；（二）表明经受要约人承诺，要约人即受该意思表示约束。"这表明发出要约是一种非常严肃的行为，因为一旦要约发出即表示要约人已决定与受要约人订立合同。如，"我们正考虑/准备委托你来担任本片的音乐创作人"和"我们决定委托你来担任本片的音乐创作人"这两句话，从字面上来理解意义相近，但从法律角度来看就完全不一样了。前者具有极强的不确定性，不能认定为具有订立合同的意思表示，而后者则表示合同签约人和合同内容有了确定性，应认定为该要约人有与受要约人订立合同的意思表示。

（2）要约的内容必须具体确定。其中"具体"是指要约中应包含合同的主要内容，如标的、当事人的姓名或名称、数量等必备条款。在音乐著作权、邻接权利用的合同中，必须涉及到转让或许可使用（专有使用权或非专有使用权）、权利的种类、时间、地域范围等内容。要约如缺少了以上内容，就会使承诺人无法做出承诺，即使做出了承诺，合同也无法履行。

（3）要约必须向要约人希望与之订立合同的受要约人发出。原则上，要约人应对接受其所发要约的人员进行选择，也就是受要约人应具有特定性，这样有利于承诺人做出有效承诺，保障交易安全和秩序。当然，法律并不禁止要约向不特定人发出，明确"构成要约"并承担向多人发出要约可能引发责任的意思表示，可以向不特定的相对人发出。

《民法典》第四百七十三条规定："要约邀请是希望他人向自己发出要约的表示。拍卖公告、招标公告、招股说明书、债券募集办法、基金招募说明书、商业广告和宣传、寄送的价目表等为要约邀请。"要约邀请，又称引诱要约，只是"引诱"他人发出要约，并不因为要约邀请的相对人的"承诺"而成立合同。值得注意的是，商业广告原则上为要约邀请，但符合要约规定的，则视为要约。

2. 承诺的概念和要件

承诺，是指受要约人同意要约的意思表示。承诺要发生法律效力，必须具备以下条件：

（1）承诺必须由受要约人向要约人发出，且承诺必须标明受要约人决定与要约人订立合同。受要约人以外的人向要约人发出的同意要约的意思表示，是一项新的要约而不是承诺。承诺必须以已经明确接受要约的内容，并已明确订立合同的意图为前提。如采用模糊的回复，如"我方基本同意贵方提出的条件""我方原则上同意贵方提出的条件"等不能算是承诺。

（2）承诺的内容须与要约的内容保持一致。在实践中，要约和承诺一般不会一次性统一，受要约人往往会在要约的基础上对某些事项进行变更，从而形成"要约（要约人）—新要约（受要约人）……承诺"的过程。受要约人就要约的实质性内容提出变更的，不能算是承诺，而是一项新的要约，如"我方同意贵团来我处演出，但具体酬劳需下降20%"等。实践中，受要约人就要约的非实质性内容提出变更的，可以形成承诺，合同内容以承诺内容为准。但要约人事先声明或及时提出要约内容不得进行任何变更的，则该承诺无效。

（3）承诺必须在要约的有效期限内到达要约人。《民法典》第四百八十一条规定："要约明确了承诺期限的，承诺应当在要约确定的期限内到达要约人；要约未明确具体期限的，承诺应该按照下列规定到达：要约以对话方式作出的，受要约人应及时作出承诺、提出新的要约；要约以非对话方式作出的，承诺应在合理期限内到达要约人。"

（四）合同成立与合同生效

合同的成立，是指合同当事人之间就合同的必备条款或者主要条款达成共同的意思表示。合同成立的一般规则是，承诺生效时合同成立。在承诺生效的时间上，《民法典》第四百九十条、第四百九十一条分别规定了两种情况：

1. 当事人采用合同书形式订立合同的，自当事人均签名、盖章或者按指印时合同成立。在签名、盖章或者按指印之前，当事人一方已经履行主要义务，对方接受时，该合同成立。

法律、行政法规规定或者当事人约定合同应当采用书面形式订立，当事人未采用书面形式但是一方已经履行主要义务，对方接受时，该合同成立。

2. 当事人采用信件、数据电文等形式订立合同，要求签订确认书的，签订确认书时合同成立。

合同生效，是指已经成立的合同在当事人之间产生了法律效力。已经订立的合同，必须具备以下四个要件才能生效：

1. 行为人具有相应的民事行为能力。我国《民法典》按照年龄以及行为辨认能力，将自然人分为无民事行为能力人、限制民事行为能力人和完全民事行为能力人。合同以当事人的意思表示为基础，以产生一定的法律后果为目的。因此，行为人应当具有相应的民事行为能力才能独立、真实、有效地进行意思表达，否则该合同可能会成为无效合同或者效力待定合同。如，未成年儿童、残障人士参加演出签订的合同，如果超出他们年龄、智力、精神健康状况的，应当由其法定代理人代理或者征得法定代理人的同意。

2. 意思表示真实。意思自治原则是民法的基本原则，意指当事人有权在法律规定的范围内选择从事或不从事某项民事活动，这也是当事人行为自由的保障。任何人在受到胁迫、欺诈等情况下做出的意思表达，都可能没有进行真实的意思表达，所以这类行为一般属于无效民事行为，在此环境下所签订的合同也是无效合同。

3. 不违反法律和社会公共利益。由于作品通过各种使用方式在社会中传播，将对社会公共文化产生影响，因此著作权、与著作权有关的权利的使用以及据此签订的合同需符合法律规定。不仅如此，对于那些表面上符合法律规定，实际上却损害了公序良俗的合同，也应当认定为无效合同。

4. 具备法律、行政法规规定的合同生效必须具备的形式要件。形式要件，是法律、法规规定的对合同形式上的要求。一般情况下，法律、法规对合同没有形式上的要求，但特定的法律、法规规定将其作为合同生效条件时，这些规定便成为合同生效的要件之一。不具备这些形式要件，合同便不能生效。法律另有规定的除外。《著作权法》第二十八条规定:"以著作权中的财产权出质的,由出质人和质权人依法办理出质登记。"合同自《合同登记证》颁发之日起生效。

合同成立和合同生效是两个不同的概念,合同成立是指当事人就合同内容形成意思一致,合同生效是指已经成立的合同得到法律的认可,并产生法律效力。合同成立是合同生效的前提,合同生效是合同成立的法律结果。

(五)合同效力

合同的效力,是指依法成立的合同在当事人之间产生的法律约束力。合同根据成立后是否生效,主要分为有效合同、无效合同、效力待定的合同和可撤销的合同。

1. 有效合同

有效合同是指依照法律的规定成立并在当事人之间产生法律约束力的合同。从目前的法律规定来看,有效合同一般要符合前文所述合同生效的四个要件。合同订立后,当事人还可以就合同生效的条件和期限进行约定。

2. 无效合同

无效合同是相对有效合同而言的。根据《民法典》规定,签订合同属于民事法律行为,合同无效的情形包括合同当事人不具备民事行为能力,合同不是当事人真实意思表示,合同在形式和内容上违反了法律、行政法规的强行性规定或者公序良俗等。在我国《民法典》的规范体系中,合同无效制度由多个规定合同无效情形的规范构成——其以"总编则"的"民事法律行为的效力"为主体,同时分布在该编的第一章,"合同编"中的第一分编第二章、第三章和第二分编相关章节中——由此形成了看似"形散"的合同无效制度规范群。订立合同的双方应保护当事人的人身财产安全,并遵守诚实信用、平等公平的原则。《民法典》第五百零六条规定:"合同中的下列免责条款无效:(一)造成对方人身损害的;(二)因故意或者重大过失造成对方财产损失的。"此外,采用格式条款订立合同的,根据《民法典》第四百九十七条规定:"有下列情形之一的,该格式条款无效:(一)具有本法第一编第六章

第三节和本法第五百零六条规定的无效情形；（二）提供格式条款一方不合理地免除或者减轻其责任、加重对方责任、限制对方主要权利；（三）提供格式条款一方排除对方主要权利。"

在实践中，还存在主体不合格所导致的无效合同。如与未成年人、限制民事行为能力人订立的合同，或无权代理人以被代理人名义签订的合同等，均有可能导致合同无效。

3. 效力待定的合同

效力待定的合同是指合同虽然已经成立，但因其不完全符合法律有关生效要件的规定，因此其发生效力与否尚未确定，一般须经有权人表示承认或追认才能生效。主要包括三种情况：一是无行为能力人订立的和限制行为能力人依法不能独立订立的合同，必须经其法定代理人的承认才能生效；二是无权代理人以被代理人名义订立的合同，必须经过被代理人追认，才能对被代理人产生法律拘束力；三是无处分权人处分他人财产权利而订立的合同，未经权利人追认，合同无效。

4. 可撤销的合同

可撤销的合同是指当事人在订立合同的过程中，由于意思表示不真实，或者是出于重大误解从而作出错误的意思表示，依照法律规定可予以撤销的合同。一般认为，撤销合同的主要原因或前提有：

（1）缔约当事人意思表示不真实。其中包括重大误解、显失公平、欺诈、胁迫或乘人之危等情形。《民法典》第一编第六章第三节对此作出了比较详细的规定。

（2）合同是否撤销必须由享有撤销权的一方当事人提出主张，人民法院或仲裁机构才能予以撤销，人民法院或仲裁机构一般是不能依职权主动予以撤销的。当事人请求变更的，人民法院或仲裁机构不得撤销。由此可见，撤销权是享有撤销权的当事人一方的权利，该当事人既可以依法主张，也可以依法予以放弃，充分地体现出当事人的意愿。

（3）合同在撤销前应为有效。合同的撤销确在法院或仲裁机构依法作出认定后才能发生法律效力，因此合同撤销权不是一种形成权，而是一种请求权，只有当享有撤销请求权的当事人主张或行使这一权利时，人民法院才可对此请求作出判断、认定和处理。被撤销的合同也就随之失去自始的法律效力，应采用和无效合同相同的救济手段和补救措施。

（六）合同履行

合同履行是指合同当事人依据法律的规定与合同的约定完成约定的义务。简单来讲，合同中任何义务的执行，都是合同履行行为，如交付货物、提供服务、支付报酬、支付货款、完成工作、保守秘密等。合同当事人未执行合同约定义务或未完全执行合同约定的义务，都不能认为合同履行完毕。一般情况下，合同当事人的权利实现有赖于对方义务的履行。合同的履行通常表现为义务人的作为，由于合同大多是双务合同，当事人双方一般均须以一定的积极作为，实现对方的权利。但在极少数情况下，合同的履行也表现为义务人的不作为。无论是作为还是不作为，都是义务人的履约行为。

合同履行过程中，由于权利义务设定的关系，当事人之间会形成不同的抗辩权。抗辩权，又称异议权，是指一方享有的对抗对方的请求权或者否定对方的主张权利。在双务合同上，《合同法》规定了同时履行抗辩权、后履行抗辩权和不安抗辩权。

1. 同时履行抗辩权

同时履行抗辩权，是指双务合同的当事人应同时履行义务的，一方在对方未履行前，有权拒绝对方请求自己履行合同的权利。《民法典》第五百二十五条规定："当事人互负债务，没有先后履行顺序的，应当同时履行。一方在对方履行之前有权拒绝其履行请求。一方在对方履行债务不符合约定时，有权拒绝其相应的履行请求。"

2. 后履行抗辩权

《民法典》第五百二十六条规定："当事人互负债务，有先后履行顺序，应当先履行债务一方未履行的，后履行一方有权拒绝其履行请求。先履行一方履行债务不符合约定的，后履行一方有权拒绝其相应的履行请求。"该条款不是为先履行一方设定的权利，而是为后履行一方设定的针对先履行一方未履行或未完全履行其债务行为的抗辩权。

3. 不安抗辩权

不安抗辩权，指负有先履行义务的一方如果有确切的证据证明对方不能或者不会做出给付的，在对方未履行或提供担保以前，有权中止合同。根据《民法典》第五百二十七条规定，应当先履行债务的当事人，有确切证据证明对方有下列情形之一的，可以中止履行：（一）经营状况严重恶化；（二）转移财产、抽逃资金，以逃避债务；（三）丧失商业信誉；（四）有丧失或者可能丧失履行债务能力的其他情形。当事人没有确切证据中止履行的，应当承担违约责任。

（七）合同解除

合同解除，是指合同当事人依据法律的规定或者合同的约定，因一方或者双方的意思表示而使已经生效的合同的效力归于消灭的行为。合同解除既可以分为单方解除与协议解除，也可以分为法定解除和约定解除。合同解除的类型关系呈现出一种交叉的关系，单方解除包含法定解除和约定解除，而约定解除包含单方解除和双方协议解除。

图7-2：合同解除的类型

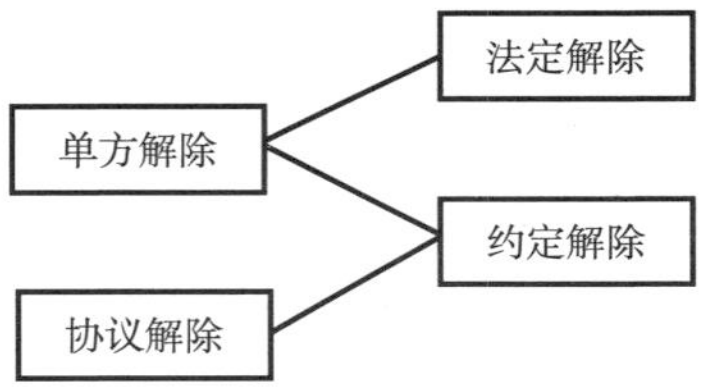

单方解除 —— 法定解除
单方解除 —— 约定解除
协议解除 —— 约定解除

1. 单方解除和协议解除

单方解除，是指解除权人行使解除权将合同解除的行为。它不必经过对方当事人的同意，只要解除权人将解除合同的意思表示直接通知对方，或经过人民法院/仲裁机构向对方主张，即可解除合同。

协议解除，是指当事人双方通过协商同意将合同解除的行为，它不以解除权的存在为必要，解除行为也不是解除权的行使。我国法律把协议解除作为合同解除的一种类型加以规定，是因为虽然它具有与一般解除相同的属性，但它也有自身特点，如解除的条件为双方当事人协商同意，并不因此损害国家利益和社会公共利益，解除行为是当事人的合意行为等。

2. 法定解除与约定解除

合同解除的条件由法律直接加以规定者，其解除为法定解除。在法定解除中，有的以适用于所有合同的条件为解除条件，有的则仅以适用于特定合同的条件为解除条件。前者为一般法定解除，后者为特别法定解除。我国法律普遍承认法定解除，不仅有关于一般法定解除的规定，而且有关于特别法定解除的规定。

约定解除，是指当事人以合同形式，约定为一方或双方保留解除权的解除。其中，保留解除权的合意，称为解约条款。解除权可以保留给当事人一方，也可以保留给当事人双方。保留解除权，可以在当事人订立合同时约定，也可以在之后另订立保留解除权的合同。

《民法典》第五百六十二条承认约定解除，是充分尊重当事人合同自由的体现，因为约定解除是根据当事人的意思表示产生的，其本身具有较大的灵活性，在复杂的事物面前，它可以更确切地满足当事人的需要。当事人采取约定解除的目的虽然有所不同，但主要是考虑到当主客观上的各种障碍出现时，可以从合同的约束下解脱出来，给废除合同留有余地，以维护自己的合法权益。作为一个市场主体，为了适应复杂多变的市场情况，当事人有必要把合同条款规定得更细致、更灵活、更有策略性，其中应包括保留解除权的条款，使自己处于主动而有利的地位。

二、音乐著作权的转让

（一）著作权转让制度概述

著作权转让制度是著作财产权实现的重要方式之一，但各国著作权法对著作权的转让制度有不同的规定方式，主要分为三种。第一种，明确规定著作权转让制度，英美法系国家和大多数大陆法系国家都是如此。英美法系将著作权看作财产权，因此明确规定著作权可以自由转让；大陆法系的著作权分为人身权和财产权，其中人身权不得转让，财产权可以转让，代表国家有法国、日本、中国等。第二种，明确规定著作权不得转让，代表国家有德国。德国的著作权法也将著作权分为人身权和财产权两类，但理论上认为人身权和财产权是一项统一的权利，既然人身权不能转让，那么财产权也无法转让。[1]第三种，未明确规定是否可以转让，如俄罗斯著作权法中，既没有规定著作权可以转让，也没有明文禁止转让。

世界上大多数国家都规定了著作权转让制度。为了与国际著作权立法保持一致性，尤其是相继加入了《伯尔尼公约》《世界版权公约》等国际性组织后，我国在2001年对《著作权法》进行了修改，明确规定了转让制度。根据我国现行《著作权法》第二十七条规定，我国著作权转让仅限财产权，且须订立书面合同。

音乐著作权转让是指著作权人将著作权中的一项、多项或全部财产权有偿或无偿地移交给受让人所有的法律行为。这种转让通常可以通过买卖、互易、赠与或遗赠等方式完成。移交著作权的著作权人称为转让人，接受著作权的他人称为受让人。转让著作权俗称"卖断"或"卖绝"著作权。著作权转让必然是权能完整的财产权的转让，也就是说，无论是转让表演权，还是转让改编权或其他任何一项财产权，都必须将使用、收益、处分等权能一并转让。与许可他人使用作品不同，转让著作权的法律后果是转让人丧失所转让的权利，受让人取得所转让的权利，从而成为新的著作权人。

（二）著作权转让特征

著作权转让主要有以下六个特征：

1. 著作权的转让仅限财产权的转让，可以是财产权的部分转让，也可以是全部转让。其结果是受让人成为该作品一项、多项或全部著作财

---

[1] [德]M.雷炳德：《著作权法》，张恩民译，法律出版社，2005年，第26—27页。

产权新的权利人。

2. 著作权的转让并非作品原件物权的转让。音乐作品事实上存在两种法律关系，一种是基于载体的物权关系，另一种是基于内容的著作权关系。著作权的转让是著作财产权的转移，而不涉及物权本身。当购买人购买了一张含有音乐的CD后，该购买人即拥有了对这张CD的物权，但并不因为其购买CD而拥有著作权，著作权依旧归属于音乐作品的著作权人。音乐著作权人一旦将著作权转让后，著作财产权就发生转移，原著作权人不再享有已被转让的著作权。

3. 著作权的转让与著作权许可使用有严格的区别。著作权转让的法律后果是著作权人的变更，而著作权的许可不会使著作权人发生变化。著作权转让是一种永久性的法律行为，没有固定期限，而著作权的许可使用一般应约定一个固定期限。

4. 转让著作财产权的行为，应当视为著作人身权同时行使完毕。著作人身权无法转让，但在实践中，著作财产权在转让后总会涉及著作人身权的相关问题。如：一首音乐作品的受让人在获得该作品的表演权后就可以进行表演，但如果原著作权人提出其尚未转让或未行使发表权等人身权，就会使得财产权的转让变为空谈。因此，在著作权发生转移时，应当认定原作品的著作人身权已由原著作权人用尽。

5. 著作权转让的权利内容可以有多种选择。音乐著作权的转让方式，大致可以分为以下几种：一是将不同的权利转让给不同的或同一个受让人；二是将同一项或多项权利转让给不同国家或地区的不同的或同一个受让人，如将歌词不同语言的翻译权转让给不同的或同一个受让人。因此，财产权转让究竟是全部转让还是部分转让，以及转让的地域范围，应当依照当事人之间的合同加以约定。

6. 著作权的转让是一种重要的民事行为，要涉及双方当事人多方面的权利和义务问题。为保障转让的公平性、真实性、合法性，我国和大多数国家的著作权法都要求，转让合同应当以书面形式订立。

（三）著作权转让合同

著作权转让合同属于合同的一种。著作权转让合同与一般的民事合同在适用法律上应遵循特别法与一般法的原则，对于《著作权法》中已经明确的有关著作权转让的内容，应根据《著作权法》进行调整；对于《著作权法》中没有具体规定的内容，应依据《民法典》进行规范。我国《著作权法》第二十七条规定，著作权转让合同主要包括以下内容：

1. 作品的名称。在著作权转让合同中，双方的权利和义务都是围绕作品来确定的，因此无论是何种形式的作品，都应当在转让合同中注明作品的名称。在实践过程中，为了保证作品名称和作品本身具有一致性，通常还会以乐谱、DEMO等作为附件，以避免在交易过程中产生不必要的矛盾。

2. 转让的权利种类、地域范围。音乐著作权中可以进行转让的财产权有复制权、发行权、表演权、改编权、翻译权等十余种，因此在转让合同中须明确列出被转让的著作财产权是其中一项还是数项，亦或是全部。根据《著作权法》第二十九条规定，在转让合同中，著作权人未明确转让的权利，未经著作权人同意，另一方当事人不得行使。另外，由于著作权有明显的地域性特征，因此，在合同中还应当列出被转让权利的地域范围。

3. 转让价金。著作权转让是音乐作品取得经济利益的主要方式之一，价金是财产权的货币表现，因此，在合同中应当明确约定货币的种类、金额等相关内容。

4. 交付转让价金的日期和方式。付款方式，是指当事人有关以何种方式交付价金的约定。付款方式一般分为一次性付款、分期付款、债务抵消、以物互易等。以上内容也要在合同中明确，以便义务人正确履行义务。

5. 违约责任。这是指当事人不履行合同义务或者履行合同义务不符合合同约定而依法应当承担的民事责任。合同违约责任承担原则如下：

（1）完全赔偿原则

完全赔偿原则指因违约方的违约行为使受害人遭受的全部损失，都应由违约方承担赔偿责任,即违约方不仅要赔偿对方因其违约而引起的现实财产的减少,而且要赔偿对方因合同履行而得到的履行利益。这是对受害人利益实行全面、充分的保护的有效措施,同样也符合公平和等价交换原则。

(2)合理预见原则

完全赔偿原则是对非违约方的有力保护,但从民法的基本原则出发,应将这种损害赔偿限制在合理的范围内,赔偿损失不得超过违反合同一方订立合同时预见到或者应当预见到的因违反合同可能造成的损失。

(3)减轻损害原则

减轻损害原则也称采取适当措施避免损失扩大原则,是指在一方违约并造成损害后,受害人必须采取合理措施以防止损害的扩大,否则,受害人应对扩大部分的损害负责,违约方此时也有权请求从损害赔偿金额中扣除本可避免的损害部分。这也就是将减轻损害作为受害人的一项义务来看待,并以此限制违约方的赔偿责任。当事人一方违约后,对方应当采取适当措施防止损失扩大;没有采取适当措施致使损失扩大的,不得就扩大的损失要求赔偿。当事人因防止损失扩大支出的合理费用,由违约方承担。

(4)损益相抵原则

损益相抵原则又称损益同销,是指受害人基于损害发生的同一原因而获得利益时,应将所受利益从所受损害中扣除,以确定损害赔偿范围。这是确定赔偿责任范围的重要规则。根据这一规则,在违约既使受害人遭受了损害,又使受害人获得了利益时,法院应责令违约方赔偿受害人全部损害与受害人所得利益的差额,这是净损失、真实损失,但并不是减轻违约方本应承担的责任。通常,合同的违约责任条款中还应当约定争议解决的方式方法。

根据我国《民法典》的有关规定,损失赔偿额应相当于因违约所造成的损失,既包括直接损失,也包括可得利益损失,即合同履行后本可以获得的利益，但不得超过违反合同一方订立合同时预见到或者应当预见到的因违反合同可能造成的损失。同时，也应当遵守合同的违约赔偿原则。

6. 双方认为需要约定的其他内容。合同中，除了上述主要内容外，当事人还可以根据意思自治的原则约定其他内容。

相比于有形财产，著作权的转让更具有隐蔽性特征。由于不涉及有形物的转移，所以著作权容易被重复转让，后面的受让人也可能对之前的转让情况一无所知，从而产生因"一权多卖"而引发的争议。

2001年前后，杨臣刚创作了《老鼠爱大米》一歌的词曲。2005年9月29日，武汉仲裁委员会受理了申请人肖飞与被申请人杨臣刚之间的版权转让合同纠纷案。该案件中，杨臣刚认可曾于2001年12月23日与肖飞签订《版权转让合同》，将《老鼠爱大米》一歌的词曲著作财产权转让给肖飞。2006年1月6日，武汉仲裁委员会做出终局裁决，将该歌曲的词曲著作财产权裁决归肖飞所有。同年1月27日，广东飞乐影视制品有限公司（后简称"飞乐公司"）同肖飞签订《著作权转让合同》，约定肖飞以100万元税后价将《老鼠爱大米》一歌的词曲著作财产权转让给飞乐公司。

《老鼠爱大米》走红后，北京全天通信息咨询服务有限公司（后简称"全天通公司"）未经合法授权在湖南、黑龙江、河北、天津四省（市）的无线增值彩铃业务中使用了《老鼠爱大米》一歌。飞乐公司因此将全天通公司诉至法院，并要求：全天通公司立即停止在无线增值彩铃业务中使用该歌曲，在《法制日报》上向飞乐公司公开赔礼道歉，赔偿飞乐公司经济损失100万元。

被告全天通公司辩称，根据飞乐公司提交的证据，不能证明飞乐公司享有《老鼠爱大米》歌曲的著作财产权，而且，全天通公司在彩铃业务中使用该歌曲取得了北京太格印象文化传播有限公司的合法授权，尽到了法律赋予的审查义务。

原审法院北京市朝阳区人民法院经审理认为，飞乐公司主张通过与肖飞签订《著作权转让合同》而取得了该歌曲词曲的著作财产权,而肖飞的权利又是通过其在武汉仲裁案中提交的与杨臣刚于2001年12月23日签订的《版权转让合同》取得的。但在仲裁案件之前,杨臣刚曾先后在出具给法院的声明以及《道歉信》中就该歌曲词曲的著作财产权的转让情况做出了两种与仲裁不同的意思表示。

2005年2月1日,杨臣刚向法院出具声明,主要内容包括:杨臣刚于2002年11月6日将《这样爱你》(《老鼠爱大米》一歌的原名)的词曲著作权转让给田传均;2003年3月1日又将该歌曲的词曲著作权无偿转让给王虎;2004年10月10日再次将该歌曲的词曲著作权转让给飞乐公司。

2005年2月,广州出版社出版的《杨臣刚"老鼠爱大米"纪实》一书中刊登了杨臣刚的《道歉信》,杨臣刚在信中称自己曾将《老鼠爱大米》的词曲著作权于2002年11月以2000元的价钱卖给北京音乐人田传均;2003年3月无偿转让给北京的王虎;2004年6月以2000元的价钱卖给武汉歌手誓言;2004年9月又以8000元的价钱卖给飞乐公司的歌手香香,造成了版权上的混乱。

杨臣刚的声明、转让行为,以及两者之间的不一致性、意思表示的不确定性,使得法院对杨臣刚所承诺的转让的意思表示产生不信任,从而无法判断杨臣刚就《老鼠爱大米》一歌所授权利的有效性。为此,本案中,无法确认飞乐公司依据杨臣刚对肖飞的授权而从肖飞处取得的权利的有效性。

法院认为杨臣刚对《老鼠爱大米》一歌词曲著作权转让的多次意思表示不一致,存在不确定性,故以不诚信为由判决驳回了原告飞乐公司的全部诉讼请求。

原告不服一审判决,向北京市第二中级人民法院上诉。经上诉主持调解,双方当事人自愿达成如下协议:

1. 广东飞乐影视制品有限公司保证其享有涉案音乐作品《老鼠爱大米》著作权中的全部财产权,是涉案音乐作品著作权中的财产权的唯一合法受让人，并有权对外许可第三方使用该音乐作品；

2. 为解决广东飞乐影视制品有限公司和北京全天通信息咨询服务有限公司关于涉案音乐作品的所有争议，北京全天通信息咨询服务有限公司同意向广东飞乐影视制品有限公司支付35万元（已履行）；

3. 一审、二审案件受理费各15010元，均由广东飞乐影视制品有限公司负担（已缴纳）；

4. 广东飞乐影视制品有限公司和北京全天通信息咨询服务有限公司之间再无其他纠纷。

三、音乐著作权的许可使用

（一）著作权许可使用概述

著作权许可使用是指著作权人将其作品以一定的方式，在一定地域和期限内许可他人使用，并获得相应报酬的行为。著作权许可使用制度是著作权使用的基本途径之一，也是运用范围最为广泛的方式，世界各国著作权法都规定了该项制度。著作权许可使用制度是著作权人实现财产权的主要方式，在既有著作权转让制度又有许可使用制度的国家，著作权人可以自由选择；在没有著作权转让制度的国家，著作权许可使用制度就是著作权使用的主要方式，甚至是唯一方式。

根据我国《著作权法》第二十六条规定，著作权的使用主要有两种方式：一种是专有使用权，另一种是非专有使用权。专有使用权，又称"独占性许可使用"，是指著作权人许可他人（被许可人）以某种方式使用其作品后，不得许可第三人以与被许可人同样的方式使用作品。在专有使用权模式中，著作权人自己也不得使用被许可的权利，除非合同另有约定。非专有使用权，又称"非独占性许可使用"，是指著作权人以某种方式许可他人（被许可人）以某种方式使用其作品后，并不排斥著作权人及其他人以相同的方式使用该作品。如：一首音乐作品的著作权人与被许可人签订非专有许可使用合同，明确该被许可人可以在演唱会中表演该作品。此时，著作权人自己也可以用同样的方式进行表演，亦可以再次许可其他人以同样的方式表演该作品。由此可见，专有许可使用具有排他性，而非专有许可使用不具有排他性。

（二）著作权许可使用特征

著作权许可使用有以下三个特征：

1. 著作权的许可使用是作品使用权的转移，而不涉及著作权的归属。著作权许可使用，无论是专有许可使用还是非专有许可使用，著作权的归属并不发生转移。著作权人无论以何种方式许可他人使用其著作财产权，在合同期满后，使用权都必须回归著作权人，而著作权自始至终都属于著作权人。

2. 被许可人享有的使用权的内容、范围和期限都必须由许可使用合同约定。许可使用合同是双方当事人权利和义务的约定，合同中没有约定的内容、范围和期限，被许可人不得行使。未经著作权人同意，被许可人不得将被许可的权利许可给第三人，合同另行约定的除外。根据《著作权法》规定，签订专有许可使用合同应当采用书面形式，非专有许可使用合同可以采用非书面形式。《著作权法实施条例》第二十四条规定，专有使用权的内容由合同约定，合同没有约定或者约定不明的，视为被许可人有权排除包括著作权人在内的任何人以同样的方式使用作品；除合同另有约定外，被许可人许可第三人行使同一权利，必须取得著作权人的许可。

3. 著作财产权被侵犯后，有权提起诉讼的主体视许可使用的性质而定。音乐著作权在被许可使用过程中，如被许可权利受到第三人侵犯，应根据许可使用的性质确定能否以自己的名义向侵权人提起诉讼。被许可人如果获得的是专有许可使用权，则可以以自己的名义向侵权人提起诉讼；如果是非专有许可使用权，则不能以自己的名义向侵权人提起诉讼。

（三）著作权许可使用合同

著作权许可使用合同是著作权人与被许可人之间订立的有关作品许

可使用的权利和义务关系的协议。跟著作权转让合同一样，许可使用合同也是民事合同的一种，具有特殊与一般的关系，合同中涉及到著作权的内容根据《著作权法》调整，涉及到一般合同的内容根据《民法典》调整。

我国《著作权法》第二十六条规定："使用他人作品应当同著作权人订立许可使用合同，本法规定可以不经许可的除外。"许可使用合同主要包括以下内容：

1. 许可使用的权利种类。音乐著作权的财产权有十多种，著作权许可使用合同应当明确被许可使用的权利种类，可以是著作财产权中的一项、多项或者全部。根据《著作权法》第二十九条规定，许可使用合同中著作权人未明确许可的权利，未经著作权人同意，另一方当事人不得行使。

2. 许可使用的权利是专有使用权或者非专有使用权。在音乐领域中，专有许可和非专有许可有各自的应用范围。一般情况下，音乐作品非专有许可的使用方式比较多，常见的如表演权、改编权、信息网络传播权等。专有许可使用权和非专有许可使用权有着本质区别，合同中应当明确许可使用的性质。

3. 许可使用的地域范围、期间。音乐著作权许可合同应明确时间和空间范围。时间范围，是指音乐著作权许可的期限，即在时间上的效力。这是音乐著作权转让制度和许可制度的本质性区别，音乐著作权转让在时间上是永久性的，而音乐著作权许可在时间上是有限性的。在实践中，被许可人往往会在许可合同中要求著作权人"独家永久授权"，这实际上是一种偷换概念的做法，因为"独家永久授权"已经和"转让"没有实质性区别了。空间范围，是指音乐著作权许可的地域限制，即地域上的效力。一部音乐作品的一个或多个著作权许可不仅可以在权利数量、授权性质上进行选择，而且可以在地域上进行选择，如：音乐作品的著作财产权可以在同一个国家的不同地区进行许可使用，当然也可以在不同的国家和地区进行许可使用。在具体合同中，还可以针对不同的演出、节目等用途进行许可使用，如：就演唱会、晚会、音乐大赛以及电视节目等需要对其使用的音乐取得许可。

4. 付酬标准和办法。著作权许可使用是音乐著作权人实现财产权、获得经济收益的重要途径。《著作权法》第三十条规定："使用作品的付酬标准可以由当事人约定，也可以按照国家著作权主管部门会同有关部门制定的付酬标准支付报酬。当事人约定不明的，按照国家著作权主管部门会同有关部门制定的付酬标准支付报酬。"目前国家版权局制定和认可的有关音乐著作权付酬标准的文件有《广播电台电视台播放录音制品支付报酬暂行办法》《使用音乐作品进行表演的著作权许可使用费标准》《制作数字化制品著作权使用费标准》《关于复制发行境外录音制品向著作权人付酬有关问题的通知》《关于以IC和CD-ROM等方式使用音乐作品制作电脑卡拉OK付酬问题的通知》《复制中国音乐著作权协会管理音乐作品的收费标准》等。

5. 违约责任。违约责任是合同中的必备条款。在音乐著作权许可使用合同中约定违约责任可以更好地保障当事人的权益。不仅如此，违约责任还能起到对守约方进行补偿，对违约方进行惩罚的作用。

6. 双方认为需要约定的其他内容。

第二节　音乐著作权的限制

著作权是著作权人基于文学、艺术和科学作品的创作而依法享有的专有权。未经著作权人许可，其他人不得使用其作品。《著作权法》第一条明确了其立法宗旨："为保护文学、艺术和科学作品作者的著作权，以及与著作权有关的权益，鼓励有益于社会主义精神文明、物质文明建设的作品的创作和传播，促进社会主义文化和科学事业的发展与繁荣，根据宪法制定本法。"由此可见，一方面，著作权法旨在尊重和保护作者及相关权利人的智力劳动和劳动成果，体现作者及相关权利人的人格利益和财产利益;另一方面,著作权法又鼓励优秀作品的传播,促进社会文化和科学事业的发展与繁荣。为了协调著作权人、传播者、社会公众等各方的利益,保证社会公众能够利用作品,促进社会科学文化教育事业的进步,各国著作权法以及国际著作权公约普遍制定了著作权的限制制度。

著作权的限制制度有广义和狭义之分,广义上的著作权限制制度包括时间限制、地域限制和权能限制。时间限制,是指著作权法对作品的保护,尤其是财产权的保护,总会设定一定的期限,超过这一期限后著作权即进入公有领域;地域限制,是指著作权法属于国内法,即在本国创作完成的作品受本国著作权法保护,其他国家不保护,但根据各国所参加的国际条约以及和其他国家签订的双边条约和多边条约,一国公民的作品也可能在其他国家得到保护;权能限制,是指根据法律的规定,他人在使用受保护的作品时,可以不遵守著作权法的某些规定,主要是指对著作权的合理使用、法定许可和强制许可。狭义上的著作权的限制是指权能限制。

一、合理使用

合理使用是指使用者在法定环境下使用他人作品时,既不需要经过权利人的许可,也不用支付报酬的行为。该项制度起源于英国,成熟于美国,历经判例法到成文法的演变过程。1740年至1839年,英国法官在审判活动中创建了一系列规则,奠定了有关合理使用的范围、功能及其法理基础。1841年,美国法官约瑟夫·史多利(Joseph Story)在审理福尔索姆诉玛氏案(Folsom v. Marsh)的过程中,总结了以往判例的经验,系统阐述了合理使用制度的基本思想,并使之成为美国立法的基础,对国际著作权立法产生了广泛影响。[①]

对于合理使用,学界有"权利限制说""侵权阻却说""使用者权

---

① 吴汉东:《知识产权基本问题研究》,中国人民大学出版社,2005年,第300—302页。

说"等不同的观点。"权利限制说"是多数国家版权法所采用的理论，该学说认为著作权人对于著作财产权并非享有具有绝对排他的性质，出于公共利益、文化传播、文明传承等角度的考虑，应通过合理使用制度对其专有权加以限制和约束。"侵权阻却说"认为，著作权的合理使用本身应属于"侵权行为"，只是由于法律的特殊规定，为使用者的"侵权行为"提供了抗辩的理由，在司法实践中，它要求将"合理使用"的举证责任归于使用者，较"权利限制说"有一定的进步意义。"使用者权说"相对于上述两个理论，将合理使用上升为使用者的权益，当作品被权利人采用禁止性技术手段阻止使用时，该理论为使用者的公力救济提供了法理依据。尽管上述学说存在着争论，但有一点是共同的，即不论是根据法理学、宪法学、经济学等学科的研究成果，还是出于合理性、公益性、高效性的考虑，合理使用制度都具有无可争辩的存在理由。

目前，各国对于合理使用制度的立法模式，主要有"规则主义"和"因素主义"两种。"规则主义"立法模式以列举的形式为合理使用明确规定了特定的使用方式；"因素主义"立法模式通过抽象的原则规定了判定某个行为是否为合理使用时，应当考虑的相关因素，而并不直接使用法律条文的形式加以规定。从各国的立法现状来看，采用"规则主义"立法模式的国家相对较多，如英国、西班牙、日本、德国、韩国以及我国等。采用"因素主义"立法模式的国家以美国最为典型，该国《著作权法》第一百零七条规定，对于某一行为是否属于合理使用，应当从使用的目的和性质、享有著作权作品的性质、使用的数量和质量以及对于原作品商业利益的影响等四个方面予以考虑。此外，《伯尔尼公约》《与贸易有关的知识产权协定》等国际公约均采取此种立法模式。

我国《著作权法》第二十四条通过列举的方式规定了13种合理使用的情形。就音乐作品而言，可能涉及到的情形有8种，根据使用方式划分，主要有：私人使用、传播使用、公益使用和公务使用4种。

（一）私人使用

私人使用分为以下两种情况：

1. 为个人学习、研究或者欣赏，使用他人已经发表的作品。在此情形下使用作品的目的，是为了满足个人的学习、科学研究和文化娱乐等需要，不会对作品的市场产生潜在影响。这里的个人不仅仅限于单个个体，为了上述目的在有限的群体（家庭、同学、朋友等）内使用他人作品也应当认为是个人使用。比如：某人购买CD，用于个人专业学习或在亲友聚会中进行播放等均属于合理使用行为；但如果用于出版、出租、营利性演出、网络传播等则违背了上述目的，应当承担相应责任。

2. 为介绍、评论某一作品或者说明某一问题，在作品中适当引用他人已经发表的作品。在学术研究活动中，引用是一种常用的手段，目的是为了介绍、评论或者说明某一问题，被引用的内容往往是作为论据来支持自己的观点、判断。在研究过程中，研究者不仅会引用他人的文字性作品，也会引用他人的谱例来实现上述目的。引用要注意"主次分明，适度引用"，引用的目的是为了介绍、评论或者说明某一问题，而不是将他人的作品作为自己作品的主体部分，否则就违背了引用的目的，造成侵权现象，应当承担相应责任。

在上述私人使用的行为中，只能使用他人已经发表的作品，未经发表的作品不得以合理使用为名进行使用，否则构成侵权。

（二）传播使用

传播使用是指为报道时事新闻，在报纸、期刊、广播电台、电视台等媒体中不可避免地再现或者引用已经发表的作品。报纸、期刊、广播电台、电视台等传播媒体报道时事新闻，是实现公众知晓权的重要途径。制作时事新闻时需要大量素材，其中包括他人的文学艺术作品，如：广播电视报道奥运会开幕式时，为了新闻报道的效果和质量，会将开幕式中的音乐素材进行剪辑运用于报道之中。需要注意的是，这种"再现或者引用"应当是"不可避免"的。所谓"不可避免"，是指如果不"再现或者引用"作品就会严重影响新闻报道的效果和质量。如果报纸、期刊、广播电台、电视台等媒体在"再现或者引用"他人作品时，不是为了报道时事新闻，而是为了广告或者其他目的，那么这种行为就属于侵权行为。

（三）公益使用

公益使用分为以下四种情况：

1. 为学校课堂教学或者科学研究，翻译、改编、汇编、播放或者少量复制已经发表的作品，供教学或者科研人员使用，但不得出版发行。学校的课堂教学是指线下教学活动，不包括函授、刊授、广播、电视、网络等远程教学。《著作权法》在这一项中规定"课堂教学""少量"，考虑的是此种使用方式接触人群有限，不至于造成大量传播而影响音乐作品的市场，其他的授课模式接受人群较多，不利于对作品的控制，对作品的市场影响也较大。科学研究是为了传播科学文化知识，提升民族科学文化水平，也是体现社会公共利益的重要方面，因此属于合理使用行为。

2. 免费表演已经发表的作品，该表演未向公众收取费用，也未向表演者支付报酬，且不以营利为目的。免费表演是指，就该表演本身而言，在演出前后既不向观众收费，也不向表演者支付报酬的表演。这类演出主要包括赈灾义演、慈善公益演出、重大庆典上的表演、教学汇报、毕业展演等。通过会员制、包月制等方式进行经营的企业，虽然在特定的场次中未收取和支付相关费用，但这些表演也不能认定为免费表演。此外，将音乐作为背景音乐，营造消费环境等间接性商业使用的行为，虽然没有向观众直接收费，但也不属于免费表演行为。

3. 将中国公民、法人或者非法人组织已经发表的以国家通用语言文字创作的作品翻译成少数民族语言文字作品在国内出版发行。为了少数民族广泛地学习、利用汉族文字作品，促进少数民族科学文化艺术的发展，《著作权法》规定将中国公民、法人或者非法人组织已经发表的以国家通用语言文字创作的作品翻译成少数民族语言文字作品在国内出版发行视为合理使用行为，翻译者享有独立的著作权。需要注意的是，翻译后的作品只能在国内出版发行，不得在国外发行。除此之外，根据《实施国际著作权条约的规定》第十条："将外国人已经发表的以汉族文字创作的作品，翻译成少数民族文字出版发行的，应当事先取得著作权人的授权。"从这一点上来看，我国著作权法给予了外国人超国民待遇。

4. 以阅读障碍者能够感知的无障碍方式向其提供已经发表的作品。理论上，将作品改成以阅读障碍者能够感知的无障碍方式事实上也是一种翻译行为，翻译者应享有独立的著作权。阅读障碍者对于学习科学文化艺术知识具有一定的局限性，从社会公益的角度看，应该帮助阅读障碍者进行学习，帮助他们战胜困难，实现自我价值。语言的尽头是诗歌，诗歌的尽头是音乐。阅读障碍者不仅有学习音乐知识、掌握音乐技能、提高审美能力、满足身心健康的需要，而且还有通过学习音乐掌握生活技能、提高生活质量、增强在社会活动中的自信心的追求。基于公益性考虑，加之阅读障碍者的受众范围较小，不会对原作品的市场产生较大的影响，所以将音乐作品翻译成阅读障碍者可感知的无障碍方式的行为是一种完全有必要和合理的行为。

（四）公务使用

公务使用是指国家机关为执行公务在合理范围内使用已经发表的作品。国家机关是指国家机构体系中的机关和部门，如国家立法机关、行政机关、司法机关、军事机关等。国家机关为了执行公务，在履行职责的过程中会不可避免地使用当事人的作品，这种使用行为应属于合理使用范围，如：在司法审判中，由于证据出示需要对涉案作品进行复制或以视听证据的方式在审判现场播放涉案作品等。所谓"合理范围内"是指国家机关为了执行公务必须使用他人作品，否则将影响公务的执行，如果使用行为不是在"合理范围内"，则有可能涉及侵权。

2019年8月，广州互联网法院判决，深圳蛇口出入境边防检查站制作的《把灿烂的笑容献给你——边检之歌》（后简称《边检之歌》）侵害了《把灿烂的笑容献给你》曲作者王贻参的署名权、摄制权以及信息网络传播权，应自判决生效10日内向王贻参赔偿8万元。

判决书显示，王贻参于2009年创作了《把灿烂的笑容献给你》的歌曲旋律。深圳蛇口出入境边防检查站未经作者授权许可，擅自使用该曲录制了《边检之歌》音乐MV，并在互联网上传播。广州互联网法院就"原告是否享有著作权""边检站抗辩其行为系合理使用"等争议进行了逐一梳理，并依法作出认定。①

在该案审理过程中，深圳蛇口出入境边防检查站称，王贻参任职单位为南方歌舞团，作品系职务作品，无权主张权利。法院认定，即使该作品系职务作品，著作权也应由作者享有，并且作品完成已经超过两年，作者可以完全行使著作权法赋予的相关权利。同时，法院认为深圳蛇口出入境边防检查站制作《边检之歌》并非依照法律法规和有关规定履行相应职责，不属于执行公务范畴，故对其合理使用的抗辩不予采信。

根据《著作权法》第二十四条第二款规定，上述"合理使用"情形也适用于对与著作权有关的权利的限制。即在上述情况下，他人使用已经出版的图书、报刊、表演者的表演、录音录像制品和广播电台、电视台的广播电视节目，可以不经过权利人的许可，不向其支付报酬，但应当指明出版者、表演者、录音录像制品制作者、广播电台、电视台的名称，图书、报刊、表演节目、录音录像制品和广播电台、电视台的广播电视节目的名称，并且不得侵犯邻接权人依照本法享有的其他权利。②

此外，关于"滑稽模仿是否属于合理使用的问题"也一直存在着争议。

滑稽模仿(Parody)，又称戏仿，最初是指"以降格的方式滑稽地模仿第一作品(或作者)，将这一作品(或作者)的风格移植到较为低贱的主题上"。③在网络时代，滑稽模仿已从单纯的文本模仿过渡到图、文、

---

① 《<边检之歌>侵权，深圳蛇口边检站被判赔8万元》，http://m.xinhuanet.com/gd/2019-08/26/c_1124922322.htm，访问日期：2021年11月9日。
② 张革新：《现代著作权法》，中国法制出版社，2006年，第165—166页。
③ 约翰·邓普：《论滑稽模仿》，项龙译，昆仑出版社，1992年，第2页。

声、像共用的时代。滑稽模仿作为一种文学表现形式，在大量取材于源作品的基础上，又对其进行了颠覆和解构，更渗透进浓烈的批判色彩。滑稽模仿和一般盗版、模仿、演绎等行为有着本质性区别，美国联邦最高法院在1994年的坎贝尔诉奥卡福-罗斯音乐股份有限公司案（Campbell v. Acuff-Rose Music, inc.）中对版权法中的滑稽模仿进行了系统的总结，滑稽模仿和其他评论、批评甚至批判一样，可以主张合理使用。[1]作为一种特殊的合理使用方式，滑稽模仿在使用他人作品时可以不受内容数量多少和是否为核心部分的限制，也不必注明原作品的作者、名称，只要它足以使受众联想起原作品即可。当然，滑稽模仿也应受到必要的限制，它应当是对原作品的讽刺、批评或批判，而非一般意义上的仿效或演绎，它不得侵害原作品作者的名誉权等人身权利，也不应有损原作品的经济收益。对于滑稽模仿，我国《著作权法》用较为模糊的方式处理了这一问题，在第二十四条第一款第二项中规定了作品合理使用的一种情形："为介绍、评论某一作品或者说明某一问题，在作品中适当引用他人已经发表的作品。"而对于引用的数量和内容，我国法学界认为，引用须具备如下要素：注明出处，有合法目的，少量和非实质引用。[2]但根据滑稽模仿的艺术表现需要，"作者在对原作进行模仿和讽刺的过程中，不仅保留了原作的故事情节、音乐的基本旋律、视觉形象等，而且对原作的内容进行创造性的转换使用，使得原作所论述的观点被颠覆，原来所表现的思想感情被推翻，公众从新作品中感受到作者对原作的态度和观点，同时滑稽模仿还加入了新的表达内容，使其在整体上具有独创性。所以说，滑稽模仿作品既涉及对一个既有作品的取用，也涉及或多或少的创造性注入，形成了新的作品"。[3]

滑稽模仿作为合理使用的形式，在我国现行的法律中未有明确规定。从理论上来看，明确滑稽模仿的性质，将其纳入到合理使用的范围

---

[1] 耿胜先：《著作权法中的滑稽模仿——从〈一个馒头引发的血案〉是否侵权谈起》，http://www.lawtime.cn/info/shangbiao/sbalfx/2010040534778_2.html，访问日期：2021年7月1日。
[2] 吴汉东：《著作权合理使用制度研究》，中国政法大学出版社，1996年，第290页。
[3] 赵林青：《滑稽模仿作品的合法性分析》，《法学杂志》2008年第5期，第31页。

之内，不仅是现代司法实践的需要，也是繁荣文艺创作和尊重个人表达自由的需要。

二、法定许可使用

法定许可使用，是指在法律规定的条件下，他人使用已经发表的作品可以不经过著作权人的许可，但应当支付报酬，并尊重著作权人其他权利的制度。该制度有利于提高作品的传播效率，扩大作品的受众面，促进公共文化事业的繁荣，各国著作权法和国际条约均对此作了规定。

对著作权人作品的使用，通常情况下应该取得著作权人的同意，并支付报酬。但在特殊情况下，如为了社会公共利益、促进传播等需要，根据著作权法规定可以不经过著作权人的许可，但要支付报酬。这项规定主要涉及作品的财产权，通常情况下，这类使用方式不会损害著作权人的经济利益，反而会使作品由于传播而提升知名度，增加著作权人的收益，但著作权人事先声明不许使用的作品不得使用。基于此，我们有理由相信著作权人一般不会反对通过这种方式来使用其作品。可见，著作权法定许可制度既考虑到了著作权人的意愿，也考虑到了著作权人财产权的实现。

我国《著作权法》第二十五条、第三十五条、第四十二条、第四十五条和第四十六条规定了法定许可的情形。

（一）教科书使用的法定许可

《著作权法》第二十五条规定："为实施义务教育和国家教育规划而编写出版教科书，可以不经著作权人许可，在教科书中汇编已经发表的作品片段或者短小的文字作品、音乐作品或者单幅的美术作品、摄影作品、图形作品，但应当按照规定向著作权人支付报酬，指明作者姓名或者名称、作品名称，并且不得侵犯著作权人依照本法享有的其他权利。前款规定适用于对与著作权有关的权利的限制。"

这里的教科书是指为实施九年制义务教育和国家教育规划而编写出版的教科书。因为九年制义务教育是提高国民科学文化素质的根本途径，关系到国家的未来和希望，所以在此情形下，可以适用法定许可，如果著作权人事先声明不许使用的，则不得使用。非九年制义务教育的大专院校教材、音乐考级教材、教辅资料等使用上述作品，均不属于法定许可，应当征得著作权人的许可，并支付报酬。

（二）报刊转载的法定许可

《著作权法》第三十五条规定："作品刊登后，除著作权人声明不得转载、摘编的外，其他报刊可以转载或者作为文摘、资料刊登，但应当按照规定向著作权人支付报酬。"对于已发表的作品进行二次文献转载是提高传播效率、扩大传播范围的一项通行做法，因为二次文献转载不仅可以提升作者的声誉和影响力，还能使作者获得报酬，是对作者人格利益和财产利益充分保护的体现。

（三）录音制品的法定许可

录音制品的法定许可制度从起源上来看，和唱片产业的发展密不可分。在该制度产生以前，唱片公司通过与著作权人签订协议获得"机械复制权"，从而排除其他人使用其音乐作品制作录音制品的权利。美国国会于1908年通过并于1909年生效的《版权法修正案》，一方面为音乐作品版权人规定了"机械复制权"，即版权人享有专有权利，将其音乐作品固定在任何形式的录制品上，另一方面也规定了对该权利的限制，其中之一就是"制作录音制品法定许可"，即只要音乐作品的版权人自己使用或者允许/默认他人使用其音乐作品进行"机械复制"（即制作录音制品），那么其他人就可以同样的方式使用音乐作品，但应就每首音乐作品向版权人支付2美分的报酬。美国国会对该法案的报告充分解释了立法者利用该"法定许可"防止唱片市场被垄断的目的。

《著作权法》第四十二条规定："录音制作者使用他人已经合法录制为录音制品的音乐作品制作录音制品，可以不经著作权人许可，但应当按照规定支付报酬；著作权人声明不许使用的不得使用。"在司法实践中，录音制品的法定许可是一个极富争议的焦点，常常造成误解。

1. 关于翻录与重新录制的使用

录音制作者使用他人已经合法录制为录音制品的音乐作品制作录

音制品，是只能简单复制原来的录音制品，还是可以进行重新录制？有人认为，录音制作者只有通过复制他人合法的录音制品制作自己的录音制品才能适用法定许可的规定，利用音乐作品重新录制录音制品的行为不能适用法定许可。这就属于对该法定许可的典型误解。应该说，对已经合法录制为录音制品的音乐作品进行重新录制是法定许可的典型模式。在实践中，也会存在直接翻录他人录音制品或者在他人录音制品基础上进行加工的现象，但在此过程中要注意其中牵涉到的录音制品制作者的复制权、发行权，以及表演者许可他人复制、发行录有表演者表演的录音制品，并获得报酬的权利。因此，录音制作者需要处理好以上各权利主体之间的法律关系，并履行法定义务。

2. 关于录音制品法定许可的条件

2005年发生的"唐磊诉南京音像出版社案"就涉及到这一问题。音乐作品《丁香花》的词曲作者唐磊自行演唱了该歌曲之后，将录音传至网络，并同时许可九州音像出版社制作《丁香花》的CD。但在该CD出版之前，南京音像出版社未经许可，自行聘用其他歌手演唱了《丁香花》，并制作成录音制品出版，随后向中国音乐著作权协会南京办事处支付了200元法定许可费。该行为严重影响了九州音像出版社制作的CD销量，进而损害了九州音像出版社和唐磊的经济利益，于是引发了诉讼。在该案中，法院认为：该曲目是在涉案光盘复制、发行前已公开发表并已制作为录音制品的音乐作品，涉案光盘系重新制作的录音制品，根据2001年修订版《著作权法》规定，南京音像出版社使用涉案音乐作品制作录音制品属法定许可，可以不经原告的许可。而南京音像出版社在出版、发行该作品专辑时，虽已向音著协提出了使用《丁香花》音乐作品的申请，并按3000张的发行数量向著作权人支付了报酬，但根据南京音像出版社向光盘加工企业扬州广德信息有限公司出具的《录音录像制品复制委托书》显示，涉案光盘的实际复制数量为20000张。最终法院审判委员会讨论决定，依照2001年修订版《著作权法》第三十九条第三款、第四十六条第七款之规定，判决如下：被告南京音像出版社于本判决生效后10日内赔偿原告唐磊经济损失23800元，赔偿原告合理费用开支15000元，以上两项赔偿金额合计38800元；驳回原告其他请求。

录音制品法定许可的条件，是以录制成录音制品为前提，还是以录制成录音制品并合法发行为前提？学界存在着较大争议。根据《著作权法》第四十二条的字面意义理解，应该是以录制成录音制品为法定许可的条件。但根据著作权法的立法精神来看，应当以录制成录音制品并合法发行为法定许可的条件，否则会对权利人的财产利益构成较大的损害。录音制作者是否有权复制与发行其录制的录音制品？从《著作权法》第四十二条的字面意义理解，录音制品法定许可似乎只赋予了录音制作者使用他人已经合法录制为录音制品的音乐作品"制作"录音制品的权利，而没有赋予其复制和发行的权利。但最高人民法院在"广东大圣文化传播有限公司诉洪如丁、韩伟案"的判决中却指出，经著作权人许可制作的音乐作品的录音制品一经公开，其他人再使用该音乐作品另行制作录音制品并复制、发行，不需要经过音乐作品的著作权人许可，但应依法向著作权人支付报酬。

3."声明"引发的争议

录音制品法定许可制度的目的是防止音乐机械复制权的垄断，大多数国家在进行立法的过程中均没有"著作权人声明不许使用的不得使用"的条款。因为，大多数唱片公司在获得音乐著作权后，都会在唱片上做出"事先声明"，这就导致该条款事实上形同虚设。

（四）广播权的法定许可

《伯尔尼公约》规定了传统的广播权限制，《世界知识产权组织版权条约》规定了基础的权利限制与例外规则，它们奠定了广播权法定许可制度的国际法基础，有助于人们理解该制度的基础和制度要素，亦为我国著作权法修正该制度提供了路径。[①]我国《著作权法》第四十五条规定："将录音制品用于有线或者无线公开传播，或者通过传送声音的技术设备向公众公开播送的，应当向录音制作者支付报酬。"第四十六

---

① 参见刘银良：《我国广播权法定许可的国际法基础暨修法路径》，《清华法学》2019年第2期，第163—180页。

条第二款规定:"广播电台、电视台播放他人已发表的作品,可以不经著作权人许可,但应当按照规定支付报酬。"当然,广播权的法定许可制度是在传统广播的技术条件下产生的,在应对广播与互联网技术的发展,尤其是在"三网融合"的基础上,对广播权的法定许可制度进行完善将是一件非常有意义的事情。

三、强制许可使用

强制许可使用制度,是指在特定条件下,他人基于正当理由需要使用著作权人已经发表的作品时,经申请由著作权行政管理机关授权其使用该作品,无需征得著作权人的同意,但应当向其支付报酬的制度。著作权强制许可制度是《伯尔尼公约》和《世界版权公约》中规定的针对发展中国家的一项优惠政策,并不适用于每个国家。这一制度制定的目的是为了促进发展中国家科学文化教育事业的发展,但由于适用强制许可的条件非常苛刻,所以很少有国家申请适用。我国《著作权法》没有规定强制许可的相关内容。

第八章　民间音乐作品的著作权问题

民间音乐是人类文化中的灿烂明珠，是民间文学艺术作品的重要组成部分。目前，世界各国都意识到民间音乐蕴含着巨大的文化价值和商业价值，对民间音乐的法律保护意识也越来越强。我国《著作权法》第六条规定民间文学艺术作品保护办法由国务院另行规定，但截至目前尚未出台相关的法律法规。在此背景下，出现了民间音乐被大量无偿使用，而司法实践中却缺乏明确法律依据的状况。

对于民间音乐的保护主要体现在民间文学艺术作品的国际条约之中。1948年的《世界人权宣言》是保护民间文学艺术作品的开端，肯定了"人人对由于他所创作的任何科学、文学或者艺术作品而产生的精神的和物质的利益，享有受保护的权利"。[1]1967年修订的《伯尔尼公约》明确了政府在保护民间文学艺术作品的权利时的主体作用，并在1971年修订过程中，将民间文学艺术作品作为"不知作者的作品"来处理。该公约第十五条第四款a项规定："对作者的身份不明但有充分理由假定该作者是本联盟某一成员国国民的未发表作品，该国法律有权指定主管当局代表该作者并据此维护和行使作者在本联盟各成员国内的权利。"该条款b项还规定："根据本规定而指定主管当局的本联盟成员国应以书面声明将此事通知总干事，声明中应写明被指定当局的全部有关情况。总干事应将此声明立即通知本联盟其他所有成员国。"1976年颁布的《突尼斯示范版权法》为各国提供了版权法的

---

[1] 《世界人权宣言》（1948年）第二十七条第二款。

模板，指出对由"在本国境内被认定为该国国民的作者或种族集体创作，经世代流传而构成传统文化遗产基本成分之一的一切文学、艺术和科学作品进行保护"。1982年联合国教科文组织颁布的《保护民间文学艺术表现形式，防止不正当利用及其他侵害行为的国内法示范条例》给各国的民间文学作品保护提供了范本，明确规定了"民间文学艺术是一种表达或产品而非通常的作品；主管当局代表保护民间文学艺术并决定其许可使用、实现知情同意；注明来源；刑事处罚等"。这给各国民间文学艺术作品保护立法提供了有力支撑。2003年联合国教科文组织通过的《保护非物质文化遗产公约》将民间文学艺术等非物质文化遗产的国际保护推向了一个新高度，为非物质文化遗产的保存、传承、传播等国际交流活动提供了必要的基础。2005年联合国教科文组织又颁布了《保护和促进文化表现形式多样性公约》，进一步强调"缔约方可以制定有关保护和促进文化表现形式多样性的政策和措施"。①

以上国际条约为民间音乐保护提供了基本依据，但这些国际条约，有些是从著作权法的角度来保护，有些是从非物质文化遗产的角度来保护。虽然两者之间具有互补关系，但不能以非物质文化遗产的保护来替代著作权法的保护。因为著作权法的保护和非物质文化遗产的保护之间存在着诸多差别：其一，主管机关不同，著作权的主管机关是国家版权局，而非物质文化遗产的主管机关是国家文化和旅游部；其二，保护内容不同，著作权保护的内容是基于作品创作而形成的著作权人的权利，而非物质文化遗产保护的内容是民族音乐唱法和传统戏剧的种类，而非作品本身；其三，保护目的不同，著作权保护的目的是民间音乐的权利利用和利益实现，非物质文化遗产则侧重于文化内容的保护和传承。

---

① 《保护和促进文化表现形式多样性公约》第一章第一条第八款。

第一节　民间音乐作品法律保护概述

民间音乐是来源于人们的生活，与各个地域的风俗习惯、地理环境、文化传统、宗教信仰等密切相关的音乐艺术类别。民间音乐是民间文学艺术作品中最活跃、最具代表性的内容，从法律法规保护层面上来看，呈现出的问题也更为复杂。近年来，我国有关民间音乐的纠纷越来越多，涉及的法律关系也越来越复杂，加强对民间音乐保护问题的探讨意义深远。

一、民间音乐作品的界定

民间音乐是个比较模糊的概念，学界对此也众说纷纭，尚未有统一的认识。英文中与"民间音乐"意义较为相近的词为"Folk Music"，可译为民间歌谣、民俗音乐、民间短篇诗歌等，简称民谣、民歌、民乐。国际民间音乐协会（IFMC）将"民间音乐"定义为："在口传过程中发展起来的普罗大众音乐。"陈志强在《民间音乐作品保护模式的选择》一文中认为，民间音乐是指由某个社会群体（如民族、区域、国家）或者该群体中的一些个体所表达的符合群体期望和有一定社会价值的旋律、和声和节奏的艺术表现形式，这种艺术表现形式是以口传心授为传播途径，以自由流变为其基本存在方式和生命源泉的合成作品。[①]李扬在《著作权法基本原理》一书中持有相似观点："民间音乐作品是由某一群体几代人创作、继承、发展而成的，与其生活环境、历史文化、宗教信仰、地理环境等密切相关，具有一定社会影响力和价值，符合其群体期望的以口头传承为主的旋律、和声等表现形式。其中，歌词入乐则为音乐，不入乐则为文字作品。"[②]

[①] 参见陈志强：《民间音乐作品保护模式的选择》，《交响（西安音乐学院学报）》2007年第2期，第66—69页。
[②] 李扬：《著作权法基本原理》，知识产权出版社，2019年，第66页。

综上所述，民间音乐是指某个地域中的人民集体创作的符合该区域群体一定社会价值观的音乐类型，以口耳相传作为主要传播和传承的途径，以自由流变为基本的创作、改编、保存手段，体现了一定群体所具有的共同的文化认同、价值观念、思维方式、宗教信仰等。

一般而言，中国民间音乐可以分为如下类别：

1. 民间歌曲

民间歌曲简称"民歌"，是中国各民族人民在长期劳动和社会生活中集体创造出的、最能直接反映现实、被人民群众普遍掌握、广泛流传的一种短小的歌唱艺术。

2. 歌舞音乐

歌舞音乐指的是伴随着民间舞蹈的歌唱和器乐演奏。各地的民间舞蹈种类繁多、形式多样，如汉族地区的龙舞、狮舞、秧歌、花灯、花鼓、打莲厢、跑旱船、车灯、太平鼓、竹马灯、高跷等。

3. 说唱音乐

说唱艺术又称"曲艺"，是说（白）、唱（腔）、表（做）三位一体的艺术。说唱音乐的特点有：与语言紧密结合，富有地方色彩，伴奏乐器简便，叙事与代言相结合等。

4. 戏曲音乐

戏曲是音乐、舞蹈和戏剧三者紧密结合的综合艺术。戏曲音乐作为戏曲艺术的重要组成部分，善于以其抒情性功能、叙事性功能和节奏性功能来刻画人物形象，渲染戏剧气氛，统一协调舞台节奏。

5. 民族器乐

中国传统民族器乐乐种按其演奏形式大致可分为两大类：（1）独奏音乐，包括管乐器独奏、拉弦乐器独奏、弹弦乐器独奏、打击乐器独奏和其他乐器独奏；（2）合奏音乐，包括弦索乐、丝竹乐、鼓吹乐、吹打乐、锣鼓乐。

中国民族乐具有与声乐相关联、与习俗相结合、注重旋律的横向发展和乐器之间的音色组合等特点。

6. 综合性乐种

综合性乐种兼具民歌、说唱音乐、戏曲音乐、民族器乐等四种类型于一身。

根据上述定义，可得出民间音乐有如下几个特点：

1. 集体性。民间音乐是一种非官方、非文人创作的音乐，其历史悠久，一般没有明确的创作者，是人民群众集体智慧的结晶。民间音乐从纵向上来看，来自各氏族、村落、部落、民族等群体的内部，并在流传过程中逐渐成型；从横向上来看，民间音乐并不是在一个封闭环境中传播和传承的，在通商、灾荒、战争等环境下，大量人口的迁徙与流动，也使各地民间音乐得到了交流和融合，从而更具有生命力。

2. 地域性。各地民间音乐的形成离不开人民群众的创造，与他们的生产、生活密不可分。从语言上来看，不同地区、不同民族的语言都具有较大的差异性，这也使得民间音乐的地区差别增大；从文化上来看，由于地理环境、生产方式、生活方式、文化传统、风俗习惯等因素的影响，民间音乐的分布和发展具有明显的不均衡性，且形成了各具风格的文化基因；从音乐特征上来看，由于地域性的差异所形成的文化差异，最终在音乐表现形式上也呈现出多元化特征。

3. 变异性。民间音乐作品在流传过程中，一些基本的主题和旋律成为了流传于世的"母体"，这些"母体"具有很强的传承性，也代表了各民族鲜明的民族特征。因此，这类主题、素材和旋律在连续性的传播过程中处于稳定的地位，也是传承人必须掌握和领会的。[1]当然，"母体"并不是一成不变的，不同时期的传唱者基于自己的理解、心情以及所处的环境等因素会对"母体"进行改编，从而使"母体"产生变异性。这种变异性产生的原因比较复杂，有时空变化的影响，有生产、生活方式的变革，也有不同传唱者的即兴发挥，甚至还有传播过程中由于口耳相传导致的信息失真等。

---

[1] 参见陈志强：《民间音乐作品保护中的若干问题研究》，《武汉理工大学学报（社会科学版）》2007年第4期，第474—479页。

二、民间音乐作品法律保护的原则

民间音乐作品虽然有其明显的特殊性，但与现行《著作权法》保护的客体在实质上并无太大差异。

首先，民间音乐作品和著作权法保护的音乐作品一样，是特定群体智力创造的结果，其创作主体相对于社会公众来说，是相对独立的群体，其权利主体在创作、改编、传承民间音乐作品时都付出了智力劳动。根据著作权法的精神，投入智力创作的权利主体应该受到保护。

其次，民间音乐作品代表了民族、区域、部落的文化特征，并在长期的发展中得以升华，具有一定的艺术价值，体现了一定的思想表达，符合著作权法保护的作品要求。

再次，根据联合国教科文组织颁布的《保护民间文学艺术表现形式，防止不正当利用及其他侵害行为的国内法示范条例》等相关国际条约的规定，民间音乐作品的权利人应当享有的权利分为精神权利和财产权利，这也是著作权法对权利人保护的基本要求。

从实践的角度上来看，对民间音乐作品给予著作权保护能有效建立起一种平衡的利益机制，既维护民间音乐作品创造者的利益，激发他们创作的灵感和动力，促进民间音乐的创作、传承、繁荣和发展，又保证民间音乐作品的合理开发和利用，并推动不同国家、民族、地区之间民间音乐的相互交流和借鉴，实现人类社会资源的优化和共享，以及不同社会文明的共存和共荣。[①]由此可见，在法理上将民间音乐作品保护制度纳入到著作权体系中具有较强的可行性，在实践上将民间音乐进行著作权保护也是完善其自身发展的必然要求。

对于民间音乐著作权的保护应当遵循以下原则：

1. 有利于民间音乐繁荣和发展的原则

民间音乐是一个国家音乐文化的重要组成部分，是各民族人民智慧

---

① 参见邓杰、陈志强：《论民间音乐作品的法律保护》，《黄钟（武汉音乐学院学报）》2006 年第 4 期，第 6—11 页。

的结晶。民间音乐有着强大的生命力，在传统的相对封闭的社会中，能够以比较稳定的状态存在数百年甚至数千年。但随着现代科学技术的发展、城市化进程的加快、旅游业的开发等综合因素的影响，民间音乐也存在过度开发、无序使用的问题，加之民间艺人的不断离去，一部分民间音乐正面临着失传和消亡的危险。因此，对于民间音乐著作权的保护应当以繁荣和发展作为出发点。

2. 维护国家和民族利益，保护民间音乐作品正当利用的原则

民间音乐是国家和民族的共同财富，体现的是人民群众的集体智慧，因此，任何个体都不能将民间音乐据为己有。根据相关国际条约及我国著作权法的规定，为了保护国家和民族利益，应当对民间音乐作品的权利内容和行使原则作出特殊的规范，防止民间音乐作品的各项权利被滥用。同时，对于国内个人或组织使用民间音乐进行创作的需求，应当许可正当使用，以保证其保持旺盛的生命力，当然对于不正当的使用也应该坚决禁止。

3. 与国际著作权保护发展趋势保持一致的原则

目前，对于民间音乐保护的立法主要包含在有关民间文学艺术的国际条约和相关国家法律中。鼓励民间文艺作品的创作与传播，促进民间文学艺术的繁荣和发展，是对民间文学艺术作品进行法律保护的国家立法的基本目的。虽然，各国之间还没有对于民间音乐保护形成统一的制度形式，但随着版权贸易的不断深化，各国的民间音乐作品都会通过各种途径进入其他国家，成为全人类的财富。因此，各国对于保护民间音乐的立法水平应当跟国际立法水平保持一致，以便更好地维护国家和民族的利益。

第二节 民间音乐作品的权利主体和内容

民间音乐的起源，是全世界音乐学家、人类学家都非常感兴趣的一个课题。学者们根据自己的研究得出了很多结论，有劳动说、情爱说、

本性说、神话说、情动说、鸣响说等。从唯物主义辩证法的角度来看，民间音乐起源于远古人的劳动，并在生产力不断提高、生产关系不断发展的历史过程中，反映出各个时期的社会、政治、经济、文化等方面的内容。就创作而言，民间音乐的创作主体应当是个人，但在长期的流传过程中，不断被后人加工、完善，逐渐成为某个地区、民族的群体创作作品，最初创作者的个性化内容被群体文化所覆盖。

一、民间音乐作品的权利主体

从理论上来讲，民间音乐的权利主体应当是民间音乐产生地的民族或其他群体，他们是原生作品事实上的主体。但民间音乐的创作过程需要多位创作者共同参与，且他们的身份不明，很难区分具体个体在创作过程中的贡献度。因此，将民间音乐作品的著作权赋予所在地区或民族的某个个体或特定的群体是不妥的。各国普遍将民间音乐的保护主体确定为国家、民族、社区或者其他群体等抽象主体，主要分为两种：一是由土著社区的部落首领作为代表集中行使各种对内、对外的权利；二是由国家专门成立或指定一个机构或组织，授权其代表国家、民族、社区或其他群体行使权利，并将回收的利益在群体内部进行分配，该机构或组织受其代表的群体监督并对该群体负责，这种做法即为集体管理制度。[①]采取后一种方式的国家相对较多，德国、韩国、日本等国家在著作权立法中均有体现。

根据我国国情及《著作权法》的相关规定，对于民间音乐的著作权管理也可采用集体管理的模式。著作权管理部门应当主动对所在地的民间音乐进行著作权登记，并制作成数据库，起到保存和保护的双重作用；民间音乐著作权集体管理组织负责办理著作权授权等业务，并进行政务公开，以防止任何私主体任意处分原生作品和派生作品，避免出现

---

① 参见邓杰、陈志强：《论民间音乐作品的法律保护》《黄钟（武汉音乐学院学报）》2006年第4期，第6—11页。

垄断民间音乐作品的现象；民间音乐著作权集体管理组织还应当密切关注民间音乐的授权使用状态，以免其在授权使用的过程中出现歪曲、篡改等侵权问题。

在实践中，一首民间音乐可能在多个民族间流传，一个民族的人民也可能分散在多地居住，这就会产生跨地区甚至跨国家的著作权管理问题。由于这些地区和国家都有权对这些民间音乐进行著作权集体管理，因此如要使用这些民间音乐作品，就必须同时获得这些地区和国家的同意。当然，如果在国内，不同地区的授权可以通过相互认可的方式进行，但所获得的许可费用需要按比例分配；如果涉及两个或两个以上的国家，则可以通过双边或多边条约来解决民间音乐著作权授权使用的有关事宜。

民间音乐的派生作品是民间艺人、社会组织等传承人通过收集、整理、改编、翻译、注释原生作品而产生的新作品。当前，我们能够接触到的民间音乐基本都属于派生作品，民间音乐传承人在其流传和发展的过程中起着关键性、决定性的作用。但如前文所述，他们不能成为原生民间音乐作品的著作权人，而只能作为派生作品的著作权人。对于派生作品著作权人知识产权的保护，能够激发他们智力创作的热情，使得民间音乐的精华得以发扬，也更能使民间音乐适应社会发展的需求。我国《著作权法》第十三条规定："改编、翻译、注释、整理已有作品而产生的作品，其著作权由改编、翻译、注释、整理人享有，但行使著作权时不得侵犯原作品的著作权。"据此，赋予收集、整理、改编、翻译、注释民间音乐的权利主体以及表演民间音乐的表演者更为广泛的权利，使他们成为民间音乐派生作品的权利主体和受益者，不仅可以激发他们编创和传承民间音乐的热情，而且当他们的权利受到侵犯时，权利人可以通过法律捍卫自己的权益。

二、民间音乐作品的权利内容

对民间音乐进行著作权保护，可以促进发展中国家民间音乐的发展，提升国家文化竞争力。在国际竞争领域，民间音乐的著作权保护还可以帮助发展中国家充分利用包括音乐文化在内的一切文化要素与发达国家进行博弈与抗衡，实现国际文化多元化发展，甚至还有助于对抗发达国家的文化入侵和掠夺。民间音乐是一种特殊的著作权客体，权利人享有的权利包括人身权和财产权两种。民间音乐的原生作品的权利应由当地民族或其他群体享有，派生作品的权利由派生作品权利人享有。由于民间音乐是处于不断变化过程中的艺术形式，因此民间音乐的原生作品是个相对的概念，是指国家版权管理机关在特定的时间进行收集、整理，并进行登记的民间音乐作品。

（一）民间音乐作品的人身权

民间音乐著作权集体管理组织在行使著作人身权时，不能像一般音乐作品的作者那样得到发表权、署名权、修改权、保护作品完整权四种权利的全面保护，而只能享有著作人身权中的部分内容。

1. 发表权

民间音乐自产生以来，其原生作品世代相传，并在流传过程中不断得到充实和艺术加工。民间音乐的自然公开状态决定了其发表权已经用尽，所以无法享有发表权。

2. 署名权

民间音乐是一个地区、民族、社区或者其他群体集体智力创造的成果，创作主体具有集体性特征。因此，著作权法应当保护民间音乐所属地区、民族、社区或其他群体的署名权。在《乌苏里船歌》署名权一案中，作为赫哲族群体权益代表的赫哲族乡政府，在赫哲族民间文学艺术受到侵害时，向法院提起了诉讼。经法院审理，《乌苏里船歌》改编自赫哲族民间曲调。被告在使用该作品时未注明该歌曲"根据赫哲族传统民间曲调改编"，故法院认定其为侵权。

3. 修改权

民间音乐体现了特定地区、民族、社区或其他群体的集体智力劳动，具有较强的稳定性，反映了他们生产、生活的基本特征，任何人都无权对其进行修改。普通作品的修改权是指"作者依法享有的自己或授权他人修改其创作的作品的权利"。民间音乐的集体管理组织，无法像普通作者那样行使修改权，而只能禁止任何组织或个人对民间音乐进行修改。

4. 保护作品完整权

民间音乐在流传过程中具有变异性，这是它的基本特征之一。随着民间音乐作品的开发利用，对民间音乐的改编行为也层出不穷，改编质量更是参差不齐。为了防止民间音乐被歪曲、篡改，保持民间音乐的本真性，其应当享有保护作品完整权。

（二）民间音乐原生作品的财产权

在涉及有关民间音乐著作权纠纷的案件中，处理方式主要有两种：一种是将对民间音乐作品的使用行为认定为合理使用，如在同样改编自蒙古族民间歌曲《韩秀英》的《敖包相会》与《月亮之上》的著作权纠纷案中，评判过程是在对作品进行分割的基础上，剔除了两首音乐对民间音乐的相同表达，然后再进行相似性比较，而对原生作品《韩秀英》的著作权问题视而不见，认为其已进入公有领域；另一种是以《乌苏里船歌》案为代表，仅承认民间音乐作品拥有一定的人身权。

但是，上述两种方式均忽略了民间音乐的财产权保护。法律赋予民间音乐作品著作财产权，即在任何非合理使用状态下，使用民间音乐作品都应当得到集体管理组织的授权，并支付报酬。这既是对创作民间音乐作品的地区、民族、社区或其他群体智力的尊重，也是民间音乐作品著作权利益合理分配的保证。[1]民间音乐作品享有著作财产权的意义还主要体现在集体管理组织可以授权或许可国内外组织或个人对民间音乐作品进行二次创作和传播，旨在促进国内民间音乐市场的繁荣和提升民间音乐版权贸易国际竞争力。

对于民间音乐作品的人身权（除发表权外），应该给予永久性保护。由于民间音乐作品具有变异性特征，国家著作权管理部门应该规定

---

[1] 参见张娜：《论民间音乐的著作权保护——从＜月亮之上＞＜乌苏里船歌＞谈起》，《法律适用》2018年第16期，第109—115页。

委托第三方机构在固定期限对民间音乐作品进行搜集和整理，并进行版权登记，这样既有利于保存，又有利于增补。由于民间音乐作品与一般作品具有较大的差异性，民间音乐作品的著作财产权保护期限也应不受限制。民间音乐派生作品，由于已经形成新的音乐作品，并产生相关的传播行为，因此其著作权及邻接权的内容和保护期限按现行《著作权法》执行。

第三节　民间音乐作品著作权的限制

民间文学艺术作品的著作权保护制度是20世纪中叶起逐步确立和发展起来的，目的在于平衡发展中国家和发达国家之间的利益，维护著作权贸易的健康、稳定发展，弘扬各民族的优秀文化。民间音乐作品的产生和发展有其特殊的规律性。为了促进民间音乐的繁荣发展，基于不断优化传播内容、拓展传播范围的考虑，民间音乐著作权的保护也要受到一定的限制。

一、民间音乐作品的合理使用

著作权法中的合理使用制度是对著作权进行的必要限制，以达到利益平衡的目的。著作权法在赋予著作权人专有权利的同时，也使其承担了一定的义务，这种义务不仅源于对他人合法权益的尊重和保护，也是基于对公共利益的维护，以保证社会文化的进步。民间音乐作品著作权的保护不能对抗合理使用制度，即我国《著作权法》第二十四条规定的合理使用的十三种情形。此外，民间音乐产生于一定的地理范围，地理特征在很大程度上影响了该地区的民族文化发展，民族文化又对民间音乐的形成和发展起到决定性作用，因此应当对民间音乐源发地的民族给予合理使用的权利，即特定民族、族群或者社员以传统或者习惯的方式使用本民族、族群或者社员的民间音乐时,不需要征得任何个人或组织的同意,也不需要支付报酬。

二、民间音乐作品的法定许可

民间音乐的使用和保护的平衡是一个非常复杂的课题,如果过分强调著作权的专有权,会使得音乐使用者需要支付的费用逐渐提高,最后导致市场的萎缩;如果过分偏向保护民间音乐的使用者,则会使民间音乐因为被滥用而导致无边界地变形,直至无法恢复原貌而消亡,所以只有运用合理的机制才能达到"共赢"的局面。关于民间音乐商业性使用的问题,采用法定许可是一个较为合适的选择。参照我国《著作权法》相关规定,以下四种情形可以进行法定许可使用:第一,复制已经合法登记的民间音乐作品进行营利性使用;第二,将已经出版发行的民间音乐作品用于商业性演出;第三,录音制作者使用已经将民间音乐合法录制为录音制品的音乐作品制作录音制品;第四,广播电台、电视台制作广播电视节目播放已经合法登记并出版发行的民间音乐作品。其中第三种情况比较特殊,为防止作品被误用或滥用,一些涉及民族或地区的情感或者宗教问题的民间音乐作品,在进行版权登记时,应当作出"事先声明",禁止他人不当使用。[①]

三、不受著作权法保护的民间音乐内容和行为

民间音乐素材是民间音乐的原始材料。民间音乐素材能否得到著作权法的保护,主要看这些素材是否符合著作权法保护的要件。如果民间音乐素材符合著作权法保护的要件,那么应当给予保护;如果不符合著作权法保护的要件,则不受保护。但如果是将民间音乐素材进行收集整

---

① 参见陈志强:《民间音乐作品保护中的若干问题研究》,《武汉理工大学学报(社会科学版)》2007年第4期,第474—479页。

理，并按照一定逻辑进行编排形成的数据或材料，则应当就其整理、汇编而形成著作权。相应的，如果是受到民间音乐素材的启发而创作的音乐作品，则应当按照一般音乐作品进行保护，而非作为民间音乐进行保护。

民间音乐作品是各民族集体智慧的结晶，具有浓厚的乡土性，是一定的社会文化在音乐中的反映，应当受到保护和尊重。但从实际情况来看，民间音乐作品的内容也存在着值得商榷的地方，如部分民间音乐作品内容过于露骨，不适合进行大范围传播。因此，民间音乐作品的质量也需要遵守公序良俗，内容不健康的民间音乐作品不应成为保护对象。

民间音乐作品的属性有别于一般音乐作品，因此在著作权保护上也不能完全照搬一般作品保护的方法进行。虽然著作权法赋予了一般音乐作品著作权人将著作财产权的一项、多项或全部转让的权利，但这一点在民间音乐著作权中应当予以禁止。因为民间音乐具有创作的集体性、文化的公共性特征，其所有权不归属于任何特定的个体，而属于其源发地所在地区的民族或其他群体，因此任何组织和个人，甚至国家也没有权利将民间音乐的著作财产权进行转让或者永久性授权。

第九章　音乐作品著作权集体管理制度

著作权人对其创作的音乐作品享有使用和获得报酬的权利。一般情况下，他人使用著作权人的音乐作品，应当征得著作权人的同意，并支付报酬。通常，使用者应当同权利人订立合同，约定双方的权利和义务范围等内容。但随着音乐作品使用方式的日趋多元化，使用范围的日趋国际化，同时受到著作权人的法律知识、业务谈判能力、对作品使用的控制能力等原因的限制，著作权人很难对其音乐作品的每一次使用都进行把控，更无法跟所有使用者订立合同，从而导致音乐作品的使用呈现出杂乱无序的状态。在此背景下，音乐作品的著作权集体管理模式便应运而生。

第一节　国外音乐作品著作权集体管理制度概述

一、法国音乐著作权集体管理

在英国《安娜女王法》的影响下，法国在1777年路易十六时期曾颁布过6项关于出版印刷方面的法令，确认作者有权出版和销售自己的作品。同年，戏剧家博马舍创立了法国戏剧作者和作曲者协会（SACD）。法国大革命以后，"天赋人权"的思想给法国带来了革命性的影响，著作权被提高到了人权的高度，1789年颁布的《人权宣言》

规定："自由交流思想和意见是最珍贵的人格之一，因此所有公民除了在法律规定的情况下对滥用自由应负责外，作者可以自由地发表言论、写作和出版。"[1]随后，1791年《表演权法》颁布，1793年《作者权法》开始关注作者的精神权利，著作权法成为了名副其实的保护作者权利的法律。

1847年，法国作曲家乔治·比才（歌剧《卡门》的作者）在巴黎爱丽舍田园大街的一家音乐咖啡厅里喝咖啡时，发现该咖啡厅正在免费演奏他的作品，于是他拒绝支付咖啡费，并到法院起诉该咖啡厅，要求咖啡厅赔偿使用费，法院判决比才胜诉，最后咖啡厅向乔治·比才支付了音乐使用费。基于此案，比才以及他的作家朋友们在1850年成立了为音乐词作者和曲作者征收版税的中央机构。1851年，该机构旋即被至今还在运作的法国作词者、作曲者和音乐发行人协会（SACEM）所取代。这是世界上最早的音乐著作权集体管理组织。该组织几乎对法国所有作者的著作权都进行集体管理，同时与其他国家签订协议，相互代表各自权利人在本国为对方收取使用费。历史往往会因为一个事件的撬动而发生转折性的变化。随后，德国、意大利、奥地利、英国以及北欧、东欧各国纷纷成立了类似组织。

二、英国音乐著作权集体管理

英国的音乐版权产业至今已有一百多年的历史，形成了较为成熟的版权集体管理体制，对音乐版权产业的兴盛起到了积极的作用。

1881年由9个音乐出版商共同成立的音乐出版商协会（Music Publishers Association，简称MPA）在音乐产业中占有重要的地位。在19世纪末乐谱印刷还是音乐产业的支柱性行业时，该组织成立之初的目的只有一个，就是为了应对乐谱复制品对著作权的侵害问题。这个协会对后来英国及其殖民地的音乐著作权集体管理制度产生了重要的影响。当

---

[1] 《人权宣言》（1789年）第十一条。

前，为了适应数字技术的发展，该协会正同其他音乐著作权集体管理组织紧密合作，共同完成从乐谱出版到数字音乐制作与发行工作，同时还积极拓展服务领域，为会员们增加工作机会，提升经济收益。

1914年成立的表演权利协会（Performing Rights Society，简称PRS）是词曲作家、出版商为了收集和管理现场演出的版税而成立的，主要管理音乐作品在公开表演权、无线广播权、有线广播权以及电影中的授权使用，并收取、分配资金。其中，公开表演权是音乐版权中主要的收入来源，当使用者在公共场合播放或表演作者的音乐作品时，该协会会收取相应的费用，并将其作为版税返还给会员。

1934年成立的录音制品有限公司（Phonographic Performance Limited，简称PPL），主要负责管理唱片制作人和表演者的权利，收取录音制品和音乐演出的版税，并返还给会员。该组织在英国各地给数以十万计的企业和机构颁发许可证，允许其播放公开录制的音乐作品，同时还授权电视和广播机构播放录制的音乐作为其节目的一部分。[1]

1924年成立的机械复制权协会（Mechanical-Copyright Protection Society，简称MCPS），主要负责音乐作品机械复制权的管理，它代表会员与使用音乐作品的录制者或出版商进行谈判，签订授权合同，收取和分配版税。1976年，英国出版商协会获得了机械复制权协会的所有权。1996年，英国音乐出版商协会联合机械复制权协会、表演权利协会和英国词曲创作协会（British Academy of Composers & Songwriters）共同成立了英国音乐权利组织（British Music Rights）。2008年该组织更名为英国音乐组织（UK Music）。

1984年成立的视频制品有限公司（VPL）是录音制品有限公司（PPL）的姐妹公司，其业务范围是授权音乐视频在公共场所或电视上播放使用，通过版税的形式将回收来的资金分配给会员。这两家公司相互独立，但它们拥有共同的中心管理团队。使用者必须获得两家公司的

---

[1] 参见冯思雨：《英国音乐著作权集体管理组织运作梳解及其启示》，《出版参考》2019年第1期，第69—72页。

共同许可才能在其经营场所使用音乐视频。

三、美国音乐著作权集体管理

美国在1897年《版权法》中就已经规定了音乐作品的公开表演权，并在1909年的《版权法》及其后的判例中不断完善。基于此，音乐家和出版商开始考虑对餐厅、酒吧、夜总会、音乐厅等场所使用音乐作品的情况进行跟踪、授权和收费。1914年，在欧文·柏林、维克托·赫伯特等流行音乐作曲家的倡导下成立了美国词曲作者和出版商协会（American Society of Composers, Authors and Publishers，简称ASCAP）。它的核心机制是"一揽子许可证"（Blanket License），赋予被许可人自由选择权。被许可人在支付一定费用后，可以表演任何在ASCAP曲库中收录的音乐作品，而不计表演场次。ASCAP集中管理非戏剧音乐作品的表演权，会员包括词曲作者、音乐出版商等，是美国最早成立也是目前规模最大的音乐著作权集体管理组织。

ASCAP的一揽子许可方案避免了按次许可模式的繁琐，提升了音乐版权的使用效率，但需缴纳的费用较为高昂，对于一些广播组织而言，无疑增加了他们的运营成本。为此，广播组织与ASCAP开始围绕"收音机表演是否具有公开和营利性""ASCAP是否属于托拉斯组织"等问题展开诉讼，ASCAP在这两场较量中都获得了胜利。为了彻底摆脱这种局面，广播组织最终决定在1940年12月31日向ASCAP再次缴费前，成立属于自己的音乐著作权集体管理组织。1939年，广播音乐公司（BMI）在纽约正式成立。由于ASCAP垄断了主流音乐家的作品，为了实现差异化战略，BMI把目光转向了一直被ASCAP忽略的南方民谣，签下了许多黑人布鲁斯和白人乡村民谣乐手。ASCAP气愤地称BMI为"下等音乐协会"，并禁止未付版税的电台播放ASCAP管理的音乐。奇怪的是，已经一年左右没有听到主流流行音乐，而只听南方民谣的美国民众，不仅没有任何不适应感，而且觉得民间音乐非常好听。自此，拉格泰姆、布鲁斯、爵士、节奏布鲁斯、摇滚、福音音乐和乡村音乐七大类音乐开始占据美国流行音乐的市场，并对全世界流行音乐的发展产生了深远的影响。

除了ASCAP和BMI，还有一些较小的表演权协会，其中具有一定规模的是欧洲戏剧作者和曲作者协会（Society of European Stage Authors and Composers，简称SESAC），成立于1931年。正如其名称所示，该协会在一开始主要管理欧洲音乐作品和歌剧作品。随着时间的推移，其管理的作品种类逐渐扩展，并且在事实上成为与ASCAP和BMI一样的非戏剧音乐作品的管理协会，但是其名称却一直沿用了下来。目前，几乎所有的非戏剧音乐作品的表演权都由这三家协会管理。

第二节　我国音乐作品著作权集体管理制度概述

相比于西方发达国家，我国著作权集体管理制度起步较晚。随着著作权商业性使用的范围越来越广，个人已经逐渐无法控制其作品在社会中的使用，于是需要一个专门的组织来对作品权利人的权利进行有效管理。因此，著作权集体管理是适应市场需要而发展起来的带有一定社会公益性的管理模式。1990年我国颁布第一部《著作权法》时，还没有著作权集体管理制度的相关规定，只是在《著作权法实施条例》中规定著作权人可以通过集体管理的方式行使其著作权。2004年，国务院公布了《著作权集体管理条例》，就著作权集体管理组织的设立、著作权集体管理组织的机构、著作权集体管理活动、对著作权集体管理组织的监督等问题进行了具体的规定，并根据2011年1月8日《国务院关于废止和修改部分行政法规的决定》作了第一次修订，根据2013年12月7日《国务院关于修改部分行政法规的决定》作了第二次修订。

一、著作权集体管理组织的性质和功能

我国《著作权法》第八条规定，著作权集体管理组织是非营利性组织，其设立方式、权利义务、使用费的收取和分配，以及对其监督和管理等由国务院另行规定。《著作权集体管理条例》第三条规定："本条例所称著作权集体管理组织，是指为权利人的利益依法设立，根据权利人授权、对权利人的著作权或者与著作权有关的权利进行集体管理的社会团体。著作权集体管理组织应当依照有关社会团体登记管理的行政法规和本条例的规定进行登记并开展活动。"由此可见，我国著作权集体管理组织是一个具有社会团体法人资格的非营利性组织，可以独立享有权利、履行义务、承担责任。

著作权集体管理的功能主要有以下几点：

1. 降低交易成本。"著作权集体管理制度一直被认为是解决大规模授权与降低成本并扩大著作权作品许可范围的最佳规则。"[①]著作权集体管理组织在著作权或者与著作权有关权利人的授权下，可以作为著作权许可市场交易的参与方，充分发挥其专业优势，参与谈判、签约、收费、诉讼、调解、仲裁等活动，相对于著作权人向使用者直接授权而言，能降低交易成本，起到"润滑"著作权许可交易的市场功能。

2. 维护著作权人的利益。作品具有非物质性和可再现性的特征，一旦进入传播领域，权利人就很难跟踪和控制作品的传播和利用行为，容易造成大规模侵权现象。著作权法明确了著作权集体管理组织"非营利性""为权利人的利益依法成立"的法律性质，决定了其开展的相关工作要以实现著作权人或者与著作权有关权利人的合法利益为目标。著作权集体管理组织根据相关法律法规以及与权利人签订的授权合同，可以进行批量化许可，实现专业化和规模化的经营方式，降低了权利人的维权成本和信息成本，维护了著作权人的合法权益，提升了他们的经济报酬。

---

① 陈可欣、林秀芹：《英国引入延伸性集体管理的争论及其启示》，《东南学术》2016年第6期，第172页。

3.降低交易风险。著作权的许可使用是一项专业的授权行为，涉及的法律问题十分复杂。对于著作权人或者与著作权有关权利人而言，他们的法律知识和法律意识相对比较薄弱，在直接授权的过程中往往处于劣势地位。对于使用者而言，作品权属的真实性以及由此产生的相关法律问题是其经营过程中面临的风险。著作权集体管理组织通过作品权利确认、格式化合同、统一的许可使用费用标准等规定或方式，在一定程度上降低了交易双方的风险，保证了交易双方的合法权益。

二、著作权集体管理及其范围

《著作权集体管理条例》第二条规定，条例所称的著作权集体管理，是指著作权集体管理组织经权利人授权，集中行使权利人的有关权利并以自己的名义进行的下列活动：1.与使用者订立著作权或者与著作权有关的权利许可使用合同；2.向使用者收取使用费；3.向权利人转付使用费；4.进行涉及著作权或者与著作权有关的权利的诉讼、仲裁等。

在各国著作权集体管理实践中，著作权集体管理组织与著作权人签订的合同一般有两种：一种是转让合同，英美法系国家较为常用；另一种是信托合同，大陆法系国家较为常用。其中，著作权集体管理的转让合同并非传统意义上的转让，而是在一定期限内转让部分权利，主要是表演权、放映权、复制权等财产权，合同期满后，以上权利还归属原著作权人。从实际意义上来看，这并非实质性的转让协议，而是附期限的独占性许可协议。著作权信托合同，即基于委托人对受托人的信任，将其财产权委托给受托人，由受托人按照委托人的意愿以自己的名义，为委托人的利益或者其他目的，进行管理或者处分的行为。我国《著作权法》并没有明确著作权集体管理的合同性质，其主要体现在合同的约定中。中国音乐著作权协会成立之初，由于信托法还没有出台，因此其与会员签订的都是转让合同。信托法出台后，在著作权集体管理合同中使用了"信托"一词，明确了著作权人或相关权利人与著作权集体管理组织之间就作品部分财产权订立的合同是信托合同。

根据《著作权集体管理条例》《中国音乐著作权协会章程》以及著作权集体管理组织与权利人签订的协议，著作权人或者与著作权有关权利人并非将全部权利交由著作权集体管理组织进行管理。《著作权集体管理条例》第四条规定："著作权法规定的表演权、放映权、广播权、出租权、信息网络传播权、复制权等权利人自己难以有效行使的权利，可以由著作权集体管理组织进行集体管理。"

三、著作权集体管理组织的设立

根据《著作权集体管理条例》第七条规定，依法享有著作权或者与著作权有关的权利的中国公民、法人或者其他组织，可以发起设立著作权集体管理组织。设立著作权集体管理组织，应当具备下列条件：1.发起设立著作权集体管理组织的权利人不少于50人；2.不与已经依法登记的著作权集体管理组织的业务范围交叉、重合；3.能在全国范围代表相关权利人的利益；4.有著作权集体管理组织的章程草案、使用费收取标准草案和向权利人转付使用费的办法草案。其中，"不与已经依法登记的著作权集体管理组织的业务范围交叉、重合"事实上赋予了已经登记的著作权集体管理组织垄断性的地位，这也是著作权集体管理制度涉及的核心问题和重点问题，学界对此争议较大。从比较法的角度来看，大多数国家或地区在著作权集体管理制度中并没有法定垄断的规定，如法国、德国、英国、美国等；从法经济学的角度来看，目前没有数据表明采用法定垄断会提高管理作品数量、收取授权使用费等，相对于发达国家采取的竞争模式，我国著作权集体管理组织的上述指标还存在较大的发展空间。当然竞争模式也存在一些问题：一是即使是开放的国家，对于某一类作品，市场上也只有少数几家集体管理组织，形成了"事实垄断"的局面；二是因集体管理组织过度竞争而导致管理混乱和效率低下。[①]针对我国著作权许可交易市

---

① 厦门大学知识产权研究院课题组林秀芹：《＜著作权集体管理条例＞修订的重点问题探讨》，《中国知识产权法学研究会2015年年会论文集》，2015年9月。

场和集体管理组织的发展现状，采取"有限竞争"可能更符合我国现阶段的实际情况。

申请设立著作权集体管理组织的中国公民、法人、自然人应先向国务院著作权管理部门提出申请，并提交符合《著作权集体管理条例》第七条规定条件的证明材料，获得批准后领取著作权管理许可证，并依照社团登记管理的行政法规到国务院民政部门办理登记手续。根据《著作权集体管理条例》第十一条规定："依法登记的著作权集体管理组织，应当自国务院民政部门发给登记证书之日起30日内，将其登记证书副本报国务院著作权管理部门备案；国务院著作权管理部门应当将报备的登记证书副本以及著作权集体管理组织章程、使用费收取标准、使用费转付办法予以公告。"

《著作权集体管理条例》第十二条规定："著作权集体管理组织设立分支机构，应当经国务院著作权管理部门批准，并依照有关社会团体登记管理的行政法规到国务院民政部门办理登记手续。"根据2013年11月8日颁布的《国务院关于取消和下放一批行政审批项目的决定》（后简称《决定》）文件精神，民政部下发了《民政部关于贯彻落实国务院取消全国性社会团体分支机构、代表机构登记行政审批项目的决定有关问题的通知》（后简称《通知》），明确自《决定》发布之日起，民政部不再受理全国性社会团体分支机构（包括专项基金管理机构）、代表机构的设立、变更、注销登记的申请，不再换发上述机构的登记证书，不再出具分支机构、代表机构刻制印章的证明。全国性社团根据本团体章程规定宗旨和业务范围，可以自行决定分支机构、代表机构的设立、变更和终止。由此可见，《著作权集体管理条例》的内容与《通知》的内容存在着不一致的地方。综合上述两项行政法规，著作权集体管理组织如需设立分支机构，应由该组织理事会或常务理事会讨论后，报请国务院版权管理部门批准，并办理登记手续。

四、著作权集体管理合同的订立

《著作权集体管理条例》第十九条规定:"权利人可以与著作权集体管理组织以书面形式订立著作权集体管理合同,授权该组织对其依法享有的著作权或者与著作权有关的权利进行管理。权利人符合章程规定加入条件的,著作权集体管理组织应当与其订立著作权集体管理合同,不得拒绝。"可见权利人与著作权集体管理组织订立著作权集体管理合同并按照章程规定履行相应手续后,即成为该著作权集体管理组织的会员,享有相应的权利,履行相应的义务。根据《著作权集体管理条例》第二十条规定:"权利人与著作权集体管理组织订立著作权集体管理合同后,不得在合同约定期限内自己行使或者许可他人行使合同约定的由著作权集体管理组织行使的权利。"如前所述,权利人与著作权集体管理组织之间根据合同约定,订立的是信托合同。根据《信托法》第二条规定:"本法所称信托,是指委托人基于对受托人的信任,将其财产权委托给受托人,由受托人按委托人的意愿以自己的名义,为受益人的利益或者特定目的,进行管理或者处分的行为。"同时,《著作权集体管理条例》第二十一条规定:"权利人可以依照章程规定的程序,退出著作权集体管理组织,终止著作权集体管理合同。但是,著作权集体管理组织已经与他人订立许可使用合同的,该合同在期限届满前继续有效;该合同有效期内,权利人有权获得相应的使用费并可以查阅有关业务材料。"

20世纪60年代,北欧开始出现著作权延伸集体管理制度,即将权利人与集体管理组织间的信托协议内容延伸至非会员权利人的模式。目前,瑞典、芬兰、丹麦、英国、俄罗斯等国家已经对著作权延伸集体管理制度进行了明确的规定。在我国,著作权延伸集体管理制度一直饱受争议,在立法层面上也尚未有定论。2012年出台的《中华人民共和国著作权法(修改草案)》中,拟引入该项制度,但草案一经公布便引起了社会各界的强烈质疑。经过数次修改,2020年公布的《著作权法修正案（草案）》未将其纳入其中。从立法本意上来看，著作权延伸集体管理制度有其合理性和必要性，它可以方便使用者合法快捷地使用未加入著作权集体管理组织的权利人的作品，一方面简化了使用者的使用成本，另一方面也有效保障了非会员人的权益。但制度的应然和实然之间总会存在差距，著作权延伸集体管理制度引入我国的生态环境还不够成熟，诸多前提性条件尚不具备，仓促实行恐怕会适得其反。要使该项制度发挥最大化的社会效应，需要从制度经济学、法经济学、系统论等视角来重新审视著作权集体管理制度，而非单纯的一两项条款就能解决全局性的问题。

五、法律监督

著作权集体管理组织拥有众多会员，每年收取的费用数以亿计，如能有效对市场进行控制，则这笔费用还有更大的增长空间。为了促进著作权集体管理组织的工作效率和效益，防止其损害著作权人的合法权益，《著作权集体管理条例》规定了对著作权集体管理组织的监督。具体内容如下：

1. 根据《著作权集体管理条例》第十七条的规定，著作权集体管理组织的会员大会是著作权集体管理组织的最高权力机构，具有重大事项决策权。

2. 《著作权集体管理条例》明确规定了行政机关的监督职责。如《著作权集体管理条例》第三十三条、第三十四条、第三十五条分别规定了权利人、使用者以及权利人和使用者以外的公民、法人或者其他组织认为著作权集体管理组织有违反本条例规定的行为的，可以向国务院著作权管理部门举报；第三十六条规定，国务院著作权管理部门应当自接到检举、举报之日起60日内对检举、举报事项进行调查并依法处理。除了被动履行监督职责外，《著作权集体管理条例》第三十七条规定了国务院著作权管理部门主动监督的权力范围。除此之外，第三十八条还规定，著作权集体管理组织应当依法接受国务院民政部门和其他有关部门的监督。

3.《著作权法》和《著作权集体管理条例》规定了规范著作权集体管理组织运行的各项制度，如组织设立制度、分支机构设立与运营机制、公开制度、财务制度、会计制度、资产管理制度等。

第三节 我国音乐作品著作权集体管理组织

一、中国音乐著作权协会

1992年国家版权局和中国音乐家协会开始在实践中探索著作权集体管理的机制，建立起了全国第一家著作权集体管理组织——中国音乐著作权协会，简称"音著协"。1995年，中国音乐著作权协会加入了国际作者和作曲者协会联合会（CISAC）。该组织成立于1926年，由当时18个国家的音乐作品著作权集体管理机构联合组成，目前已经扩展至全球200多个国家，是真正的世界性音乐著作权人的组织。在CISAC的框架下，中国音乐著作权协会已经和全世界数十个国家和地区的同类组织签订了互为代表协议。中国音乐著作权协会还分别于2007年和2012年加入了国际影画乐曲复制权协理会（BIEM）和国际复制权联合会（IFRRO），为外国人在我国的音乐著作权保护及我国音乐家在国外的著作权保护提供了有效保证。

中国音乐著作权协会是一个专门从事维护作曲者、作词者和其他音乐著作权人合法权益的非营利性机构。该组织主要承担的任务是，基于与音乐著作权人签订的信托合同，以自己的名义与使用者签订合同、发放许可证、收取使用费，并定期向著作权人分配报酬，代表著作权人维护权益等。目前，协会下设会员部，作品资料部，表演权、复制权、广播权许可业务部，法务部，分配与技术部，信息宣传部，财务与总务部等部门。其中，会员部的主要工作是联络和吸收著作权人加入协会，是联系会员与音著协之间的桥梁；作品资料部是负责会员的音乐作品与相关资料工作的部门，通过建立会员作品数据库来保证音著协的各项工作的有序开展；表演权、复制权、广播权许可业务部是音著协的核心部门，它为广大音乐作品使用者提供许可服务，并与使用方签订许可使用合同；法务部是负责版权维权、普法咨询、学术交流等服务的部门，该部门立足于为会员、广大音乐著作权人及其他部门提供全方位、多层次的法律服务，是会员强大的法律后盾和必备的法律保障力量；分配与技术部主要职能是确认会员及相关权利人的每一笔著作权收入准确无误，并为协会提供所需的网络、通讯等软硬件技术支持；信息宣传部负责协会内外部信息的收集与整理工作，制作协会内刊及宣传材料，建设协会网站等信息发布平台；财务与总务部主要确保协会的正常财务运作，同时为协会的正常运作提供坚实的后勤保障。

根据中国音乐著作权协会年报数据显示，截至2020年底，协会共有会员10633人。其中，词作者3772人，曲作者6356人，继承人382人，出版公司107家，其他16人。根据音著协的章程，协会音乐著作权的管理适用于下列情况：

1. 使用音乐作品进行公开表演；

2. 使用音乐作品进行公开广播；

3. 使用音乐作品制作、复制、发行录音录像制品；

4. 使用音乐作品制作广播电视节目；

5. 以摄制电影或者类似摄制电影的方法将音乐作品固定在载体上；

6. 以信息网络传播的方式向公众提供音乐作品；

7. 其他适合集体管理的对音乐作品的使用。

2020年，协会年度总许可收入为税前4.08亿元，已连续12年保持增长趋势。

表9-1：中国音乐著作权协会许可范围

类别	使用范围
表演权	背景音乐
	现场表演
	卡拉OK
广播权	电视
	电台
信息网络传播权	数字网络
复制权	录音
	录像
	影视广告
	图书
摄制权	MV及其他音乐影像作品
自海外协会分配收入	——
其他	——

　　自成立以来，中国音乐著作权协会对我国音乐人的权利维护和音乐市场秩序的有序发展起到了积极的作用。基于与权利人签订的信托合同，中国音乐著作权协会可以以自己的名义提起诉讼，维护权利人的权益，主要处理的版权纠纷包括背景音乐、现场演出、复制、网络传播、广播、合同违约等方面的侵权纠纷，为相关权利人挽回了大量经济损失。由于音乐著作权侵权案件涉及的内容较为专业，音著协能够充分发挥会员优势，提供音乐版权鉴定服务，为不同案件提供实质性相似的技术鉴定。为了方便使用者办理音乐著作权的授权，自2018年9月起，中国音乐著作权协会开通了网上许可服务，使用者只要通过系统在线填写、提交相应的信息，即可完成使用申请工作。

二、中国音像著作权集体管理协会

中国音像著作权集体管理协会，简称"中国音集协"。中国音像著作权集体管理协会是2005年经国家版权局正式批准，2008年正式成立的我国唯一的音像集体管理组织，依法对音像节目的著作权以及与著作权有关的权利实施集体管理。协会成立之初就开始为音像节目维权，开展了向侵权的卡拉OK提起诉讼、向卡拉OK点播设备收取著作权使用费等工作。2018年，该协会加入国际唱片业协会（IFPI），成为其关联会员，开启了拓展海外业务，在全球范围内保护会员合法权益的新纪元。

中国音像著作权集体管理协会是一个专门维护音像节目著作权的组织。基于信托合同，以自己的名义与使用者签订合同、发放许可证、收取使用费，并定期向著作权人分配报酬，代表著作权人维护权益等。目前，协会下设：秘书处，负责处理协会的日常工作；会员部，主要负责会员发展与会员服务，组织会员活动、协会与会员的合作洽谈、会员及会员作品宣传推广等工作；资料部，主要负责建立作品资料库和权利人信息库，与大数据著作权管理系统对接曲库，配合分配部提供相关数据及开展许可业务的作品资料支撑等工作；许可部，主要负责向使用者发放著作权使用许可，收取使用费及开展新业务等工作；法律部，主要负责协会整体的法律事务，包括法律诉讼和合同合规等工作；财务部，主要负责协会整体财务及预算管理，实施财务监督，根据分配部确定的分配方案，向会员结算著作权费；分配部，根据会员部和资料部提供的会员及登记作品情况，结合抽样调查的使用者点播数据，按照会员大会和理事会通过的分配方案及分配细则进行著作权使用费的分配；宣传部，主要负责协会对外宣传及公共关系管理，包括协会的网站和自媒体运营，协会信息公示以及重大突发事件的公关处理等；办公室，主要负责日常行政工作、人力资源管理、文件档案管理等工作。

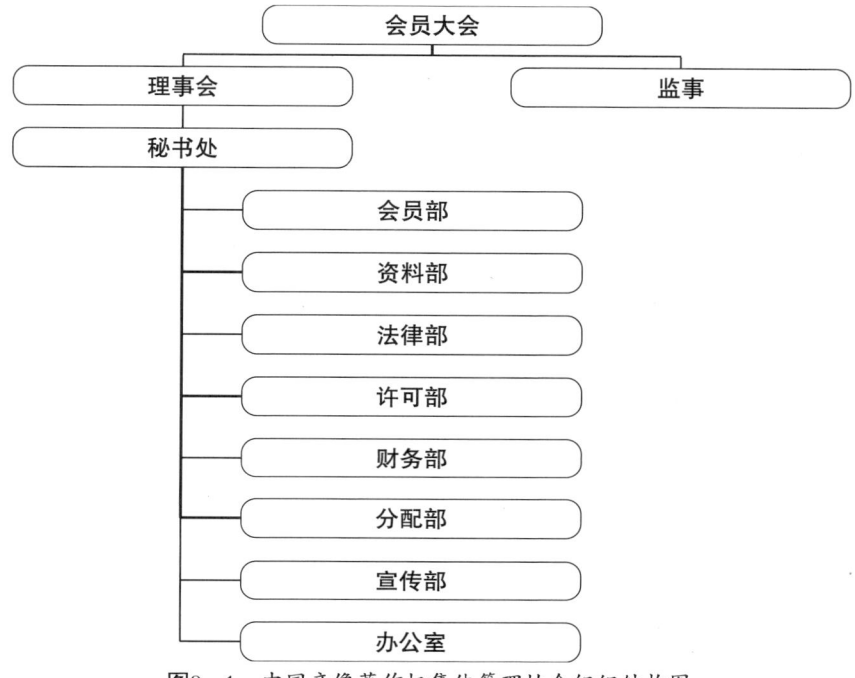

图9-1：中国音像著作权集体管理协会组织结构图

根据章程，中国音集协管理的权利种类有：

1. 音像节目表演权；

2. 音像节目放映权；

3. 音像节目广播权；

4. 音像节目出租权；

5. 音像节目信息网络传播权；

6. 音像节目复制、发行权；

7. 其他适合集体管理的音像节目著作权和与著作权有关的权利。

当前，中国音像著作权集体管理协会的主要业务内容是卡拉OK音像节目的许可、维权。自成立以来，协会对社会提升版权意识、音乐人维护版权权益、打击侵权盗版行为等起到了积极的作用。但随着人们消费升级、产业转型、互联网技术发展等因素的影响，传统的卡拉OK市场受到了极大的冲击，市场日趋萎靡，音像节目著作权人的经济收益也无法达到预期目标。中国音像著作权集体管理协会还需要在拓展许可范围、加大维权力度、参与并推动著作权立法等方面继续努力，以实现协会长期发展的目标。

总之，相比于发达国家走过的历程，中国音乐著作权集体管理制度还在探索过程中。积极寻找符合我国实际的音乐著作权集体管理模式，是发展我国音乐产业、维护音乐市场秩序的基本要求。就此而言，我国音乐著作权集体管理的发展道路任重而道远，音乐著作权集体管理组织需在维护音乐著作权人利益、规范国内音乐市场秩序、提升我国音乐国际竞争力等方面发挥更大的作用。

第十章　音乐著作权和与著作权有关的权利的保护

第一节　技术保护措施

一、技术保护措施的应用

技术保护措施又称技术措施，通常可以分为禁止性使用和禁止性接触两种，前者是"保护版权人专有权利的技术措施"，是指通过技术保护措施限制权利作品被非法复制、发行等，目的在于保护版权的专有权益不受侵害；后者是"访问控制技术措施"，又称"防止未经许可获得作品的措施"，该类技术措施通过设置口令等手段限制他人访问和使用等行为。我国《著作权法》《计算机软件保护条例》《信息网络传播权保护条例》以及《最高人民法院关于审理涉及计算机网络著作权纠纷案件适用法律若干问题的解释》等法律法规均对技术保护措施作了相应的规定。

基于数字音乐资源的公开性、共享性等特征，在Web2.0技术被广泛采用以后，随着个人博客、播客、微博、微信等交互式传播模式的兴起，数字音乐侵权的方式也愈发多样。为了维护产业的良性发展，必须要有更先进的科技手段来保护内容版权，防止侵权行为的发生。数字权限管理技术——DRM（Digital Rights Management），也称内容数字版权加密保护技术，是指涉及数字内容使用权限的设置、认证、交易、保护、监测、跟踪，以及界定使用者和权利人之间关系的数字版权管理技术。DRM作为"将影响世界十大新兴技术"之一，[①]通过技术规范、商业模式和制度规范的集成应用，震荡着当代数字信息的传播、使用规则。为了使数字音乐版权能够得到更好的保护，在被侵权后进行有效的路径跟踪，广泛采用DRM系统是明智之举。我国《著作权法》第四十九条规定："为保护著作权和与著作权有关的权利，权利人可以采取技术措施。未经权利人许可，任何组织或者个人不得故意避开或者破坏技术措施，不得以避开或者破坏技术措施为目的制造、进口或者向公众提供有关装置或者部件，不得故意为他人避开或者破坏技术措施提供技术服务。但是法律、行政法规规定可以避开的情形除外。"

二、技术保护措施的限制

技术保护措施的出现和权利的赋予，使公众的法益和著作权人的义务之间的关系产生了微妙的变化。由于技术的充分保护，著作权人事实上享有了对作品的垄断权利，即在未经许可或支付报酬的情况下，公众无法获得相应信息。人类文明的产生具有连续性特征，任何人的创作行为都不能将其与社会文化的积累割裂开来，当我们在平等、自由地汲取前人文明成果的时候，不能因为基于作品垄断性的权利而忽略了公众的权益，以致形成效率低下的资源配置效应。公共利益具有立法的优先价值，著作权法中的公共利益表现为作品使用者利益。[②]从代际公平和代内公平的角度考虑，作品在合理范围内供他人无偿使用不仅是使用者的权益，而且应当是著作权人的义务。综上，给予技术保护措施适当的限制更有利于平衡公众和权利人之间的利益关系。为此，我国法律对技

[①] 参见孙辉：《DRM中的利益失衡研究》，《图书情报工作》2007年第7期，第90—93页。
[②] 参见张今：《私人复制与著作权补偿金》，《中国版权》2005年第5期，第23—25页。

术保护措施也作了一定的限制，《著作权法》第五十条规定："下列情形可以避开技术措施，但不得向他人提供避开技术措施的技术、装置或者部件，不得侵犯权利人依法享有的其他权利：（一）为学校课堂教学或者科学研究，提供少量已经发表的作品，供教学或者科研人员使用，而该作品无法通过正常途径获取；（二）不以营利为目的，以阅读障碍者能够感知的无障碍方式向其提供已经发表的作品，而该作品无法通过正常途径获取；（三）国家机关依照行政、监察、司法程序执行公务；（四）对计算机及其系统或者网络的安全性能进行测试；（五）进行加密研究或者计算机软件反向工程研究。前款规定适用于对与著作权有关的权利的限制。"

总体来说，对技术保护措施的限制，可以通过以下几个途径：第一，赋予用户合理使用途径，对此可采用电子合同的形式确认双方的权利和义务关系，为公众提供合理使用的途径；第二，当作品超过法定保护期限后，自动解除技术保护措施，使其进入公有领域，以扩大其传播范围；第三，对于技术措施采用不当的作品，著作权人应承担相应的责任，以避免技术保护措施的滥用，导致公众权益的丧失。

第二节　音乐著作权的民法保护

著作权的民法保护是根据《民法典》和《著作权法》对权利人的权利进行的保护，他人侵犯著作权人的权利，应当根据《民法典》和《著作权法》的规定承担民事责任。

一、侵犯音乐著作权和相关权利的行为

在著作权民法保护中，侵犯著作权及相关权利的行为，是指未经著作权人及相关权利人同意，擅自使用权利人作品或者非法行使权利人专

有权利，应当承担民事责任的行为。

  1. 未经著作权人许可，发表其作品的行为。发表权是著作权人享有的著作人身权，未经著作权人许可发表其作品的行为，侵犯了著作权人的发表权。一般而言，侵犯发表权通常会和侵犯著作财产权结合在一起，如：未经著作权人许可，将他人未发表的音乐作品进行表演并摄制成视听作品的行为，既侵犯了著作权人的发表权，又侵犯了著作权人的表演权、摄制权。

  2. 未经合作作者许可，将与他人合作创作的作品当作自己单独创作的作品发表的行为。合作作品是参与创作的创作者们共同智慧的结晶，其著作权应该归全体合作者共同享有，行为人将合作作品当作自己单独创作的作品进行发表，不仅侵犯了他人的发表权，而且侵犯了他人的署名权。

  3. 没有参加创作，却为谋取个人名利，在他人作品上署名的行为。署名权是创作者享有的权利，没有参加创作，或者仅参与辅助性工作的人不享有署名权，否则将侵犯他人的署名权。

  4. 歪曲、篡改他人作品的行为。歪曲、篡改他人作品的行为侵犯了著作权人的保护作品完整权，主要发生在对他人作品进行修改、改编、翻译等使用过程中，表现为对作品主题、内容、观点等的违背。保护作品完整权是对作品中表现出来的作者的个性和作品本身的尊重，其保护的意义在于保护作者的名誉、声望以及维护作品的纯洁性。一般情况下，歪曲、篡改他人作品会有损作者的声誉，这也是保护作品完整权和修改权之间的重要区别之一。

  5. 剽窃他人作品的行为。剽窃他人作品的行为，主要指音乐作品创作中的抄袭行为，在前文已有阐述。

  6. 未经著作权人许可，以展览、摄制视听作品的方法使用作品，或者以改编、翻译、注释等方式使用作品的行为，《著作权法》另有规定的除外。展览权、摄制权、改编权、翻译权、注释权等都是著作权人重要的财产权，也是著作权人实现经济利益的主要方式。行为人未经许可通过以上方式使用作品是侵权行为，但如果符合合理使用和法定许可的情形，则属于例外情况。

7. 使用他人作品，应当支付报酬而未支付的行为。著作财产权中的获得报酬权是指著作权人依法享有的因作品的使用或转让而获得报酬的权利。在法定许可的情形下，行为人使用了著作权人已经发表的作品，但拒绝履行支付报酬的义务，属于侵犯著作权人获得报酬权的行为。

8. 未经视听作品、计算机软件、录音录像制品的著作权人、表演者或者录音录像制作者许可，出租其作品或者录音录像制品的原件或者复制件的行为，《著作权法》另有规定的除外。出租权是著作权人的又一项重要权利，行为人未经许可出租著作权人或与著作权有关权利人的作品/制品，是构成侵犯出租权的行为。

9. 未经出版者许可，使用其出版的图书、期刊的版式设计的行为。图书、期刊的版面设计专有权，是出版者享有的权利，未经许可不得使用，否则构成侵权。

10. 未经表演者许可，从现场直播或者公开传送其现场表演，或者录制其表演的行为。著作权法赋予了表演者许可他人对其表演从现场直播或者公开传送其现场表演，或者录制其表演的权利。行为人未经表演者许可实施上述行为，则侵犯了表演者的表演者权。

11. 其他侵犯著作权以及与著作权有关的权利的行为。

《著作权法》第五十三条还详细规定了其他侵犯著作权的行为，具体将在后文阐述。

侵犯著作权行为的构成要件和一般民事侵权行为的构成要件相同，主要包括以下几个方面：

1. 必须有损害事实的存在。损害事实是指，行为人未经权利人许可，且在不符合《著作权法》规定的免责使用的条件下，擅自使用权利人的作品、表演、录音录像制品和广播电视节目等，致使权利人人身权和财产权受到损失的事实状态。即行为人只要非法使用著作权人的作品或者与著作权有关权利人的表演、录音录像制品和广播电视节目等，就必然会侵害著作权人的合法权利,也就有了损害事实的存在。

2. 行为具有违法性。著作权人和与著作权有关权利人对其作品、表演、录音录像制品和广播电视节目等,享有法定的权利。他人使用权利人的作品、表演、录音录像制品和广播电视节目等,应当征得权利人的同意并支付报酬。行为人未经许可使用权利人的作品、表演、录音录像制品和广播电视节目等,不符合《著作权法》规定的合理使用条件或法定许可条件的,则该行为具有违法性。

3. 侵权行为与损害结果之间具有因果关系。在认定侵权责任时,侵权行为与损害结果之间是否存在因果关系是一个不可或缺的要件。因果关系是指行为和结果之间存在的是行为的发生必然导致结果出现的关系,它们之间是一种决定和被决定,引起和被引起的关系。当然,在特定条件下,为了给具体受害人提供帮助,需要从结果(损害)中寻找到与之相联系的行为或事件。习惯上,侵权责任中的因果关系的认定是一种"向后看"的思维模式,通过回溯结果(损害)寻找原因(加害行为),进而发现责任承担者,最终客观、公正地确定责任归属的问题。因果关系概念的引入给受害人获得补偿提供了正当理由,但也成为了最困扰法官和学者的问题。原因在于,因果关系本身是客观的,但是这种客观现象却需要被加以主观认识,侵权责任中因果关系的认定实际上也就成为了一个主观判断过程,而不同的判断方法会导致结果的分歧。

4. 行为人主观上有过错。过错是行为人在实施侵权行为时的主观状态,包括故意和过失两种。从《著作权法》的具体规定来看,行为人实施著作权侵权行为,其主观上只要有过失,即具备了侵权主观条件,并不要求行为人必须出自故意。从实践中看,行为人实施的侵犯著作权行为,多数情况下是出自主观上的故意,只有少数情况是出自过失。在著作权侵权案件中,主观的故意通常以"知道"或"应当知道"为标准来对主观状态进行界定。在我国的相关立法上,与"知道"相关的概念包括明知、应知、有理由知道以及有合理理由应当知道等。"明知"是对行为人主观过错的事实认定,"应知"是对行为人主观过错的法律推定,在许多国家又被称为"推定知道"。"知道"是有证据证明的主观意识状态，也就是说，必须有确切的证据证明行为人了解相关的侵权事实。[①]"应知"属于推定故意，它是相对于现实故意而言的。现实故意是指有证据证明的故意，而推定故意是指没有证据能够直接证明，但根据一定的事实可以推定行为人具有的故意，行为人如果否认自己具有此种故意，必须提出反证。[②]

二、音乐侵权行为的民事责任

行为人实施了侵犯他人著作权的行为，应当按照《著作权法》和《民法典》等相关法律的规定承担民事责任。根据《著作权法》第五十二条规定，侵犯他人著作权应承担的责任形式主要有以下四种：

1. 停止侵权。针对行为人正在实施的侵权行为，权利人有权要求侵权人停止侵权。在侵权案件中，停止侵权是最为常见和常用的民事责任形式，目的是防止侵权行为的继续进行和侵害结果的进一步发生或扩大。在著作权侵权纠纷中，原告可以通过诉讼的方式，向法院提出诉求，根据法院判决/调解结果责令被告停止侵权。为了使权利人的合法权益得到最大化的保护，《与贸易有关的知识产权协定》第四十一条第一款规定："各成员应保证其国内法中包括关于本部分规定的实施程序，以便对任何侵犯本协定所涵盖知识产权的行为采取有效行动，包括防止侵权的迅速救济措施和制止进一步侵权的救济措施。"第五十条又进一步规定了诉前责令停止侵权的相关条款。所谓诉前责令停止侵权，是指权利人在起诉侵权人之前，向司法机关申请临时措施，责令侵权人停止继续侵权的一种措施，属于诉讼制度的一种。在我国，《著作权法》第五十六条规定："著作权人或者与著作权有关的权利人有证据证明他人正在实施或者即将实施侵犯其权利、妨碍其实现权利的行为，如不及时制止将会使其合法权益受到难以弥补的损害的，可以在起诉前依

[①] 参见吴汉东：《论网络服务提供者的著作权侵权责任》，《中国法学》2011年第2期，第38—47页。
[②] 参见陈兴良：《"应当知道"的刑法界说》，《法学》2005年第7期，第80—84页。

法向人民法院申请采取财产保全、责令作出一定行为或者禁止作出一定行为等措施。"此外,《民事诉讼法》第九章"保全和先予执行"中也对此作了相关规定。

2. 消除影响。针对行为人实施的侵权行为,权利人有权要求在一定的范围内澄清事实真相,以消除对权利人及其作品的不良影响,尽可能挽回权利人人格利益的损失。消除影响适用于侵犯著作人身权的纠纷案件,通常采用在报刊上刊登启事的方式。《民法典》第一百七十九条第十款将"消除影响、恢复名誉"并列为一种承担民事责任的方式。由此可见,消除影响是为了使受害人遭受的人格毁损得以恢复,以达到恢复名誉的目的。

3. 赔礼道歉。针对行为人实施的侵权行为,权利人有权要求侵权人在一定的范围内向权利人赔礼道歉,以减轻和消除权利人的精神痛苦。跟消除影响一样,赔礼道歉也主要适用于侵犯著作人身权的纠纷案件,行为人根据法院判决/调解的结果,可以采取当面道歉或通过媒体公开道歉的方式。

4. 赔偿损失。针对行为人实施的侵权行为,权利人有权要求侵权人赔偿因其侵权行为造成的财产利益的损失,以实现权利人著作财产权中的获得报酬权。赔偿损失常用于侵犯著作财产权的情形,这也是侵权案件中最常用的责任形式之一。

我国的民事侵权赔偿理论要求,权利人损失多少,侵权人就赔偿多少。这种赔偿以弥补权利人的损失为目的,故也称为补偿性赔偿,其适用的赔偿原则是全部赔偿原则,即"填平原则"。该原则虽然可以对被侵权人的损失作一些补偿,但并不具有威慑性,使得侵权现象屡禁不止。自2005年以来,有关部门对音乐市场进行了数次重点整治,取得了一些成绩,但还是未能从根本上解决这一问题。为此,2020年修订版《著作权法》特地新增了惩罚性赔偿制度。

2020年11月11日,全国人大常务委员会通过了《全国人民代表大会常务委员会关于修改〈中华人民共和国著作权法〉的决定》,这也标志着我国《著作权法》对作品的保护进入了新的阶段。本次修订中,《著作权法》引入了学界呼唤已久的"惩罚性赔偿"制度,这将对著作权人的作品,尤其是音乐作品的保护起到积极的作用。

惩罚性赔偿制度由来已久,最早可以追溯到公元前5世纪的《格尔蒂法典》[1]。现代意义上的惩罚性赔偿制度源自英国,是指违法者除了要赔偿受害人的实际损失之外,还须额外赔偿一定金额的罚金作为对其违法行为的惩罚,其目的是遏制和威慑类似违法现象的产生。在著作权领域内,由于所属的法系和立法习惯不同,各国对于惩罚性赔偿的态度也不完全相同。总体而言,英美法系对此制度的规定较为明确,不论是在成文法还是在判例中,都将其贯穿始终;相比之下,大陆法系国家对该制度的应用则显得较为谨慎。

虽然,惩罚性赔偿制度起源于英国,但根据《版权、外观设计与专利法》的规定,法官对惩罚性赔偿拥有较大的自由裁量权,法官可以在公平公正的前提下,综合考虑侵权人的恶意程度和违法所得等因素,判处附加性赔偿金。由此可见,英国惩罚性赔偿制度的立法目的并不是很明确,尤其是没有清楚地表述惩罚性赔偿和补偿性赔偿之间的差别。在司法实践中,惩罚性条款和加重赔偿的界限模糊不清,不仅引起了学界的争论,而且也给惩罚性赔偿的适用带来了诸多麻烦。

作为科技大国,美国很早就将惩罚性赔偿引入知识产权损害赔偿体系之中。根据《惩罚赔偿示范法案》,其立法目的非常明确,即"惩罚与威慑"。与《专利法》和《商标法》等不同的是,美国《版权法》对于惩罚性赔偿的规定并没有单独列出,而是通过法定赔偿金的形式予以体现。在法庭庭审过程中,侵权人的主观状态直接影响判决结果,即是否有证据证明侵权人的侵权行为具有"故意实施"的过错,是决定是否提升法定赔偿金(实行惩罚性赔偿)的前提条件。[2] 由此可见,该条款是一项特殊的惩罚性赔偿设计,旨在根据对侵权人主观状态的判断来决定是否采取惩罚性措施,是对"故意实施"侵权行为的威慑和遏制。

---

[1] Bryan A. Garner, *Black's Law Dictionary*, West Group, 1979, p.354.
[2] 《十二国著作权法》翻译组译:《十二国著作权法》,清华大学出版社,2011年,第805页。

加拿大《著作权法》对惩罚性赔偿制度的适用和美国较为相似，侧重于考察侵权人的主观状态，只要侵权人主观上具有恶意，即适用惩罚性赔偿制度。与美国不同的是，加拿大《著作权法》区分了法定赔偿和惩罚性赔偿两种赔偿性质，前者主要基于填平原则，金额的确定主要依据被侵权人的实际损失或者侵权人的非法所得；后者主要是法官根据侵权情节的严重程度作出判定，具体金额在法律规定的金额范围内确定。值得注意的是，著作权人可以同时获得法定赔偿和惩罚性赔偿，而不是二者选其一。

德国是大陆法系国家的代表之一，在立法上有着公法、私法分离的传统原则，在知识产权领域对惩罚性赔偿制度一直保持较为谨慎的态度。但在联邦最高法院审判的音乐作品著作权纠纷案中，也曾判决侵害人承担双倍许可费的侵害赔偿金，这显然具有惩罚性赔偿的性质。[1]

音乐著作权是著作权领域中侵权最为严重、内容最为复杂的版块之一。近年来，我国采取了一系列措施加大对音乐著作权的保护，但侵权现象依然屡禁不止。而且随着网络化、数字化、智能化技术的发展，音乐著作权侵权行为正朝着复杂性和变异性的方向发展。因此，《著作权法》引入惩罚性赔偿机制，将对威慑侵权行为、保护著作权人的权益、净化音乐市场环境等方面起到重要作用。主要作用如下：

1. 增强对音乐著作权侵权行为的威慑力

音乐著作权保护的两个困难，一是由于不可能发生有形占有，音乐著作权无法和其他物权一样，通过占有的形式被有效地控制和保护，因此它很容易受到侵害；二是由于音乐著作权的使用不发生有形损耗，也不受空间限制，可能遭受反复侵权或数人同时侵权、异地侵权，因此音乐著作权很容易遭受大规模侵害。导致上述行为的关键在于侵权行为的成本和预期收益之间的关系。侵权成本包括实施侵权行为所耗费的成本和可能带来的惩罚；侵权收益是指侵权行为给侵权人带来的实际和预期的经济利益。一般而言，当侵权收益高于侵权成本

---

[1] 范长军：《德国专利法研究》，科学出版社，2010年，第130页。

时，侵权行为的数量呈上涨趋势；反之，则呈下降趋势。现有的侵权成本过低，在一定程度上无法抑制侵权行为的扩大和加重。汉普顿的报应理论（Retributive Idea）以"行为的社会效应"为立足点，主张不法行为不仅会造成受害人的损失，在某种程度上也会造成社会利益的损失，需要通过"抬高受害者、否定不法行为来打击加害人"。让受害人借助法律的权威"打击"加害人，即"报应"，[1]简而言之，就是增强对音乐著作权侵权行为的威慑力。

2. 弥补音乐著作权人的实际损失

著作权法对侵权赔偿适用的"填平原则"往往无法弥补著作权人的损失，经常会使诉讼陷入困境。导致这种现象的原因主要有以下几点：第一，音乐作品的经济价值及价值补偿很难通过传统经济学的方式来进行测算，参与诉讼的当事人难以就此问题形成统一认识；第二，音乐侵权导致的实际损失或非法收益的举证困难，如，一首音乐作品在网络平台上进行传播或在卡拉OK被点播，很难举证说明权利人因此而遭受的经济损失，也很难证明侵权人的获利明细；第三，法官自由裁量权缺乏参照标准，导致对于音乐作品的判决赔偿金额差距较大，从数百元至几十万元金额不等。

表10-1：音乐侵权案例审判/调解结果[2]

被侵权作品	侵权作品	判决/调解时间	赔偿金额（万元/首）	备注
《乌苏里船歌》	《想情郎》	2003年	0.15	
《太阳神广告歌》	《雪碧广告歌》	2004年	44.5	
《敖包相会》	《月亮之上》	2006年	2	
《诱惑力》	《胜利滋味》	2011年	2	
《家在东北》等86首	—	2017年	0.03	卡拉OK侵犯MV放映权

从以上案例可以看出，音乐著作权人在司法实践中往往处于不利地位。采用惩罚性赔偿，可以使权利人获得一笔额外的赔偿金对其实际或

---

[1] Jean Hampton, *Correcting Harms Versus Righting Wrongs: The Goal of Retribution*, University of California Law Review, 1992, 39(6), p.1677—1687.
[2] 根据案例判决书/调解书整理。——编著者注

预期的损失进行补偿。

3. 调动音乐著作权人维权的积极性

音乐著作权维权后得到的补偿是否能够符合或超出权利人的利益诉求是影响其维权行为的关键性因素。事实上，音乐著作权人在诉讼过程中，需耗费大量的时间、人力、物力、财力、精力等，而因此所得的补偿如果不能令人满意，将会导致集体"理性冷漠"的现象。"理性冷漠"是经济分析中出现的概念，简单来讲，一个理性的人会在诉讼前衡量其维权成本和维权后能得到的补偿，如果成本大于补偿，那么他们很可能会放弃维权，从而表现出对侵权行为的放任。[1]惩罚性赔偿在现有的赔偿机制基础上增加了额外的赔偿金额，使得维权人的预期收益提升，从而调动权利人维权的积极性。

惩罚性赔偿制度的历史源远流长，但在著作权法中是否应当适用该制度，英美法系和大陆法系各国争论不一。在立法形式上，有些国家明确提出了惩罚性赔偿制度，有些国家将其涵盖在其他赔偿制度之中，也有些国家尚未引入。虽然，我国2020年修订的《著作权法》在第五十四条已对"惩罚性赔偿"制度进行了明确规定，但是从司法理论和实践的角度来看，惩罚性赔偿的制度设计还存在值得商榷的内容。

（1）明确惩罚性赔偿的目的

一个国家或地区的著作权立法需要考虑的因素有很多，有立法习惯、传统、文化及他国的影响，但其中最重要的应当是立足于本国或本地区实际。当前，我国音乐著作权侵权现象依旧屡见不鲜，著作权立法应当把补偿性、赔偿性等"客观效果"排除在惩罚性赔偿立法目的之外，而将"威慑与遏制侵权行为"作为其唯一立法目的。这样的设置主要基于以下几点考虑：首先，惩罚性赔偿与补偿性赔偿是两个截然不同的概念，补偿性赔偿是基于"填平原则"所进行的补偿措施，而惩罚性赔偿是补偿之外的经济惩罚；其次，从两者之间的关系上来看，它们既

---

[1] 参见陈静怡：《论惩罚性赔偿制度在著作权领域中的引入——以〈著作权法〉第三次修改为背景》，《科技与法律》2015年第5期，第910—948页。

不是主次关系，也不是包含关系，而是相互独立的平行关系；再次，惩罚性赔偿只有在补偿性赔偿制度救济不足的情况下才可以起到替代补偿的作用，但这只是惩罚性赔偿制度的"实际效果"，而不应该成为其"立法目的"。

（2）权利使用费作为侵权赔偿参照的可行性

2020年修订的《著作权法》第五十四条规定，在权利人的实际损失或侵权人的违法所得难以计算的情况下，可以参照该权利的使用费予以赔偿。但"权利使用费"具体内容的指向性不明，究竟是"许可使用"还是"转让"所产生的费用？如果是"许可使用"，则又存在"独占性许可"和"非独占性许可"，而两者之间的交易费用差异是巨大的；如果是"转让"，那么还需要考虑时间跨度，众所周知，音乐著作权转让费用是随着时间不断变化的，这不仅涉及通货膨胀的问题，还会涉及音乐作品在传播过程中产生的增值效应。由此可见，"权利使用费"受到主观、客观等多种因素的影响，且每部作品的使用费差异也较大，难以形成较为统一的标准。因此，对于故意侵犯著作权或者与著作权有关的权利，情节严重的，《著作权法》第五十四条规定的"可以按照该权利使用费的一倍以上五倍以下进行赔偿"就没有确切的依据。

（3）优化惩罚性赔偿的适用条件

2020年修订的《著作权法》将惩罚性赔偿的适用条件限为"主观状态"和"情节严重"程度，并通过赋予法官自由裁量权对具体案件进行处理。一方面，"故意"的主观状态是决定适用惩罚性赔偿的前提，相比于《商标法》以"恶意"为主观条件，《著作权法》的"故意"的范围要比"恶意"的范围更为宽泛。另一方面，音乐著作权侵权"情节严重"的界定较为模糊，一般而言是指侵犯了他人权利、扰乱了文化市场秩序、损害了公共利益，但又尚未构成犯罪的行为。由于大多数音乐著作权侵权案件在侵权所得和权利人损失的计算上难以得出精确的数据，且该条款未区分"商业性使用"和"非商业性使用"，因此在情节认定上仍具有较大的主观性。此外，在该条款中，还应当明确在权利人实际损失、侵权所得等难以计算时，法院可以根据情节，在500～500万的范围内进行"加重处罚",以达到惩罚性赔偿的目的。

综上所述,在司法实践中,惩罚性赔偿制度的应用应当综合考虑主观状态、侵权目的、实际损失、非法所得、市场秩序、公共利益等主客观因素,切实发挥该制度的威慑性和预防性作用。

第三节 音乐著作权的行政法保护

著作权的行政法保护,是指依照《著作权法》和2009年6月15日颁布实施的《著作权行政处罚实施办法》以及相关行政法规对著作权进行保护。侵犯他人著作权的行为,应根据《著作权法》《著作权行政处罚实施办法》以及相关行政法规的规定承担相应的行政责任。

一、侵犯音乐著作权应当承担行政责任的行为

在著作权的行政法保护中,侵犯著作权应当承担行政责任的行为,是指未经著作权人或与著作权有关的权利人许可,也没有法律依据,擅自使用权利人的作品、表演、录音录像制品或者以其他非法形式侵犯著作权人专有权利,同时损害公共利益的侵权行为。

根据《著作权法》第五十三条规定,有下列侵权行为的,应当根据情况,承担本法第五十二条规定的民事责任;侵权行为同时损害公共利益的,由主管著作权的部门责令停止侵权行为,予以警告,没收违法所得,没收、无害化销毁处理侵权复制品以及主要用于制作侵权复制品的材料、工具、设备等,违法经营额5万元以上的,可以并处违法经营额1倍以上5倍以下的罚款;没有违法经营额、违法经营额难以计算或者不足5万元的,可以并处25万元以下的罚款;构成犯罪的,依

法追究刑事责任：

1. 未经著作权人许可，复制、发行、表演、放映、广播、汇编、通过信息网络向公众传播其作品的，本法另有规定的除外；

2. 出版他人享有专有出版权的图书的；

3. 未经表演者许可，复制、发行录有其表演的录音录像制品，或者通过信息网络向公众传播其表演的，本法另有规定的除外；

4. 未经录音录像制作者许可，复制、发行、通过信息网络向公众传播其制作的录音录像制品的，本法另有规定的除外；

5. 未经许可，播放、复制或者通过信息网络向公众传播广播、电视的，本法另有规定的除外；

6. 未经著作权人或者与著作权有关的权利人许可，故意避开或者破坏技术措施的，故意制造、进口或者向他人提供主要用于避开、破坏技术措施的装置或者部件的，或者故意为他人避开或者破坏技术措施提供技术服务的，法律、行政法规另有规定的除外；

7. 未经著作权人或者与著作权有关的权利人许可，故意删除或者改变作品、版式设计、表演、录音录像制品或者广播、电视上的权利管理信息的，知道或者应当知道作品、版式设计、表演、录音录像制品或者广播、电视上的权利管理信息未经许可被删除或者改变，仍然向公众提供的，法律、行政法规另有规定的除外；

8. 制作、出售假冒他人署名的作品的。

根据《信息网络传播权保护条例》第十八条规定，有下列侵权行为之一的，根据情况承担停止侵害、消除影响、赔礼道歉、赔偿损失等民事责任；同时损害公共利益的，可以由著作权行政管理部门责令停止侵权行为，没收违法所得，非法经营额5万元以上的，可处非法经营额1倍以上5倍以下的罚款；没有非法经营额或者非法经营额5万元以下的，根据情节轻重，可处25万元以下的罚款；情节严重的，著作权行政管理部门可以没收主要用于提供网络服务的计算机等设备；构成犯罪的，依法追究刑事责任：

1. 通过信息网络擅自向公众提供他人的作品、表演、录音录像制品的;

2. 故意避开或者破坏技术措施的;

3. 故意删除或者改变通过信息网络向公众提供的作品、表演、录音录像制品的权利管理电子信息,或者通过信息网络向公众提供明知或者应知未经权利人许可而被删除或者改变权利管理电子信息的作品、表演、录音录像制品的;

4. 为扶助贫困通过信息网络向农村地区提供作品、表演、录音录像制品超过规定范围,或者未按照公告的标准支付报酬,或者在权利人不同意提供其作品、表演、录音录像制品后未立即删除的;

5. 通过信息网络提供他人的作品、表演、录音录像制品,未指明作品、表演、录音录像制品的名称或者作者、表演者、录音录像制作者的姓名(名称),或者未支付报酬,或者未依照本条例规定采取技术措施防止服务对象以外的其他人获得他人的作品、表演、录音录像制品,或者未防止服务对象的复制行为对权利人利益造成实质性损害的。

二、音乐侵权行为承担行政责任的方式

根据《著作权法》第五十三条、《信息网络传播权保护条例》第十八条以及《著作权行政处罚实施办法》第四条等规定,行为人实施侵权行为应当承担的行政责任主要有以下几种方式:

1. 责令停止侵权。该责任形式与民事责任中责令停止侵权以及诉前停止侵权行为相似,只是在行政责任中由著作权行政管理机关具体实施,而在民事责任中由司法机关具体实施。

2. 没收违法所得。即没收侵权人因实施侵权行为而获得的物质利益。

3. 没收、销毁侵权复制品。目的是防止侵权复制品进一步扩散,避免给侵权人造成进一步损失。

4. 罚款。对侵权人在经济上进行进一步惩罚，不仅可以有效防止侵权人继续侵权，而且可以对其他侵权人起到威慑作用。根据《著作权法》第五十三条、《信息网络传播权保护条例》第十八条等规定，非法经营额5万元以上的，可以并处非法经营额1倍以上5倍以下的罚款；没有非法经营额、非法经营额难以计算或者不足5万元的，可以并处25万元以下的罚款。

5. 没收主要用于制作侵权复制品的材料、工具、设备等。这种责任方式可以制裁侵权人，使其丧失继续侵权的物质基础，但只适用于"情节严重"的情形。根据《著作权行政处罚实施办法》第三十一条规定，"情节严重"是指：（1）违法所得数额（即获利数额）在2500元以上的；（2）非法经营数额在1.5万元以上的；（3）经营侵权制品在250册（张或份）以上的；（4）因侵犯著作权曾经被追究法律责任，又侵犯著作权的；（5）造成其他重大影响或者严重后果的。

2020年修订版《著作权法》赋予了主管著作权的部门更大的权力范围，根据第五十五条规定："主管著作权的部门对涉嫌侵犯著作权和与著作权有关的权利的行为进行查处时，可以询问有关当事人，调查与涉嫌违法行为有关的情况；对当事人涉嫌违法行为的场所和物品实施现场检查；查阅、复制与涉嫌违法行为有关的合同、发票、账簿以及其他有关资料；对于涉嫌违法行为的场所和物品，可以查封或者扣押。"主管著作权的部门依法行使上述职权时，当事人应当予以协助、配合，不得拒绝、阻挠。

为了能够更好地保护音乐版权，国家版权局一直致力于音乐版权的专项整治工作。在2015年召开的网络音乐版权保护工作座谈会上，国家版权局表示将从以下五个方面加强网络音乐版权保护力度：一是严厉打击各类网络音乐侵权盗版行为，包括加大对侵犯音乐著作权的网站、APP的行政处罚力度，将涉嫌构成犯罪的移送司法机关追究刑事责任，协调通信主管部门对传播侵权盗版音乐作品的无备案网站予以关闭，对各类侵犯网络音乐著作权案的查办情况适时公开通报；二是加强对网络音乐服务商的版权重点监管；三是支持网络音乐服务商加强版权自律，在国家版权局的支持下，二十余家主要网络音乐服务商、唱片公司和版权公司在会上签署并发布了《网络音乐版权保护自律宣言》，同时提请版权行政管理部门、广大权利人和网民以及社会各界、各类媒体对其进行监督；四是促进音乐作品的广泛授权和有序传播；五是推动网络音乐相关利益方开展版权合作。

第四节　音乐著作权的刑法保护

我国《刑法》规定了侵犯著作权的犯罪行为及其刑事责任，最高人民法院也对审理非法出版物的刑事案件作出了司法解释。这些立法和司法活动将我国的著作权保护提到了一个新高度。早在1994年，第八届全国人大常委会第八次会议就通过了《关于惩治侵犯著作权的犯罪的决定》，用单行刑法的形式确定了侵犯著作权的犯罪，这是我国首次对著作权进行刑事保护。1997年，刑法对该《决定》的内容予以吸收，即第二百一十七条的侵犯著作权罪和第二百一十八条的销售侵权复制品罪。2001年，第九届全国人大常委会第二十四次会议对《著作权法》进行了修订，在《著作权法》第四十七条以附属刑法的形式对八类侵权行为规定了刑事责任条款。此后这一条款内容虽有调整，但刑事责任条款并没有变化。2004年、2007年、2020年，最高人民法院、最高人民检察院依次联合发布《关于办理侵犯知识产权刑事案件具体应用法律若干问题的解释》《关于办理侵犯知识产权刑事案件具体应用法律若干问题的解释（二）》《关于办理侵犯知识产权刑事案件具体应用法律若干问题的解释（三）》。可见，我国对侵犯著作权行为的刑事打击力度日渐加强。

一、音乐侵权刑事犯罪行为构成标准

《刑法》第二百一十七条规定，以营利为目的，有下列侵犯著作权或者与著作权有关的权利的情形之一，违法所得数额较大或者有其他严重情节的，处3年以下有期徒刑，并处或者单处罚金；违法所得数额巨大或者有其他特别严重情节的，处3年以上10年以下有期徒刑，并处罚金：

1. 未经著作权人许可，复制发行、通过信息网络向公众传播其文字作品、音乐、美术、视听作品、计算机软件及法律、行政法规规定的其他作品的；

2. 出版他人享有专有出版权的图书的；

3. 未经录音录像制作者许可，复制发行、通过信息网络向公众传播其制作的录音录像的；

4. 未经表演者许可，复制发行录有其表演的录音录像制品，或者通过信息网络向公众传播其表演的；

5. 制作、出售假冒他人署名的美术作品的；

6. 未经著作权人或者与著作权有关的权利人许可，故意避开或者破坏权利人为其作品、录音录像制品等采取的保护著作权或者与著作权有关的权利的技术措施的。

《刑法》第二百一十八条规定，以营利为目的，销售明知是本法第二百一十七条规定的侵权复制品，违法所得数额巨大或者有其他严重情节的，处5年以下有期徒刑，并处或者单处罚金。

2004年由最高人民法院、最高人民检察院（后简称"两高"）联合发布的《关于办理侵犯知识产权刑事案件具体应用法律若干问题的解释》（后简称《解释》）第五条规定，以营利为目的，实施《刑法》第二百一十七条所列侵犯著作权行为之一，违法所得数额在3万元以上的，属于"违法所得数额较大"；具有下列情形之一的，属于"有其他严重情节"，应当以侵犯著作权罪判处3年以下有期徒刑或者拘役，并处或者单处罚金：

1. 非法经营数额在5万元以上的；

2. 未经著作权人许可，复制发行其文字作品、音乐、电影、电视、录像作品、计算机软件及其他作品，复制品数量合计在1000张（份）以上的；

3. 其他严重情节的情形。

以营利为目的，实施刑法第二百一十七条所列侵犯著作权行为之一，违法所得数额在15万元以上的，属于"违法所得数额巨大"；具有下列情形之一的，属于"有其他特别严重情节"，应当以侵犯著作权罪判处3年以上7年以下有期徒刑，并处罚金：

1. 非法经营数额在25万元以上的；

2. 未经著作权人许可，复制发行其文字作品、音乐、电影、电视、录像作品、计算机软件及其他作品，复制品数量合计在5000张（份）以上的；

3. 其他特别严重情节的情形。

第六条规定，以营利为目的，实施《刑法》第二百一十八条规定的行为，违法所得数额在10万元以上的，属于"违法所得数额巨大"，应当以销售侵权复制品罪判处3年以下有期徒刑或者拘役，并处或者单处罚金。

2007年"两高"发布《关于办理侵犯知识产权刑事案件具体应用法律若干问题的解释（二）》（后简称《解释二》），降低了侵犯著作权罪的入罪门槛。该解释第一条规定，以营利为目的，未经著作权人许可，复制发行其文字作品、音乐、电影、电视、录像作品、计算机软件及其他作品，复制品数量合计在500张（份）以上的，属于《刑法》第二百一十七条规定的"有其他严重情节"；复制品数量在2500张（份）以上的，属于《刑法》第二百一十七条规定的"有其他特别严重情节"。

《解释二》与《解释》相比，将"有其他严重情节"的非法复制数量合计从1000张以上调整为500张以上；将"有其他特别严重情节"的非法复制数量合计从5000张调整为2500张。

同时，《解释二》还对侵犯知识产权犯罪的，规定了罚金数额，增强了刑法对于侵犯知识产权的威慑力。其第四条规定，对于侵犯知识产权犯罪的，人民法院应当综合考虑犯罪的违法所得、非法经营数额、给权利人造成的损失、社会危害性等情节，依法判处罚金。罚金数额一般在违法所得的1倍以上5倍以下，或者按照非法经营数额的50%以上1倍以下确定。

2020年"两高"发布的《关于办理侵犯知识产权刑事案件具体应用法律若干问题的解释（三）》，进一步提升了罚金数额，与《著作权法》保持一致。该解释第十条规定，对于侵犯知识产权犯罪的，应当综合考虑犯罪违法所得数额、非法经营数额、给权利人造成的损失数额、侵权假冒物品数量及社会危害性等情节，依法判处罚金。罚金数额一般在违法所得数额的1倍以上5倍以下确定。违法所得数额无法查清的，罚金数额一般按照非法经营数额的50%以上1倍以下确定。违法所得数额和非法经营数额均无法查清，判处3年以下有期徒刑、拘役、管制或者单处罚金的，一般在3万元以上100万元以下确定罚金数额；判处3年以上有期徒刑的，一般在15万元以上500万元以下确定罚金数额。

值得注意的是，音乐著作权保护具有范围广、层次深、数量多等特点，为了解决网络侵权盗版现象严重、网络市场生态环境紊乱的问题。早在2005年，国家版权局、工业和信息化部、公安部、国家互联网信息办公室四部门就开始对包括音乐著作权在内的网络市场进行专项整治，集中力量强化对网络侵权盗版行为的打击力度，取得了可喜的成绩，查处了一批大案要案。连续不断的专项整治活动，有效打击和震慑了网络侵权盗版行为，改变了包括音乐著作权在内的版权秩序混乱的局面，获得了国内外的一致好评。

二、音乐著作权刑法保护的不足与完善

我国著作权刑事立法的起步较晚，与很多国际公约或者发达国家的著作权刑事立法相比，存在很多不足与缺陷，特别是在网络背景下，著作权的刑法保护面临着更多新的问题与挑战。

1. 《刑法》规定的犯罪行为数量少于《著作权法》的规定

《著作权法》第五十三条规定了8种著作权侵权"构成犯罪的，依法追究刑事责任"的情形，而《刑法》在第二百一十七条仅规定了6种，加上第二百一十八条，共7种，且部分条款在内容上也缩小了范围。《著作权法》虽然对这8种行为规定了"构成犯罪的，依法追究刑事责任"，但是没有规定法定刑，且《刑法》中也没有可对应条款，如果用来定罪量刑，就不符合罪刑法定原则。

2. "以营利为目的"的主观归责要件存在不足

我国《刑法》将"侵犯著作权罪"的主观罪过规定为"故意"，同时限定了"以营利为目的"的主观归责条件。在传统背景下，大部分侵犯著作权行为人都具有营利目的，但是在网络背景下，"以营利为目的"这一规定却显现出诸多弊端。因为在网络环境下，侵犯他人著作权不一定是为了满足自身的"营利目的"，但同样会严重侵害他人著作权或者与著作权有关的权利，同时扰乱音乐市场秩序。这也就意味着只要不"以营利为目的"，无论行为结果的严重程度如何，都不能适用《刑法》来进行保护，且《著作权法》第五十三条也未将"以营利为目的"设定为主观要件。两部法律对主观过错规定的差异，会在司法实践中的法律适用问题上产生歧义，有些行为虽然后果严重，但由于侵权者不具有"以营利为目的"的主观状态而不符合《刑法》的犯罪构成要件。

3. 侵犯著作权罪的保护范围不全面

根据我国《著作权法》规定，邻接权包括出版者权、表演者权、录音录像制作者权和广播组织权4项权利，都是与著作权有关的权利，即作品传播者所享有的专有权利。而《刑法》第二百一十七条在四项邻接

权中却只规定了"出版者权""录音录像制作者权""表演者权"。同为邻接权,"广播电台、电视台播放权"无论在权利性质、侵权目的、侵权行为方式、社会危害性还是给权利人带来的经济损失方面与前三者权利相比并无差异。

4.《刑法》和《著作权法》对"复制发行"的界定存在矛盾

在《著作权法》中,复制权和发行权是两种不同的权利:复制权,即以印刷、复印、拓印、录音、录像、翻录、翻拍、数字化等方式将作品制作一份或者多份的权利;发行权,即以出售或者赠与方式向公众提供作品的原件或者复印件的权利。而《刑法》将其合并为"复制发行",包括复制、发行或者既复制又发行。这样的界定往往会导致法律适用上的模糊不清。

附录

中华人民共和国著作权法

（1990年9月7日第七届全国人民代表大会常务委员会第十五次会议通过　根据2001年10月27日第九届全国人民代表大会常务委员会第二十四次会议《关于修改〈中华人民共和国著作权法〉的决定》第一次修正　根据2010年2月26日第十一届全国人民代表大会常务委员会第十三次会议《关于修改〈中华人民共和国著作权法〉的决定》第二次修正　根据2020年11月11日第十三届全国人民代表大会常务委员会第二十三次会议《关于修改〈中华人民共和国著作权法〉的决定》第三次修正）

目　　录

第一章　总　　则

第二章　著　作　权

　　第一节　著作权人及其权利

　　第二节　著作权归属

　　第三节　权利的保护期

　　第四节　权利的限制

第三章　著作权许可使用和转让合同

第四章　与著作权有关的权利

　　第一节　图书、报刊的出版

第二节　表　　演
第三节　录音录像
第四节　广播电台、电视台播放
第五章　著作权和与著作权有关的权利的保护
第六章　附　　则

第一章　总　　则

第一条　为保护文学、艺术和科学作品作者的著作权，以及与著作权有关的权益，鼓励有益于社会主义精神文明、物质文明建设的作品的创作和传播，促进社会主义文化和科学事业的发展与繁荣，根据宪法制定本法。

第二条　中国公民、法人或者非法人组织的作品，不论是否发表，依照本法享有著作权。

外国人、无国籍人的作品根据其作者所属国或者经常居住地国同中国签订的协议或者共同参加的国际条约享有的著作权，受本法保护。

外国人、无国籍人的作品首先在中国境内出版的，依照本法享有著作权。

未与中国签订协议或者共同参加国际条约的国家的作者以及无国籍人的作品首次在中国参加的国际条约的成员国出版的，或者在成员国和非成员国同时出版的，受本法保护。

第三条　本法所称的作品，是指文学、艺术和科学领域内具有独创性并能以一定形式表现的智力成果，包括：

（一）文字作品；

（二）口述作品；

（三）音乐、戏剧、曲艺、舞蹈、杂技艺术作品；

（四）美术、建筑作品；

（五）摄影作品；

（六）视听作品；

（七）工程设计图、产品设计图、地图、示意图等图形作品和模型作品；

（八）计算机软件；

（九）符合作品特征的其他智力成果。

第四条 著作权人和与著作权有关的权利人行使权利，不得违反宪法和法律，不得损害公共利益。国家对作品的出版、传播依法进行监督管理。

第五条 本法不适用于：

（一）法律、法规，国家机关的决议、决定、命令和其他具有立法、行政、司法性质的文件，及其官方正式译文；

（二）单纯事实消息；

（三）历法、通用数表、通用表格和公式。

第六条 民间文学艺术作品的著作权保护办法由国务院另行规定。

第七条 国家著作权主管部门负责全国的著作权管理工作；县级以上地方主管著作权的部门负责本行政区域的著作权管理工作。

第八条 著作权人和与著作权有关的权利人可以授权著作权集体管理组织行使著作权或者与著作权有关的权利。依法设立的著作权集体管理组织是非营利法人，被授权后可以以自己的名义为著作权人和与著作权有关的权利人主张权利，并可以作为当事人进行涉及著作权或者与著作权有关的权利的诉讼、仲裁、调解活动。

著作权集体管理组织根据授权向使用者收取使用费。使用费的收取标准由著作权集体管理组织和使用者代表协商确定，协商不成的，可以向国家著作权主管部门申请裁决，对裁决不服的，可以向人民法院提起诉讼；当事人也可以直接向人民法院提起诉讼。

著作权集体管理组织应当将使用费的收取和转付、管理费的提取和使用、使用费的未分配部分等总体情况定期向社会公布，并应当建立权利信息查询系统，供权利人和使用者查询。国家著作权主管部门应当依法对著作权集体管理组织进行监督、管理。

著作权集体管理组织的设立方式、权利义务、使用费的收取和分配，以及对其监督和管理等由国务院另行规定。

第二章　著作权

第一节　著作权人及其权利

第九条　著作权人包括：

（一）作者；

（二）其他依照本法享有著作权的自然人、法人或者非法人组织。

第十条　著作权包括下列人身权和财产权：

（一）发表权，即决定作品是否公之于众的权利；

（二）署名权，即表明作者身份，在作品上署名的权利；

（三）修改权，即修改或者授权他人修改作品的权利；

（四）保护作品完整权，即保护作品不受歪曲、篡改的权利；

（五）复制权，即以印刷、复印、拓印、录音、录像、翻录、翻拍、数字化等方式将作品制作一份或者多份的权利；

（六）发行权，即以出售或者赠与方式向公众提供作品的原件或者复制件的权利；

（七）出租权，即有偿许可他人临时使用视听作品、计算机软件的原件或者复制件的权利，计算机软件不是出租的主要标的的除外；

（八）展览权，即公开陈列美术作品、摄影作品的原件或者复制件的权利；

（九）表演权，即公开表演作品，以及用各种手段公开播送作品的表演的权利；

（十）放映权，即通过放映机、幻灯机等技术设备公开再现美术、摄影、视听作品等的权利；

（十一）广播权，即以有线或者无线方式公开传播或者转播作品，以及通过扩音器或者其他传送符号、声音、图像的类似工具向公众传播广播的作品的权利，但不包括本款第十二项规定的权利；

（十二）信息网络传播权，即以有线或者无线方式向公众提供，使公众可以在其选定的时间和地点获得作品的权利；

（十三）摄制权，即以摄制视听作品的方法将作品固定在载体上的权利；

（十四）改编权，即改变作品，创作出具有独创性的新作品的权利；

（十五）翻译权，即将作品从一种语言文字转换成另一种语言文字的权利；

（十六）汇编权，即将作品或者作品的片段通过选择或者编排，汇集成新作品的权利；

（十七）应当由著作权人享有的其他权利。

著作权人可以许可他人行使前款第五项至第十七项规定的权利，并依照约定或者本法有关规定获得报酬。

著作权人可以全部或者部分转让本条第一款第五项至第十七项规定的权利，并依照约定或者本法有关规定获得报酬。

第二节　著作权归属

第十一条　著作权属于作者，本法另有规定的除外。

创作作品的自然人是作者。

由法人或者非法人组织主持，代表法人或者非法人组织意志创作，并由法人或者非法人组织承担责任的作品，法人或者非法人组织视为作者。

第十二条　在作品上署名的自然人、法人或者非法人组织为作者，且该作品上存在相应权利,但有相反证明的除外。

作者等著作权人可以向国家著作权主管部门认定的登记机构办理作品登记。

与著作权有关的权利参照适用前两款规定。

第十三条 改编、翻译、注释、整理已有作品而产生的作品,其著作权由改编、翻译、注释、整理人享有,但行使著作权时不得侵犯原作品的著作权。

第十四条 两人以上合作创作的作品,著作权由合作作者共同享有。没有参加创作的人,不能成为合作作者。

合作作品的著作权由合作作者通过协商一致行使;不能协商一致,又无正当理由的,任何一方不得阻止他方行使除转让、许可他人专有使用、出质以外的其他权利,但是所得收益应当合理分配给所有合作作者。

合作作品可以分割使用的,作者对各自创作的部分可以单独享有著作权,但行使著作权时不得侵犯合作作品整体的著作权。

第十五条 汇编若干作品、作品的片段或者不构成作品的数据或者其他材料,对其内容的选择或者编排体现独创性的作品,为汇编作品,其著作权由汇编人享有,但行使著作权时,不得侵犯原作品的著作权。

第十六条 使用改编、翻译、注释、整理、汇编已有作品而产生的作品进行出版、演出和制作录音录像制品,应当取得该作品的著作权人和原作品的著作权人许可,并支付报酬。

第十七条 视听作品中的电影作品、电视剧作品的著作权由制作者享有,但编剧、导演、摄影、作词、作曲等作者享有署名权,并有权按照与制作者签订的合同获得报酬。

前款规定以外的视听作品的著作权归属由当事人约定;没有约定或者约定不明确的,由制作者享有,但作者享有署名权和获得报酬的权利。

视听作品中的剧本、音乐等可以单独使用的作品的作者有权单独行使其著作权。

第十八条 自然人为完成法人或者非法人组织工作任务所创作的作品是职务作品，除本条第二款的规定以外，著作权由作者享有，但法人或者非法人组织有权在其业务范围内优先使用。作品完成两年内，未经单位同意，作者不得许可第三人以与单位使用的相同方式使用该作品。

有下列情形之一的职务作品，作者享有署名权，著作权的其他权利由法人或者非法人组织享有，法人或者非法人组织可以给予作者奖励：

（一）主要是利用法人或者非法人组织的物质技术条件创作，并由法人或者非法人组织承担责任的工程设计图、产品设计图、地图、示意图、计算机软件等职务作品；

（二）报社、期刊社、通讯社、广播电台、电视台的工作人员创作的职务作品；

（三）法律、行政法规规定或者合同约定著作权由法人或者非法人组织享有的职务作品。

第十九条 受委托创作的作品，著作权的归属由委托人和受托人通过合同约定。合同未作明确约定或者没有订立合同的，著作权属于受托人。

第二十条 作品原件所有权的转移，不改变作品著作权的归属，但美术、摄影作品原件的展览权由原件所有人享有。

作者将未发表的美术、摄影作品的原件所有权转让给他人，受让人展览该原件不构成对作者发表权的侵犯。

第二十一条 著作权属于自然人的，自然人死亡后，其本法第十条第一款第五项至第十七项规定的权利在本法规定的保护期内，依法转移。

著作权属于法人或者非法人组织的，法人或者非法人组织变更、终止后，其本法第十条第一款第五项至第十七项规定的权利在本法规定的保护期内，由承受其权利义务的法人或者非法人组织享有；没有承受其权利义务的法人或者非法人组织的，由国家享有。

第三节 权利的保护期

第二十二条 作者的署名权、修改权、保护作品完整权的保护期不受限制。

第二十三条 自然人的作品,其发表权、本法第十条第一款第五项至第十七项规定的权利的保护期为作者终生及其死亡后五十年,截止于作者死亡后第五十年的12月31日;如果是合作作品,截止于最后死亡的作者死亡后第五十年的12月31日。

法人或者非法人组织的作品、著作权(署名权除外)由法人或者非法人组织享有的职务作品,其发表权的保护期为五十年,截止于作品创作完成后第五十年的12月31日;本法第十条第一款第五项至第十七项规定的权利的保护期为五十年,截止于作品首次发表后第五十年的12月31日,但作品自创作完成后五十年内未发表的,本法不再保护。

视听作品,其发表权的保护期为五十年,截止于作品创作完成后第五十年的12月31日;本法第十条第一款第五项至第十七项规定的权利的保护期为五十年,截止于作品首次发表后第五十年的12月31日,但作品自创作完成后五十年内未发表的,本法不再保护。

第四节 权利的限制

第二十四条 在下列情况下使用作品,可以不经著作权人许可,不向其支付报酬,但应当指明作者姓名或者名称、作品名称,并且不得影响该作品的正常使用,也不得不合理地损害著作权人的合法权益:

(一)为个人学习、研究或者欣赏,使用他人已经发表的作品;

(二)为介绍、评论某一作品或者说明某一问题,在作品中适当引用他人已经发表的作品;

(三)为报道新闻,在报纸、期刊、广播电台、电视台等媒体中不可避免地再现或者引用已经发表的作品;

（四）报纸、期刊、广播电台、电视台等媒体刊登或者播放其他报纸、期刊、广播电台、电视台等媒体已经发表的关于政治、经济、宗教问题的时事性文章，但著作权人声明不许刊登、播放的除外；

（五）报纸、期刊、广播电台、电视台等媒体刊登或者播放在公众集会上发表的讲话，但作者声明不许刊登、播放的除外；

（六）为学校课堂教学或者科学研究，翻译、改编、汇编、播放或者少量复制已经发表的作品，供教学或者科研人员使用，但不得出版发行；

（七）国家机关为执行公务在合理范围内使用已经发表的作品；

（八）图书馆、档案馆、纪念馆、博物馆、美术馆、文化馆等为陈列或者保存版本的需要，复制本馆收藏的作品；

（九）免费表演已经发表的作品，该表演未向公众收取费用，也未向表演者支付报酬，且不以营利为目的；

（十）对设置或者陈列在公共场所的艺术作品进行临摹、绘画、摄影、录像；

（十一）将中国公民、法人或者非法人组织已经发表的以国家通用语言文字创作的作品翻译成少数民族语言文字作品在国内出版发行；

（十二）以阅读障碍者能够感知的无障碍方式向其提供已经发表的作品；

（十三）法律、行政法规规定的其他情形。

前款规定适用于对与著作权有关的权利的限制。

第二十五条 为实施义务教育和国家教育规划而编写出版教科书，可以不经著作权人许可，在教科书中汇编已经发表的作品片段或者短小的文字作品、音乐作品或者单幅的美术作品、摄影作品、图形作品，但应当按照规定向著作权人支付报酬，指明作者姓名或者名称、作品名称，并且不得侵犯著作权人依照本法享有的其他权利。

前款规定适用于对与著作权有关的权利的限制。

第三章　著作权许可使用和转让合同

第二十六条　使用他人作品应当同著作权人订立许可使用合同，本法规定可以不经许可的除外。

许可使用合同包括下列主要内容：

（一）许可使用的权利种类；

（二）许可使用的权利是专有使用权或者非专有使用权；

（三）许可使用的地域范围、期间；

（四）付酬标准和办法；

（五）违约责任；

（六）双方认为需要约定的其他内容。

第二十七条　转让本法第十条第一款第五项至第十七项规定的权利，应当订立书面合同。

权利转让合同包括下列主要内容：

（一）作品的名称；

（二）转让的权利种类、地域范围；

（三）转让价金；

（四）交付转让价金的日期和方式；

（五）违约责任；

（六）双方认为需要约定的其他内容。

第二十八条　以著作权中的财产权出质的，由出质人和质权人依法办理出质登记。

第二十九条　许可使用合同和转让合同中著作权人未明确许可、转让的权利，未经著作权人同意，另一方当事人不得行使。

第三十条　使用作品的付酬标准可以由当事人约定，也可以按照国家著作权主管部门会同有关部门制定的付酬标准支付报酬。当事人约定不明确的，按照国家著作权主管部门会同有关部门制定的付酬标准支付报酬。

第三十一条 出版者、表演者、录音录像制作者、广播电台、电视台等依照本法有关规定使用他人作品的，不得侵犯作者的署名权、修改权、保护作品完整权和获得报酬的权利。

第四章 与著作权有关的权利

第一节 图书、报刊的出版

第三十二条 图书出版者出版图书应当和著作权人订立出版合同，并支付报酬。

第三十三条 图书出版者对著作权人交付出版的作品，按照合同约定享有的专有出版权受法律保护，他人不得出版该作品。

第三十四条 著作权人应当按照合同约定期限交付作品。图书出版者应当按照合同约定的出版质量、期限出版图书。

图书出版者不按照合同约定期限出版，应当依照本法第六十一条的规定承担民事责任。

图书出版者重印、再版作品的，应当通知著作权人，并支付报酬。图书脱销后，图书出版者拒绝重印、再版的，著作权人有权终止合同。

第三十五条 著作权人向报社、期刊社投稿的，自稿件发出之日起十五日内未收到报社通知决定刊登的，或者自稿件发出之日起三十日内未收到期刊社通知决定刊登的，可以将同一作品向其他报社、期刊社投稿。双方另有约定的除外。

作品刊登后，除著作权人声明不得转载、摘编的外，其他报刊可以转载或者作为文摘、资料刊登，但应当按照规定向著作权人支付报酬。

第三十六条 图书出版者经作者许可，可以对作品修改、删节。

报社、期刊社可以对作品作文字性修改、删节。对内容的修改，应当经作者许可。

第三十七条 出版者有权许可或者禁止他人使用其出版的图书、期刊的版式设计。

前款规定的权利的保护期为十年，截止于使用该版式设计的图书、期刊首次出版后第十年的12月31日。

第二节 表　　演

第三十八条 使用他人作品演出，表演者应当取得著作权人许可，并支付报酬。演出组织者组织演出，由该组织者取得著作权人许可，并支付报酬。

第三十九条 表演者对其表演享有下列权利：

（一）表明表演者身份；

（二）保护表演形象不受歪曲；

（三）许可他人从现场直播和公开传送其现场表演，并获得报酬；

（四）许可他人录音录像，并获得报酬；

（五）许可他人复制、发行、出租录有其表演的录音录像制品，并获得报酬；

（六）许可他人通过信息网络向公众传播其表演，并获得报酬。

被许可人以前款第三项至第六项规定的方式使用作品，还应当取得著作权人许可，并支付报酬。

第四十条 演员为完成本演出单位的演出任务进行的表演为职务表演，演员享有表明身份和保护表演形象不受歪曲的权利，其他权利归属由当事人约定。当事人没有约定或者约定不明确的，职务表演的权利由演出单位享有。

职务表演的权利由演员享有的，演出单位可以在其业务范围内免费使用该表演。

第四十一条 本法第三十九条第一款第一项、第二项规定的权利的保护期不受限制。

本法第三十九条第一款第三项至第六项规定的权利的保护期为五十年，截止于该表演发生后第五十年的12月31日。

第三节　录音录像

第四十二条　录音录像制作者使用他人作品制作录音录像制品，应当取得著作权人许可，并支付报酬。

录音制作者使用他人已经合法录制为录音制品的音乐作品制作录音制品，可以不经著作权人许可，但应当按照规定支付报酬；著作权人声明不许使用的不得使用。

第四十三条　录音录像制作者制作录音录像制品，应当同表演者订立合同，并支付报酬。

第四十四条　录音录像制作者对其制作的录音录像制品，享有许可他人复制、发行、出租、通过信息网络向公众传播并获得报酬的权利；权利的保护期为五十年，截止于该制品首次制作完成后第五十年的12月31日。

被许可人复制、发行、通过信息网络向公众传播录音录像制品，应当同时取得著作权人、表演者许可，并支付报酬；被许可人出租录音录像制品，还应当取得表演者许可，并支付报酬。

第四十五条　将录音制品用于有线或者无线公开传播，或者通过传送声音的技术设备向公众公开播送的，应当向录音制作者支付报酬。

第四节　广播电台、电视台播放

第四十六条　广播电台、电视台播放他人未发表的作品，应当取得著作权人许可，并支付报酬。

广播电台、电视台播放他人已发表的作品，可以不经著作权人许可,但应当按照规定支付报酬。

第四十七条 广播电台、电视台有权禁止未经其许可的下列行为:

(一)将其播放的广播、电视以有线或者无线方式转播;

(二)将其播放的广播、电视录制以及复制;

(三)将其播放的广播、电视通过信息网络向公众传播。

广播电台、电视台行使前款规定的权利,不得影响、限制或者侵害他人行使著作权或者与著作权有关的权利。

本条第一款规定的权利的保护期为五十年,截止于该广播、电视首次播放后第五十年的12月31日。

第四十八条 电视台播放他人的视听作品、录像制品,应当取得视听作品著作权人或者录像制作者许可,并支付报酬;播放他人的录像制品,还应当取得著作权人许可,并支付报酬。

第五章 著作权和与著作权有关的权利的保护

第四十九条 为保护著作权和与著作权有关的权利,权利人可以采取技术措施。

未经权利人许可,任何组织或者个人不得故意避开或者破坏技术措施,不得以避开或者破坏技术措施为目的制造、进口或者向公众提供有关装置或者部件,不得故意为他人避开或者破坏技术措施提供技术服务。但是,法律、行政法规规定可以避开的情形除外。

本法所称的技术措施,是指用于防止、限制未经权利人许可浏览、欣赏作品、表演、录音录像制品或者通过信息网络向公众提供作品、表演、录音录像制品的有效技术、装置或者部件。

第五十条 下列情形可以避开技术措施,但不得向他人提供避开技术措施的技术、装置或者部件,不得侵犯权利人依法享有的其他权利:

(一)为学校课堂教学或者科学研究,提供少量已经发表的作品,供教学或者科研人员使用，而该作品无法通过正常途径获取；

（二）不以营利为目的，以阅读障碍者能够感知的无障碍方式向其提供已经发表的作品，而该作品无法通过正常途径获取；

（三）国家机关依照行政、监察、司法程序执行公务；

（四）对计算机及其系统或者网络的安全性能进行测试；

（五）进行加密研究或者计算机软件反向工程研究。

前款规定适用于对与著作权有关的权利的限制。

第五十一条 未经权利人许可，不得进行下列行为：

（一）故意删除或者改变作品、版式设计、表演、录音录像制品或者广播、电视上的权利管理信息，但由于技术上的原因无法避免的除外；

（二）知道或者应当知道作品、版式设计、表演、录音录像制品或者广播、电视上的权利管理信息未经许可被删除或者改变，仍然向公众提供。

第五十二条 有下列侵权行为的，应当根据情况，承担停止侵害、消除影响、赔礼道歉、赔偿损失等民事责任：

（一）未经著作权人许可，发表其作品的；

（二）未经合作作者许可，将与他人合作创作的作品当作自己单独创作的作品发表的；

（三）没有参加创作，为谋取个人名利，在他人作品上署名的；

（四）歪曲、篡改他人作品的；

（五）剽窃他人作品的；

（六）未经著作权人许可，以展览、摄制视听作品的方法使用作品，或者以改编、翻译、注释等方式使用作品的，本法另有规定的除外；

（七）使用他人作品，应当支付报酬而未支付的；

（八）未经视听作品、计算机软件、录音录像制品的著作权人、表演者或者录音录像制作者许可，出租其作品或者录音录像制品的原件或者复制件的，本法另有规定的除外；

（九）未经出版者许可，使用其出版的图书、期刊的版式设计的；

（十）未经表演者许可，从现场直播或者公开传送其现场表演，或者录制其表演的；

（十一）其他侵犯著作权以及与著作权有关的权利的行为。

第五十三条 有下列侵权行为的，应当根据情况，承担本法第五十二条规定的民事责任；侵权行为同时损害公共利益的，由主管著作权的部门责令停止侵权行为，予以警告，没收违法所得，没收、无害化销毁处理侵权复制品以及主要用于制作侵权复制品的材料、工具、设备等，违法经营额五万元以上的，可以并处违法经营额一倍以上五倍以下的罚款；没有违法经营额、违法经营额难以计算或者不足五万元的，可以并处二十五万元以下的罚款；构成犯罪的，依法追究刑事责任：

（一）未经著作权人许可，复制、发行、表演、放映、广播、汇编、通过信息网络向公众传播其作品的，本法另有规定的除外；

（二）出版他人享有专有出版权的图书的；

（三）未经表演者许可，复制、发行录有其表演的录音录像制品，或者通过信息网络向公众传播其表演的，本法另有规定的除外；

（四）未经录音录像制作者许可，复制、发行、通过信息网络向公众传播其制作的录音录像制品的，本法另有规定的除外；

（五）未经许可，播放、复制或者通过信息网络向公众传播广播、电视的，本法另有规定的除外；

（六）未经著作权人或者与著作权有关的权利人许可，故意避开或者破坏技术措施的，故意制造、进口或者向他人提供主要用于避开、破坏技术措施的装置或者部件的，或者故意为他人避开或者破坏技术措施提供技术服务的，法律、行政法规另有规定的除外；

（七）未经著作权人或者与著作权有关的权利人许可，故意删除或者改变作品、版式设计、表演、录音录像制品或者广播、电视上的权利管理信息的，知道或者应当知道作品、版式设计、表演、录音录像制品或者广播、电视上的权利管理信息未经许可被删除或者改变，仍然向公众提供的，法律、行政法规另有规定的除外；

（八）制作、出售假冒他人署名的作品的。

第五十四条 侵犯著作权或者与著作权有关的权利的，侵权人应当按照权利人因此受到的实际损失或者侵权人的违法所得给予赔偿；权利人的实际损失或者侵权人的违法所得难以计算的，可以参照该权利使用费给予赔偿。对故意侵犯著作权或者与著作权有关的权利，情节严重的，可以在按照上述方法确定数额的一倍以上五倍以下给予赔偿。

权利人的实际损失、侵权人的违法所得、权利使用费难以计算的，由人民法院根据侵权行为的情节，判决给予五百元以上五百万元以下的赔偿。

赔偿数额还应当包括权利人为制止侵权行为所支付的合理开支。

人民法院为确定赔偿数额，在权利人已经尽了必要举证责任，而与侵权行为相关的账簿、资料等主要由侵权人掌握的，可以责令侵权人提供与侵权行为相关的账簿、资料等；侵权人不提供，或者提供虚假的账簿、资料等的，人民法院可以参考权利人的主张和提供的证据确定赔偿数额。

人民法院审理著作权纠纷案件，应权利人请求，对侵权复制品，除特殊情况外，责令销毁；对主要用于制造侵权复制品的材料、工具、设备等，责令销毁，且不予补偿；或者在特殊情况下，责令禁止前述材料、工具、设备等进入商业渠道，且不予补偿。

第五十五条 主管著作权的部门对涉嫌侵犯著作权和与著作权有关的权利的行为进行查处时，可以询问有关当事人，调查与涉嫌违法行为有关的情况；对当事人涉嫌违法行为的场所和物品实施现场检查；查阅、复制与涉嫌违法行为有关的合同、发票、账簿以及其他有关资料；对于涉嫌违法行为的场所和物品，可以查封或者扣押。

主管著作权的部门依法行使前款规定的职权时，当事人应当予以协助、配合，不得拒绝、阻挠。

第五十六条 著作权人或者与著作权有关的权利人有证据证明他人正在实施或者即将实施侵犯其权利、妨碍其实现权利的行为，如不及时制止将会使其合法权益受到难以弥补的损害的，可以在起诉前依法向人民法院申请采取财产保全、责令作出一定行为或者禁止作出一定行为等措施。

第五十七条 为制止侵权行为，在证据可能灭失或者以后难以取得的情况下，著作权人或者与著作权有关的权利人可以在起诉前依法向人民法院申请保全证据。

第五十八条 人民法院审理案件，对于侵犯著作权或者与著作权有关的权利的，可以没收违法所得、侵权复制品以及进行违法活动的财物。

第五十九条 复制品的出版者、制作者不能证明其出版、制作有合法授权的，复制品的发行者或者视听作品、计算机软件、录音录像制品的复制品的出租者不能证明其发行、出租的复制品有合法来源的，应当承担法律责任。

在诉讼程序中，被诉侵权人主张其不承担侵权责任的，应当提供证据证明已经取得权利人的许可，或者具有本法规定的不经权利人许可而可以使用的情形。

第六十条 著作权纠纷可以调解，也可以根据当事人达成的书面仲裁协议或者著作权合同中的仲裁条款，向仲裁机构申请仲裁。

当事人没有书面仲裁协议，也没有在著作权合同中订立仲裁条款的，可以直接向人民法院起诉。

第六十一条 当事人因不履行合同义务或者履行合同义务不符合约定而承担民事责任，以及当事人行使诉讼权利、申请保全等，适用有关法律的规定。

第六章 附 则

第六十二条 本法所称的著作权即版权。

第六十三条 本法第二条所称的出版，指作品的复制、发行。

第六十四条 计算机软件、信息网络传播权的保护办法由国务院另行规定。

第六十五条 摄影作品，其发表权、本法第十条第一款第五项至第十七项规定的权利的保护期在2021年6月1日前已经届满，但依据本法第二十三条第一款的规定仍在保护期内的，不再保护。

第六十六条 本法规定的著作权人和出版者、表演者、录音录像制作者、广播电台、电视台的权利，在本法施行之日尚未超过本法规定的保护期的，依照本法予以保护。

本法施行前发生的侵权或者违约行为，依照侵权或者违约行为发生时的有关规定处理。

第六十七条 本法自1991年6月1日起施行。

后　记

孤木不成林，单丝难成线。近两年时间的写作，离不开领导、同事、家人、朋友的关心和支持。我要感谢给予我帮助的挚友们——南京大学法学院陈伟教授、南京海事法院吴刚法官（曾任职于南京铁路运输法院知识产权庭）、北京德恒（南京）律师事务所高孟浪律师和南京艺术学院流行音乐学院黄岑老师。

"音乐著作权概论"课程获批南京艺术学院一流课程，课程教材获批重点资助项目，这都离不开学校各级领导的关心和帮助，我在此一并表示谢意！还要感谢上海音乐出版社社长、总编辑费维耀对本书出版的大力支持。本书编辑於骏洁，曾是我的学生，她为本书付出了艰辛的努力，以致我不足以用感谢二字予以表达。

我国《著作权法》自1990年审议通过起，至今已有三十多年。随着法律法规的不断完善，中国音乐产业的发展环境已经有了很大的改善，音乐行业的盗版打击力度前所未有，消费者的付费意识日益增强，新的音乐产业运营模式也在应运而生。新版《著作权法》将进一步规范音乐著作权的授权机制和交易规则，为音乐著作权保护领域出现的新情况和新问题提供法律依据。相信中国音乐版权事业必将在新时代开启新篇章！

黄德俊

南艺黄瓜园

2022年1月23日

图书在版编目（CIP）数据

音乐著作权概论 / 黄德俊编著. —上海：上海音乐出版社，2025.3 重印
ISBN 978-7-5523-2372-6
Ⅰ.音… Ⅱ.黄… Ⅲ.音乐-著作权法-中国-教材 Ⅳ.D923.41
中国版本图书馆 CIP 数据核字（2022）第 036372 号

书　　　名：音乐著作权概论
编　　　著：黄德俊

责任编辑：於骏洁
责任校对：满月明
封面设计：邱　天

出版：上海世纪出版集团　上海市闵行区号景路 159 弄　201101
　　　上海音乐出版社　上海市闵行区号景路 159 弄 A 座 6F　201101
网址：www.ewen.co
　　　www.smph.cn
发行：上海音乐出版社
印订：上海华顿书刊印刷有限公司
开本：700×1000　1/16　印张：16.75　字数：234,000
2022 年 6 月第 1 版　2025 年 3 月第 2 次印刷
ISBN 978-7-5523-2372-6/J·2182
定价：70.00 元

读者服务热线：(021) 53201888　印装质量热线：(021) 64310542
反盗版热线：(021) 64734302　(021) 53203663
郑重声明：版权所有　翻印必究